HISTOIRE MODERNE

MISE A LA PORTÉE DES ENFANTS

Avec Questionnaires

Par G. BELÈZE

ANCIEN CHEF D'INSTITUTION A PARIS.

Ouvrage approuvé pour les écoles publiques
par décision du Ministre de l'Instruction publique
sur avis conforme du Conseil supérieur.

ONZIÈME ÉDITION

ORNÉE D'UNE CARTE GÉOGRAPHIQUE.

PARIS.

IMPRIMERIE ET LIBRAIRIE CLASSIQUES

De JULES DELALAIN et FILS

RUE DES ÉCOLES, VIS-A-VIS DE LA SORBONNE.

NOUVEAU COURS
D'ENSEIGNEMENT ÉLÉMENTAIRE.

HISTOIRE MODERNE.

COURS D'ENSEIGNEMENT ÉLÉMENTAIRE

Par G. Beleze, ancien chef d'institution à Paris.

L'Histoire Sainte a été approuvée par quarante de NNgrs les archevêques et évêques. La plupart des volumes ont été approuvés par le conseil de l'Instruction publique ou recommandés par les conseils académiques.

Chaque volume in-18, de 360 pages, cart. 1 fr. 50 c.

- Livre de Lecture courante, contenant des conseils sur les devoirs des enfants, avec exemples historiques ; in-18.
- Exercices de Mémoire et de Style, recueil de morceaux choisis en vers et en prose ; in-18.
- Grammaire Française, suivant les principes de l'Académie ; in-18.
- Exercices Français, gradués sur la Grammaire ; in-18.
- Dictées et Lectures ou Notions élémentaires sur l'industrie, l'agriculture, les arts, etc. ; in-18.
- Petit Dictionnaire de la Langue française ; in-18.
- Le même, suivi d'un Dictionnaire géographique et historique ; in-18, 2 fr.
- Éléments de Littérature, mis à la portée des enfants ; in-18.
- La Géographie mise à la portée des enfants ; in-18, avec cartes.
- Atlas élémentaire de Géographie moderne (dix cartes) ; in-4°, 2 f. 50 c.
- L'Histoire Sainte mise à la portée des enfants ; in-18, carte.
- L'Histoire de France mise à la portée des enfants ; in-18, carte.
- L'Histoire d'Angleterre mise à la portée des enfants ; in-18, carte.
- L'Histoire Ancienne mise à la portée des enfants ; in-18, carte.
- L'Histoire Romaine mise à la portée des enfants ; in-18, carte.
- L'Histoire du Moyen Age mise à la portée des enfants ; in-18, carte.
- L'Histoire Moderne mise à la portée des enfants ; in-18, carte.
- La Mythologie mise à la portée des enfants ; in-18, gravures.
- L'Arithmétique mise à la portée des enfants ; in-18, gravures.
- La Physique et la Chimie mises à la portée des enfants ; in-18, gravures.
- L'Histoire Naturelle mise à la portée des enfants ; in-18, gravures.
- La Cosmographie mise à la portée des enfants ; in-18, gravures.

Un abrégé de ce Cours a été publié pour le premier âge.

Chaque volume in-18, de 180 pages, cart. 75 c.

- Syllabaire et Premières Lectures ; in-18.
- Le Syllabaire, seul, 10 c.
- Tableaux de Lecture ; in-fol., 1 f. 25 c.
- Méthode d'Écriture ; in-4°, 75 c.
- Premiers Exercices de Récitation ; in-18.
- Petite Grammaire Française, avec exercices ; in-18.
- Petite Arithmétique ; in-18, gravures.
- Petite Géographie Moderne ; in-18, cartes.
- Petit Atlas de Géographie moderne (huit cartes) ; grand in-18, 90 c.
- Petite Histoire Sainte ; in-18, gravures historiques et carte.
- Petite Histoire Ecclésiastique ; in-18, carte.
- Petite Histoire de France ; in-18, portraits historiques et carte.
- Petite Histoire Ancienne ; in-18.
- Petite Histoire Romaine ; in-18.
- Petite Histoire du Moyen Age ; in-18.
- Petite Histoire Moderne ; in-18.

L'HISTOIRE MODERNE

MISE A LA PORTÉE DES ENFANTS

Avec Questionnaires

Par G. BELEZE

ANCIEN CHEF D'INSTITUTION A PARIS.

Ouvrage approuvé pour les écoles publiques
par décision du Ministre de l'Instruction publique
sur avis conforme du Conseil supérieur.

ONZIÈME ÉDITION

ORNÉE D'UNE CARTE GÉOGRAPHIQUE.

PARIS.

IMPRIMERIE ET LIBRAIRIE CLASSIQUES

De JULES DELALAIN et FILS

RUE DES ÉCOLES, VIS-A-VIS DE LA SORBONNE.

La première édition de cet ouvrage a été approuvée, sur avis conforme du Conseil supérieur, par une décision du Ministre de l'instruction publique, en date du 20 décembre 1842. Cet ouvrage a été indiqué également pour les bibliothèques à l'usage de la troupe.

Les contrefacteurs ou débitants de contrefaçons seront poursuivis conformément aux lois; tous les exemplaires sont revêtus de notre griffe.

Jules Delalain et fils

Janv. 1874.

AVANT-PROPOS.

Cette Histoire Moderne, mise à la portée des enfants, renferme tous les événements qui se sont passés depuis la prise de Constantinople par les Turcs, en 1453, jusqu'à la fin du dix-huitième siècle. C'est l'histoire de tous les peuples de l'Europe : l'Angleterre et l'Allemagne, la Suède et le Danemark, la Russie, la Prusse et la Pologne, l'Espagne, le Portugal, l'Italie, l'Autriche, la Turquie, viennent tour à tour ou ensemble jouer leur rôle dans ce drame rempli d'intérêt et de grandes leçons. La France se mêle à l'histoire de la plupart de ces nations et y occupe une place proportionnée à l'importance des événements auxquels elle a pris part; mais son histoire particulière est ici seulement esquissée, parce qu'elle est racontée avec tous les développements nécessaires dans un volume qui lui est spécialement destiné.

Nous avons suivi pour la rédaction de cet ouvrage les principes qui nous ont guidé dans la composition des autres volumes d'histoire que nous avons déjà publiés. Ce n'est pas un *précis* que nous avons voulu écrire, mais un récit animé, et relevé par des circonstances capables de frapper vivement l'imagination et de se graver dans la mémoire. Les faits historiques sont racontés avec simplicité, et de la manière qui convient à l'âge des élèves auxquels ils s'adressent; mais cette simplicité n'exclut pas une certaine gravité que doit toujours conserver l'histoire, même dans un livre écrit pour des enfants.

Malgré le cadre étroit dans lequel nous étions obligé de nous renfermer, nous avons donné aux diverses époques de l'histoire moderne des développements assez étendus pour que chacune de ces époques conservât sa physionomie particulière. Nous avons dû négliger à dessein les faits qui pouvaient sans de graves inconvénients être passés sous silence, afin de laisser plus de place à ceux qui, par leur importance et leur intérêt, méritaient d'être racontés avec détail. Quant aux questions religieuses et politiques qui ont agité le monde pendant la période des temps modernes, elles ont été traitées avec toute la réserve et la prudence qu'elles imposent, alors surtout qu'on s'adresse à des enfants.

Ce volume, comme tous ceux qui font partie de notre Cours complet d'enseignement élémentaire, est divisé en un certain nombre de chapitres qui sont tous à peu près d'égale longueur. Chaque chapitre, devant faire l'objet d'une leçon, est suivi d'un questionnaire suffisamment développé. Les procédés d'enseignement sont les mêmes que ceux dont nous avons déjà donné l'explication dans les autres volumes de notre cours d'histoire, et notamment dans l'*Histoire sainte* et dans l'*Histoire ancienne.*

GÉOGRAPHIE

DE L'HISTOIRE MODERNE.

État géographique de l'Europe en 1453.

Après la prise de Constantinople par les Turcs Ottomans, en 1453, l'Europe renfermait 30 États principaux :

1° L'*Angleterre*. Le royaume d'Angleterre comprenait la partie méridionale de la Grande-Bretagne, depuis la Tweed et le golfe de Solway au N., c'est-à-dire l'Angleterre propre et la principauté de Galles, qui y avait été réunie en 1283; l'Irlande, conquise en 1172; les îles d'Anglesey et de Guernesey, les Sorlingues, etc.; enfin la ville de Calais et son territoire, sur la côte de France.

2° L'*Écosse*. Ce royaume comprenait toute la partie septentrionale de la Grande-Bretagne, depuis la Tweed et le Solway, et en outre l'île de Man et les Hébrides. L'autorité du roi n'était guère reconnue que dans la plaine ou les basses terres (*lowlands*), qui forment la partie centrale de l'Écosse. La partie septentrionale, couverte presque entièrement de montagnes et désignée sous le nom de *highlands* ou hautes terres, était occupée par des montagnards partagés en tribus ou *clans*, dont les principaux étaient ceux des Douglas, des Grégors, des Campbells, des Donalds, etc.; au S., vers les frontières anglaises, habitaient des clans composés d'aventuriers des deux royaumes. Enfin, les Hébrides formaient une espèce de souveraineté particulière sous l'autorité du comte de Ross, qu'on appelait le *lord des îles*.

3° Le *Royaume de Danemark et de Norwége*. Il comprenait la partie septentrionale du Jutland, la plupart des îles danoises, trois grandes provinces, la Norwége tout entière et ses dépendances, c'est-à-dire les Orcades ou Orkney, les Shetland, les Færoer et l'Islande. La Norwége avait été réunie au Danemark par le traité de Calmar, en 1397.

4° La *Suède*. Ce royaume se composait de la Gothie, de la Suède propre, du Norrland, d'une partie de la Laponie, de la Finlande, de l'archipel des îles Aland et de l'île d'Œland. La Laponie occupait tout le nord de la Suède, à l'est du fleuve Tornéa.

5° La *Russie*. L'empire russe, qui avait subi le joug des Tartares au treizième siècle et qui avait été démembré par eux, était partagé en dix États principaux à l'époque de la prise de Constantinople. Le titre de grand prince, usurpé vers la fin du quatorzième siècle par les souverains des diverses principautés russes, appartenait alors exclusivement au grand-duc de Moscou.

6° Les *États mongols*. Ils étaient au nombre de cinq, savoir : le khanat des Tartares Nogaïs, établis sur les rivages septentrionaux de la mer d'Azof et de la mer Noire; le khanat de Crimée, dans la presqu'île de ce nom; le khanat d'Astrakhan, entre le Volga, le Don et le Caucase; le khanat du Kapschak, entre le Volga et l'Oural; et le khanat de Kazan, au nord du précédent.

7° La *Hongrie*. Ce royaume comprenait, en 1453, la Hongrie proprement dite, la Transylvanie, l'Esclavonie et une partie de la Croatie. Il exerçait en outre une certaine suzeraineté sur les principautés de Valachie et de Moldavie.

8° La *Pologne*. Depuis la réunion du grand-duché de Lithuanie à la Pologne, en 1306, ce royaume avait pour bornes la Duna, au N., et les monts Krapacks, au S.; à l'O., il confinait à l'empire d'Allemagne; à l'E., ses limites étaient marquées en partie par le Donetz et par l'Oka supérieur.

9° La *Prusse et la Livonie*. Ces deux pays appartenaient aux deux ordres militaires des chevaliers teutons et des chevaliers porte-glaive, réunis depuis 1238 sous l'autorité d'un seul et même grand maître, et ne formant plus qu'un seul ordre partagé en deux langues, la langue de Prusse et la langue de Livonie. Ils avaient possédé tout le littoral de la mer Baltique, depuis le golfe de Finlande jusqu'à l'embouchure de l'Oder; mais, en 1453, ils avaient été forcés d'abandonner à la Pologne quelques portions de provinces.

10° La *Bohême*. Ce royaume comprenait, en 1453, outre la Bohême et la Moravie, qui formaient depuis longtemps le douaire du souverain, les provinces qui y avaient été incorporées en 1350, savoir : la Lusace, au N., et la haute et la basse Silésie, au N. E.

11° L'*Allemagne*. L'empire germanique ou empire d'Allemagne s'étendait depuis la Baltique, au N., jusqu'aux Alpes au S., et comprenait l'Allemagne proprement dite et les débris des anciens royaumes de Lorraine et d'Arles.

Les États principaux de l'Allemagne étaient : l'Autriche, qui venait d'être érigée en archiduché par l'empereur Frédéric III; le palatinat du Rhin, avec la haute Bavière; le duché de Bavière, composé de toute la basse Bavière; le comté de Wurtemberg; le margraviat de Bade; le duché de Saxe; le landgraviat de Hesse; le duché de Poméranie; le duché de Mecklembourg et celui de Brunswick.

Les débris de l'ancien royaume de Lorraine qui faisaient partie de l'Empire étaient ; le duché de la haute Lorraine ou de la Moselle, auquel avait été réuni, en 1331, le comté de Bar, érigé en duché depuis 1434 ; le marquisat de Pont-à-Mousson et le comté de Vaudemont.

Les débris de l'ancien royaume d'Arles qui faisaient partie de l'Empire étaient : le comté de Montbéliard, le comté de Neuchâtel et le duché de Savoie.

12° La *Ligue hanséatique*. La ligue hanséatique ou Hanse teutonique, formée vers 1241, avait pris des accroissements considérables dès le quatorzième siècle et avait acquis une grande puissance maritime. Une foule de villes commerçantes, depuis l'embouchure de l'Escaut jusqu'au fond de la Livonie, y entrèrent successivement; elles étaient réparties en quatre cercles, celui de Lubeck, celui de Cologne, celui de Brunswick et celui de Dantzick. Vers la fin du quatorzième siècle et dans la première moitié du quinzième, la ligue fut dans l'état le plus florissant; elle comprenait alors près de quatre-vingts villes.

13° La *Suisse et les Grisons*. C'étaient deux confédérations formées aux dépens de l'empire d'Allemagne. La Suisse ou confédération helvétique comprenait, en 1453, huit cantons : Schwitz, Uri, Unterwalden, Lucerne, Zurich, Glaris, Zug et Berne.

14° La *France*. Ce royaume se trouvait encore bien loin de la puissance qu'il devait atteindre. Il était pressé au N. et à l'E., par la maison de Bourgogne, qui, outre son patrimoine de Bourgogne, possédait la Picardie, l'Artois, les Flandres, la Belgique; au S., par la maison de Provence, maîtresse de la Provence, du Maine, de l'Anjou et de la Lorraine; par les souverainetés indépendantes de Roussillon, de Foix, de Comminges, d'Albret, de Navarre; enfin, à l'O., par le duché de Bretagne. La contrée ainsi circonscrite par les États féodaux que nous venons de nommer ne dépendait pas entièrement du roi : le centre (Marche, Auvergne, Bourbonnais) relevait de la maison de Bourbon; Calais obéissait aux Anglais depuis un siècle. Mais Louis XI devait ajouter bientôt à la couronne de France d'importantes acquisitions de territoire.

15° Le *Royaume de Navarre*. Le royaume de Navarre était resserré entre les Pyrénées, au N., et l'Èbre, au S.

16° Le *Royaume d'Aragon*. La puissance de ce royaume était formidable par suite des conquêtes d'Alphonse le Magnanime. Les États du roi d'Aragon se composaient de l'Aragon et de la Catalogne sur le continent espagnol, des îles Baléares, de la Sicile, conquise en 1282 sur la maison d'Anjou, de la Sardaigne, conquise sur les Pisans en 1314, enfin du royaume de Naples.

17° Le *Royaume de Castille et de Léon*. Ce royaume, qui avait longtemps exercé la suprématie parmi les États chrétiens de l'Espagne, s'était accru vers le S. par la conquête d'une partie des États musulmans formés du démembrement du califat de Cordoue.

18° Le *Royaume de Grenade*. Resserrés au N. par les conquêtes des rois de Castille et d'Aragon, les musulmans de Grenade étaient refoulés au S. E. de l'Espagne, où ils se défendaient mal contre les attaques des chrétiens, habiles à profiter de leurs dissensions, et qui devaient bientôt anéantir la domination des infidèles dans la Péninsule.

19° Le *Portugal*. Depuis le treizième siècle, ce pays avait acquis les limites qu'il a encore aujourd'hui. Aussi les rois de Portugal avaient-ils tourné leur attention vers les entreprises maritimes. C'était en Afrique qu'ils étaient occupés à s'étendre : en 1415, ils avaient conquis Ceuta, l'île Madère en 1419, les Açores en 1431 ; ils devaient bientôt parcourir toute la côte occidentale de l'Afrique.

20° Le *Duché de Savoie*. La Savoie appartenait aux comtes de Maurienne, qui possédaient le Chablais, le comté d'Aoste et le bas Valais. Au quatorzième siècle, l'empereur Henri VII avait créé les comtes de Savoie et de Maurienne princes du saint-empire et leur avait donné le comté d'Asti. Ils y ajoutèrent successivement diverses seigneuries. En 1416, Sigismond de Luxembourg érigea la Savoie en duché et donna au duc Amédée VIII l'investiture du Piémont.

21° Le *Marquisat de Montferrat*. Ce pays, situé à l'E. de la Savoie, n'avait qu'une importance secondaire.

22° Le *Duché de Milan*. Il comprenait, avec Milan et son territoire, le comté de Pavie, les villes de Parme, de Plaisance, d'Alexandrie, et quelques autres. En outre, les ducs de Milan étendaient leur domination sur la république de Gênes, qui s'était donnée à eux.

23° Le *Marquisat de Mantoue*. Les marquis de Mantoue possédaient, outre cette ville et son territoire, plusieurs domaines dans le Brescian et le Crémonais.

24° La *République de Venise*. Outre ses possessions dans les lagunes de l'Adriatique, Venise s'était créé un territoire sur le continent. L'Istrie, le Frioul, le Vicentin, le Véronais, le Padouan, etc., obéissaient au doge de Venise. En dehors de l'Italie, la république possédait les îles Illyriennes, les îles Ioniennes, une partie de l'Archipel, et, dans la Morée ou Péloponèse, Argos, Coron et Modon.

25° Les *Duchés de Modène, Ferrare et Reggio*. Ces trois duchés, composés du territoire des villes dont ils portaient les noms, avaient été réunis en un seul par la maison d'Este.

26° La *Toscane*. Cette contrée était partagée entre plusieurs républiques, parmi lesquelles figuraient en première ligne : Florence, asservie aux Médicis; Sienne, Lucques et quelques autres.

27° Les *États de l'Église*. Les domaines de l'Église comprenaient l'Exarchat, la Pentapole et le duché de Spolète. Les papes possédaient en outre la ville de Bénévent, dans le royaume de Naples, et en France celle d'Avignon avec le comtat Venaissin.

28° La *Servie et l'Albanie*. La Servie formait une principauté indépendante qui avait échappé au joug des Turcs Ottomans et devait bientôt succomber sous leurs attaques. Sa chute avait été préparée par le démembrement de l'Albanie.

29° La *Bosnie*. De même que la Servie, ce pays avait un prince particulier, qui payait un tribut au sultan des Turcs. La Bosnie devait être réunie à l'empire Ottoman en 1468.

30° L'*empire ottoman*. Il comprenait en Europe : la Thrace, la Macédoine, la Thessalie et la plus grande partie de la Grèce centrale. La Morée, où les Vénitiens avaient plusieurs forts, était partagée entre trois petits tyrans, le duc d'Athènes et les deux despotes de Morée, Démétrius et Thomas Paléologue, dont les querelles devaient fournir à Mahomet II l'occasion de conquérir leur pays.

Pendant la période des temps modernes, les États qui viennent d'être mentionnés subissent d'importantes modifications. Plusieurs d'entre eux disparaissent de la carte de l'Europe; d'autres s'agrandissent aux dépens de ceux-ci, et, vers la fin de la période, les États prédominants sont la *France*, l'*Angleterre*, l'*Autriche*, la *Prusse* et la *Russie*.

HISTOIRE MODERNE.

CHAPITRE PREMIER.

De l'Empire ottoman depuis la prise de Constantinople jusqu'à l'avénement de Soliman (1453-1520).

Mahomet II à Constantinople. — Défense de Belgrade par Jean Huniade. — Conquête de la Grèce, de la Servie et de l'Albanie par les Turcs. — Guerre contre Venise. — Siége de Rhodes. — Mort de Mahomet II. — Bajazet II. — Révolte de ses fils. — Sélim. Conquête de la Syrie et de l'Égypte.

Mahomet II à Constantinople. — Mahomet II avait pris Constantinople le 30 mai 1453; il avait livré cette ville au pillage et réduit les habitants en captivité. Quand les premières fureurs de la victoire furent passées, il vit combien il était nécessaire de repeupler Constantinople pour en faire la capitale de son empire et le siége de la puissance ottomane. Il voulut y rappeler les anciens habitants et promit la liberté de conscience. Le nombre de ceux qui se présentèrent étant peu considérable, Mahomet II dut enjoindre à dix mille familles des provinces de se transporter à Constantinople; il accorda un patriarche aux Grecs, partagea les églises de la capitale entre les chrétiens et les Turcs, fixa les limites des deux religions, et respecta la parole qu'il avait donnée aux chrétiens. Puis il s'occupa de relever les fortifications que la guerre avait abattues, lorsque les boulets ottomans saccageaient la capitale de l'empire grec; il ajouta deux châteaux forts à l'entrée du détroit des Dardanelles, qui fermaient cette mer aux vaisseaux de l'Archipel et de la Méditerranée. Il résida pendant trois ans dans sa nouvelle conquête, afin d'y affermir sa puissance.

Défense de Belgrade par Jean Huniade. — Cependant l'Europe s'était émue, et les papes avaient prêché une croisade contre les infidèles. Mahomet se jeta sur la Hongrie, gouvernée depuis 1454 par Ladislas le Posthume. Jean Huniade était tuteur du jeune prince. En 1456, Mahomet parut devant Belgrade avec 150,000 hommes. Une fois cette ville prise, le chemin de l'Empire était ouvert. Un moine franciscain, nommé Jean Capistran, appela les Allemands aux armes et souleva 40,000 hommes pour Jean Huniade, qui traversa la flotte ennemie et pénétra dans la ville. Pendant quarante jours, il soutint l'assaut avec un courage héroïque. Mahomet s'épuisa en vains efforts pour emporter la place : repoussé dans toutes les attaques, blessé lui-même dangereusement, il fut sur le point d'être fait prisonnier. On l'emporta dans un village, et la retraite se fit avec un tel désordre, qu'un assez grand nombre de drapeaux et de pièces d'artillerie, ainsi que les munitions et le bagage, tombèrent au pouvoir du vainqueur. Après avoir défait les Turcs, Huniade les contraignit à prendre la fuite; mais il expira au milieu de son triomphe : il mourut, un mois après, des suites de ses blessures. Huniade était si redouté des Ottomans, qu'ils l'avaient surnommé *le Diable,* et qu'ils se servaient de son nom quand ils voulaient effrayer leurs petits enfants. Cette haine même est une preuve de l'estime qu'ils portaient au héros de la Hongrie; mais son plus bel éloge funèbre sortit de la bouche de Mahomet II, qui, en apprenant sa mort, s'écria : « Je n'ai donc plus l'espérance de me venger du seul chrétien qui puisse se vanter de m'avoir vaincu ! »

Conquête de la Grèce, de la Servie et de l'Albanie par les Turcs. — Mahomet II tourna ses armes d'un autre côté, et les conquêtes qu'il fit dans la Grèce le dédommagèrent des revers qu'il avait essuyés en Hongrie. Plusieurs États grecs de Morée étaient indépendants. Thèbes, Corinthe, Platées, furent successivement enlevées par le sultan. Deux frères, Thomas et Démétrius Paléologue, se disputaient alors la possession du Péloponnèse. Démétrius vaincu vint implorer le secours des Turcs et donna la main de sa fille à Mahomet. Thomas prit la fuite; Mahomet fit jeter son beau-père dans un cloître et s'empara de toute la presqu'île.

La Servie, conquise par Amurat II en 1427, avait été rendue à ses rois nationaux; Mahomet la réunit à ses possessions. Un faible empire existait à Trébisonde sous David Comnène; Mahomet s'empara de cette ville, emmena David captif à Constantinople et le fit étrangler avec ses huit enfants. Enfin, après avoir réduit la Bosnie et ravagé la Valachie, le sultan attaqua les Vénitiens pour les punir d'avoir voulu le déposséder du Péloponnèse. Venise sollicita et obtint le secours de

Mathias Corvin, roi des Hongrois. L'Albanais Georges Castriot, que les Turcs appelaient Scanderbeg et qui se donnait le nom de *soldat de Jésus-Christ,* embrassa aussi la cause des Vénitiens. Pendant que le pape Pie II prêchait la croisade en faveur des chrétiens, Scanderbeg attaqua les Turcs, les battit plusieurs fois et leur fit éprouver de grandes pertes. Mahomet II, qui avait d'abord dédaigné de combattre lui-même un si faible adversaire, se décida enfin à marcher en personne, et vint à la tête de 50,000 hommes pour mettre le siége devant Croïa, capitale de l'Albanie. Il ne fut pas plus heureux que ses lieutenants : Scanderbeg défit les Turcs et les força d'abandonner honteusement le siége. Ainsi l'Albanie, province pauvre et dévastée, mais défendue par un héros, humiliait chaque jour l'orgueil de Mahomet. Ne pouvant venir à bout de vaincre son ennemi, il essaya de le faire assassiner ; cette perfidie fut découverte, et les assassins périrent du dernier supplice. Scanderbeg survécut peu à cette criminelle tentative : au moment où il se disposait à susciter au sultan de nouveaux embarras, il fut emporté par la fièvre, et sa mort ouvrit l'Albanie aux Turcs, qui la conquirent en 1466.

Guerre contre Venise. — Cependant les Vénitiens, jaloux de réparer leurs premiers échecs, recommencèrent les hostilités : ils brûlèrent Misitra et pillèrent Athènes. Mahomet ne pouvait pas laisser impunis de pareils outrages. Il se rendit solennellement à Sainte-Sophie, la première mosquée de Constantinople, et jura de détruire le christianisme. Pour accomplir son serment, il envoya une grande flotte attaquer Négrepont : lui-même prit le commandement de ses troupes. Après quatre assauts, la ville se rendit, et les habitants furent massacrés. Le gouverneur, retiré dans la citadelle et réduit à capituler, demanda la vie sauve pour lui et les siens. Mahomet répondit de leur tête sur la sienne; mais à peine fut-il maître de la place, qu'il fit scier par le milieu du corps le gouverneur et ses principaux officiers, disant, avec une barbare dérision, *qu'il avait garanti leurs têtes et non pas leurs flancs.* Les Turcs pénétrèrent ensuite sur le territoire vénitien et se répandirent jusqu'à la Piave, saccageant et brûlant tout sur leur passage. La nuit, les nobles vénitiens apercevaient de leur ville les flammes de l'incendie. Arrêtés un moment par les victoires d'Étienne, waïvode de Moldavie, qui les défit devant Scutari et devant Lépante, les Turcs reprirent le cours de leurs succès, et Venise renonça à la lutte inégale qu'elle soutenait depuis seize ans : elle traita avec les Turcs, en 1479, et se soumit à un tribut.

Siége de Rhodes. Mort de Mahomet II. — Mahomet voulut aussi punir les chevaliers de Rhodes, et vint les attaquer avec toute sa puissance. Ce fut en 1480 que la flotte des Ottomans, forte de soixante vaisseaux de haut bord et portant 100,000 hommes, parut devant l'île de Rhodes. Mais le grand maître de l'ordre, Pierre d'Aubusson, avait déjà habilement préparé ses moyens de défense, et il fit échouer tous les efforts de l'ennemi. Toujours sur les remparts et aux premiers postes, le grand maître animait par son exemple les chevaliers, qui se défendirent avec un courage héroïque. Après un siége de deux mois, les Ottomans, découragés par une si longue résistance, effrayés de leurs pertes, humiliés de leurs affronts, se rembarquèrent honteusement. Mahomet, furieux de cet échec, préparait contre Rhodes un second armement encore plus formidable, lorsque, le 2 juillet 1481, la mort le surprit et mit un terme à tous ses projets de conquêtes. Mahomet II était un prince éclairé et ami des savants; il parlait, dit-on, l'arabe, le persan, l'hébreu, le grec et le latin. Son règne fut marqué par des institutions utiles : il fonda une bibliothèque publique et deux académies. Il assistait aux réunions des savants, distribuant des récompenses aux orateurs et aux poëtes les plus distingués. Mais l'histoire doit lui reprocher avec raison sa cruauté et sa mauvaise foi envers les peuples qu'il avait vaincus.

Bajazet II. Révolte de ses fils. — Mahomet laissait deux fils, Bajazet et Zizim ou Gem, devenu si célèbre par ses malheurs. Bajazet était l'aîné et succéda à son père; mais Zizim, voulant lui disputer la couronne, parvint à séduire une partie des troupes et les poussa à la révolte. Vaincu près de Pruse, il se retira d'abord chez le soudan d'Égypte, puis en Cilicie; mais toujours poursuivi par la vengeance de son frère, il s'enfuit à Rhodes, où le grand maître des chevaliers le reçut avec honneur et refusa de le livrer à la demande de Bajazet. Peu de temps après, il fut envoyé au pape Innocent VIII, qui le remit entre les mains de Charles VIII, roi de France, quand ce prince sortit de Rome et se dirigea vers le royaume de Naples, qu'il voulait conquérir pour marcher ensuite contre l'empire d'Orient. Ce fut dans le camp de Charles VIII que Zizim mourut empoisonné, et le poison lui avait été donné, dit-on, par des serviteurs vendus à son frère.

En 1499, Bajazet II recommença la guerre contre Venise. Les Turcs prirent Lépante. De son côté, Venise s'empara des villes d'Égine et de Céphalonie avec l'aide d'une flotte espagnole, et obtint un traité de paix avantageux. En 1503, Bajazet lui accorda le commerce de la mer Noire et un consul à Constantinople.

Les dernières années du règne de Bajazet furent agitées par des troubles intérieurs. Les deux plus jeunes de ses fils, Assian et Mahomet, se révoltèrent et furent mis à mort. Un autre de ses enfants, nommé Sélim, se fit proclamer, en 1511, au préjudice d'Achmet, qui était l'aîné. Il passa le Bosphore avec 20,000 hommes ; mais il comptait sur un appui qui lui manqua. Vaincu dans la première bataille qu'il livra, il s'enfuit et se réfugia en Crimée, renoua ses intrigues et prit mieux ses mesures en s'avançant vers Constantinople. Il débaucha les troupes ennemies, et Bajazet II fut forcé d'abdiquer. Ce malheureux père demanda en vain à son fils la permission de se choisir une retraite : Sélim voulut le retenir, et, n'ayant pu y réussir, il le fit empoisonner. Pour couvrir l'odieux de son parricide, il fit à son père de magnifiques funérailles.

Bajazet II se montra, comme son père Mahomet, protecteur des savants. Sa grande piété lui valut le nom révéré de *Véli,* c'est-à-dire *le Saint,* nom sous lequel les Ottomans l'honorent encore aujourd'hui.

Sélim. Conquête de la Syrie et de l'Égypte. — Sélim, qui avait commencé son règne par un parricide, ne borna pas là le cours de ses cruautés. Il fit mettre à mort deux grands vizirs, dont tout le crime était de lui avoir demandé de quel côté la tente impériale devait être tournée, c'est-à-dire vers quelle contrée il voulait porter ses pas et ses armes. Un troisième vizir eut l'adresse d'échapper au supplice en faisant dresser les tentes vers les quatre points du monde : « Voilà, dit le sultan, comment je veux être obéi. » Mais ce fut surtout contre sa propre famille que Sélim exerça d'implacables ressentiments. Achmet et Coran, ses deux frères aînés, avaient un caractère timide et inoffensif qui ne pouvait point porter ombrage à sa puissance; néanmoins il s'en débarrassa par une mort violente. Achmet laissait deux fils; l'aîné était en Perse, l'autre en Égypte. Sélim les y poursuivit et commença la guerre de Perse. Il fut vainqueur près de Tauris, mais il vit périr 40,000 de ses soldats, et, se trouvant trop affaibli pour continuer la guerre, il retourna à Constantinople.

En 1517, Sélim, qui n'avait point abandonné ses projets de vengeance et de conquête, attaqua le soudan d'Égypte. Arrivé près d'Alep, il y trouva le sultan des mameloucks, qui fut vaincu et perdit la vie. Alep et Damas se soumirent. Sélim gagna une nouvelle bataille près de Gaza et pénétra en Égypte. Les mameloucks s'étaient donné un autre chef; ils étaient campés à deux lieues en avant du Caire. Sélim les dispersa et les refoula dans la ville, dont il forma aussitôt le siége. Ils s'y défendirent avec acharnement; mais bientôt réduits aux dernières extrémités, ils prirent la fuite, et Sélim étant entré solennellement au Caire, reçut du calife les clefs de la Mecque et l'étendard de Mahomet. La conquête de l'Égypte fut suivie de la soumission des tribus arabes. De retour à Constantinople, Sélim préparait deux nouvelles expéditions, l'une contre la Perse, l'autre contre Rhodes, quand il mourut, laissant le trône à son fils Soliman II, surnommé le Magnifique.

Questionnaire.

Comment Mahomet II avait-il traité Constantinople? — Quelles mesures prit-il pour repeupler cette ville? — Quelle contrée Mahomet attaqua-t-il ensuite? — Qui gouvernait alors la Hongrie? — Avec quelles forces Mahomet parut-il devant Belgrade? — Par qui et comment fut défendue la place? — Racontez l'expédition de Mahomet en Grèce. — Quelles autres conquêtes fit-il? — Pourquoi attaqua-t-il les Vénitiens? — Par qui l'Albanie fut-elle défendue? — Quels furent les principaux événements et les résultats de la guerre contre Venise? — Racontez le siége de Rhodes. — En quelle année mourut Mahomet? — Qui lui succéda? — Par qui la couronne fut-elle disputée à Bajazet? — Quel fut le résultat de la révolte de Zizim? — Quels furent les principaux événements de la guerre de Bajazet contre Venise? — Les dernières années du règne de Bajazet furent-elles paisibles? — Que firent ses enfants, et quel fut leur sort? — Comment Sélim traita-t-il son père? — Sous quel nom les Ottomans honorent-ils Bajazet? — Par quels actes Sélim commença-t-il son règne? — Quelles furent ses premières expéditions? — Quels furent les principaux événements de la guerre qu'il fit en Égypte? — A qui Sélim laissa-t-il le trône en mourant?

CHAPITRE II.

De la France et de l'Italie depuis la chute de Constantinople jusqu'au traité de Noyon (1453-1516).

État de la France sous Louis XI. Principaux événements de son règne. — État de l'Italie en 1453. — Ferdinand Ier à Naples. Invasion de Jean d'Anjou. — Les Médicis à Florence. — Conjuration des Pazzi. — Révolte contre Ferdinand Ier. Les Français appelés en Italie. — Expédition de Charles VIII en Italie. Son entrée à Naples. — Expéditions de Louis XII et de François Ier. Bataille de Marignan. Traité de Noyon.

État de la France sous Louis XI. Principaux événements de son règne. — Charles VII, après avoir délivré le royaume de la domination anglaise, avait pu opérer des réformes utiles qui, en attaquant directement la féodalité, avaient tourné au profit de l'autorité royale. Mais c'est à Louis XI, son fils et son successeur, qu'il était réservé de constituer l'unité politique et territoriale de la France. Le règne de ce prince fut une lutte continuelle contre l'audace des grands et la puissance des maisons féodales, parmi lesquelles on comptait surtout les maisons de Bourgogne, de Bretagne et d'Anjou.

Dès le commencement de son règne (1461), Louis XI eut à combattre une ligue que formèrent les grands vassaux sous le nom de *ligue du bien public*, dans laquelle était entré le duc de Berry, son frère. La bataille indécise de Montlhéry fut suivie des traités de Conflans et de Saint-Maur, qui accordaient des avantages considérables aux princes confédérés et que Louis XI signa avec la pensée d'en éluder toutes les conditions. Après avoir reprís à son frère la Normandie qu'il lui avait cédée et l'avoir contraint, ainsi que le duc de Bretagne, de renoncer à l'alliance de Charles le Téméraire, duc de Bourgogne, il commit une imprudence en allant à Péronne pour conférer avec ce prince au moment où les Liégeois, qu'il avait secrètement excités, se soulevèrent. Le duc irrité le retint prisonnier dans la tour où Charles le Simple avait été autrefois enfermé, et il ne lui rendit la liberté qu'après lui avoir imposé les conditions les plus humiliantes, entre autres celle de céder la Champagne au duc de Berry (1468).

À peine libre, Louis XI fit annuler par les états de Tours le traité de Péronne, donna à son frère la Guyenne au lieu de la Champagne, pour l'éloigner du duc de Bourgogne, et détacha de leur parti le duc de Bretagne. Peu après le duc de Guyenne mourut : Charles le Téméraire, réduit à ses seules forces, assiége inutilement Beauvais défendu par une femme, Jeanne Hachette. Alors il appelle à son aide le roi d'Angleterre, Édouard IV, qui débarque à Calais avec une puissante armée. Louis XI négocie au lieu de combattre et achète la retraite du roi anglais en s'engageant, par le traité de Picquigny (1475), à lui payer une pension annuelle. Le duc de Bourgogne se décida à signer une trêve, pour tourner ses armes contre la Suisse et la Lorraine, qu'il voulait réunir à ses États. Les Suisses lui firent éprouver deux sanglantes défaites à Granson et à Morat (1476), et l'année suivante il trouva la mort sous les murs de Nancy qu'il assiégeait.

Louis XI fit aussitôt envahir par ses armées la Bourgogne, la Franche-Comté et l'Artois. Charles le Téméraire ne laissait qu'une fille, Marie de Bourgogne, qui, pour défendre l'héritage paternel, épousa Maximilien d'Autriche, fils de l'empereur d'Allemagne. Il s'ensuivit une guerre terminée par le traité d'Arras (1482), qui laissait au roi de France les trois provinces dont il s'était emparé. A peu près à la même époque, la maison d'Anjou s'éteignait par la mort du roi René de Provence et de Charles d'Anjou, comte du Maine, et Louis XI héritait de l'Anjou, du Maine, de la Provence et des prétentions des princes angevins sur le royaume de Naples.

Louis XI était sorti triomphant de sa longue lutte contre la féodalité, dont il consomma la ruine en réunissant à la couronne dix provinces. Il abattit l'audace des grands en les frappant, dans leurs biens et dans leurs personnes, par la spoliation et les supplices; enfin il avait constitué l'unité territoriale de la France. Mais tout en reconnaissant que ce prince accomplit de grandes choses, on doit réprouver les moyens violents ou peu honorables qu'il employa pour arriver à son but. Louis XI mourut en 1483, laissant la couronne à son fils Charles VIII.

État de l'Italie en 1453. — Au milieu du quinzième siècle, l'Italie, florissante par sa civilisation, son luxe et ses richesses, mais divisée en une foule d'États ennemis et souvent aux prises, avait perdu son indépendance nationale. Une politique incertaine et perfide présidait aux relations des divers États, et, même devant le danger, l'inimitié continuelle était entretenue par les avides *condottieri*, soldats mercenaires toujours disposés à vendre leurs services au prince qui les payait le mieux. Seuls, les souverains pontifes s'efforçaient d'apaiser les discordes et de réunir les forces des princes chrétiens contre les Turcs qui déjà, dans leurs rapides conquêtes, menaçaient l'Italie.

Ferdinand Ier à Naples. Invasion de Jean d'Anjou. — Tant qu'avait vécu Alphonse le Magnanime, la famille d'Aragon, malgré la résistance des Angevins, avait pu se maintenir à Naples. Mais à la mort de ce prince, arrivée en 1458, et quand son fils Ferdinand Ier lui succéda, les choses changèrent de face. La situation de Ferdinand était pleine d'embarras et de périls : son père s'était épuisé en largesses; il avait écrasé son peuple d'impôts et prodigué les titres et les dignités. Les barons napolitains profitèrent de ces circonstances pour appeler Jean de Calabre, héritier des droits de la maison d'Anjou. Le prétendant arriva avec une armée, et une première bataille lui fut favorable; mais le monarque aragonais, secouru par le célèbre Scanderbeg et par le duc de Milan, remporta devant Troia, le 18 août 1462, une victoire qui rétablit ses affaires. Jean d'Anjou, ayant lutté deux ans encore sans succès, se rembarqua pour la France. Ferdinand se montra cruel après la victoire, et il exerça d'implacables vengeances contre tous ceux qui avaient embrassé le parti angevin. Parmi les plus illustres victimes qui payèrent de leur vie leur attachement à cette malheureuse cause, il faut compter Jacques Piccinino, général renommé par ses grands talents. Il était venu à la cour de Ferdinand, muni d'un sauf-conduit et attiré par les vives instances du monarque lui-même. Ferdinand l'accueillit avec les témoignages de l'affection la plus tendre, lui donna des fêtes dans son palais, puis tout à coup il le fit arrêter et étrangler dans la prison où il l'avait jeté. Tout le cours du règne de Ferdinand fut marqué par des actes semblables de violence et de perfidie.

Les Médicis à Florence. — Pendant ce temps Florence était le théâtre d'importants événements. Après la mort de Côme de Médicis, son fils aîné Pierre de Médicis avait été placé à la tête de la république florentine. C'était un homme d'un caractère hautain et sans talents. Ses prétentions soulevèrent l'orgueil des nobles et anciennes familles, qui ne voyaient dans les Médicis que des marchands parvenus. Le gonfalonier de justice Nicolas Sodérini entreprit, en 1465, de remettre en vigueur les formes républicaines et d'ôter aux Médicis l'influence qu'ils exerçaient. Mais, soit faiblesse, soit défaut d'habileté, il ne sut pas réussir dans son entreprise. Les mécontents qu'il avait associés à ses desseins avaient résolu de tuer Pierre de Médicis à sa maison de campagne. Pierre, averti à temps de leurs projets, les prévint, et rentra dans la ville entouré de soldats et de clients armés. Les conjurés sortirent de Florence et se condamnèrent à un exil volontaire. Cependant tout n'était pas encore fini. Les ennemis de Médicis s'adressèrent au duc de Modène, de la maison d'Este, et sollicitèrent son appui; ils se flattaient que des démonstrations armées obligeraient Pierre de Médicis à se démettre du pouvoir. Mais cet homme, d'une santé délicate et auquel on supposait un esprit très-faible, trouva dans la crise où on l'avait placé une énergie qui ne lui était pas ordinaire. Ses mesures déconcertèrent ses ennemis; il entama avec eux de trompeuses négociations, gagna du temps, et finit par leur faire souscrire un traité perfide en vertu duquel les plus illustres familles furent bannies de Florence. Pierre jouit dès lors paisiblement du pouvoir qu'il avait su se conserver. Il mourut en 1469 et laissa deux fils, Laurent et Julien.

Laurent, l'aîné, n'avait que vingt et un ans; et la haine sans cesse excitée contre sa famille pouvait faire craindre la chute prochaine d'un jeune homme appelé à gouverner un peuple turbulent et des nobles ambitieux. Mais Laurent avait été formé de bonne heure aux affaires; il avait eu pour maîtres les plus grands littérateurs et les plus illustres philosophes du siècle. Dès les premiers jours de son administration, il sut gagner tous les cœurs par les charmes de son éloquence, par la franchise et la noblesse de ses manières. Malheureusement il était entouré d'amis vicieux qui ne s'occupaient que de fêtes et de plaisirs; trop docile à leurs conseils, il blessa l'orgueil de quelques familles puissantes, qui ne voyaient pas sans jalousie le pouvoir se perpétuer dans la même maison, et qui n'attendirent plus qu'une occasion favorable pour se venger.

Conjuration des Pazzi. — Aussi l'autorité des Médicis fut bientôt ébranlée par une nouvelle conjuration, fameuse dans l'histoire sous le nom de **conjuration des Pazzi.** Les Pazzi étaient une maison florentine dont les richesses avaient porté ombrage aux Médicis. Laurent avait cherché à ruiner leur crédit et leur fortune. François Pazzi, forcé de s'exiler à Rome, s'occupa des moyens de rentrer dans sa patrie. Il se concerta avec quelques hommes puissants qui entrèrent dans le complot, et il fut convenu qu'on choisirait le moment du service divin pour frapper en même temps les deux Médicis dans l'église cathédrale de Florence. En effet, le 24 avril 1478, toutes les mesures étant prises et le succès paraissant assuré, les conjurés attaquèrent Laurent et Julien pendant la célébration de la messe et au moment de l'élévation, quand les fidèles étaient le plus profondément recueillis. Julien fut tué sur le coup ; mais Laurent, qui n'avait reçu qu'une légère blessure, eut le temps de tirer son épée, se défendit avec courage et se réfugia dans la sacristie ; des amis le rejoignirent et le dégagèrent. Le peuple, attaché aux Médicis, vengea la mort de Julien ; tous ceux qu'on supposa être complices du meurtre furent tués. On livra au bourreau les conjurés qui avaient échappé à la fureur de la populace. François Pazzi, le chef du complot, et Salviati, archevêque de Pise, qui en avait eu connaissance sans y prendre une part active, furent pendus aux fenêtres du palais.

Le roi de Naples, qui avait favorisé la conspiration, voyant qu'elle n'avait pas réussi, eut recours aux armes. Mais cette guerre ne fut pas de longue durée, grâce à la hardiesse et à l'habileté de Laurent de Médicis. Malgré les dangers que présentait le dessein qu'il mit à exécution, il alla trouver secrètement le roi de Naples à sa cour ; il sut si bien gagner ce prince par la noblesse de ses manières, la profondeur de son éloquence persuasive, qu'il parvint à changer entièrement ses dispositions. Aussi la paix ayant été bientôt conclue, Laurent régna paisiblement à Florence. Il protégea les savants et les artistes, et reçut le surnom de *Père des Muses,* comme il se fit donner celui de *Magnifique* par la splendeur de ses fêtes et l'éclat de ses bienfaits.

Révolte contre Ferdinand Ier. Les Français appelés en Italie. — Cependant la cruauté et l'avarice de Ferdinand Ier n'avaient pas tardé à lui aliéner les cœurs de ses sujets, et surtout des grands du royaume. Aussi, en 1485, éclata une conspiration concertée entre les principaux barons du parti angevin. Ferdinand se hâta de les désarmer par la promesse d'une amnistie et par une paix insidieuse; pour sceller cette réconciliation, il les invita à un festin. Quand il les tint en sa puissance, il les fit arrêter et périr sur l'échafaud. Quelques-uns cependant ne s'étaient pas laissé tromper par ces hypocrites démonstrations, et ne s'étaient point rendus à son invitation. Ils sortirent en toute hâte du royaume, traversèrent l'Italie, racontant partout sur leur passage le crime de leur maître et la nécessité de leur exil, excitant partout la pitié et souvent la haine contre Ferdinand. Ils passèrent en France et implorèrent la protection du roi Charles VIII, héritier des droits de la maison d'Anjou.

Cette plainte ne fut pas stérile. Charles VIII était d'abord appelé par Ludovic le More, oncle de Jean-Galéas Sforce, dans le duché de Milan.

Ludovic, homme d'une ambition démesurée, cherchait tous les moyens de ravir à son neveu l'héritage paternel. Jean-Galéas, voulant se donner un appui contre son oncle, épousa la fille d'Alphonse de Naples. Ludovic le More ne craignit pas de poursuivre l'exécution de ses projets, et il poussa l'audace jusqu'à faire enfermer son neveu et sa femme Isabelle dans le château de Pavie. A cette nouvelle, Alphonse de Naples demanda vengeance à son père Ferdinand. Celui-ci ordonna à Ludovic de mettre en liberté les deux prisonniers, et Ludovic le More, ne sachant comment se tirer d'embarras, engagea Charles VIII à se rendre au vœu des barons de Naples et à pénétrer en Italie. Pour faire face au danger qui le menaçait, Ferdinand se réconcilia avec ses ennemis; mais il mourut avant d'être attaqué, le 25 janvier 1494, à l'âge de soixante et dix ans, emportant la haine de ses sujets et laissant la couronne à son fils Alphonse II, qui devait être encore plus haï que son père.

Pendant ce temps, Gênes, Venise, Ferrare, les États secondaires de l'Italie, n'étaient pas plus tranquilles : partout régnaient les mêmes troubles, les mêmes haines, les mêmes rivalités. L'Italie, ainsi divisée, appelait de toutes parts l'étranger, au lieu de chercher à éloigner l'invasion; cependant cette malheureuse contrée n'avait pas manqué d'avertissements. Naguère à Florence, le dominicain Jérôme Savonarole avait prophétisé aux Italiens les châtiments que la colère divine leur réservait en punition de leur impiété, et il avait annoncé les Français comme les instruments que Dieu choisirait pour accomplir sa vengeance.

Expédition de Charles VIII en Italie. Son entrée à Naples. — Telle était la situation de l'Italie, lorsque Charles VIII songea à faire valoir sur le royaume de Naples les droits qu'il tenait de la maison d'Anjou. Au mois d'août 1494, il traversa les Alpes avec une armée de trente mille hommes, arriva sans obstacles jusqu'à Rome, et de là, poursuivant sa marche victorieuse, soumit en quelques jours tout le royaume de Naples. Mais bientôt les États italiens, unis à Ferdinand le Catholique, formèrent une ligue redoutable contre les Français. Charles VIII, voyant le danger de sa position, laisse à Naples une partie de ses troupes et part avec dix mille hommes pour regagner la France. Les confédérés l'attendaient à Fornoue dans le dessein de lui barrer le passage. Charles VIII les attaque bravement et remporte sur eux une brillante victoire qui n'eut d'autre résultat que d'assurer sa retraite. Le royaume de Naples était perdu pour la France : les troupes espagnoles, commandées par le célèbre Gonzalve de Cordoue, en firent rapidement la conquête.

Expéditions de Louis XII et de François Ier. Bataille de Marignan. Traité de Noyon. — A peine sur le trône (1498), Louis XII, successeur de Charles VIII, résolut de faire valoir sur le Milanais les droits qu'il tenait de son aïeule Valentine Visconti. Le duché, dont le souverain était alors Ludovic Sforce, fut conquis après deux brillantes campagnes, et Ludovic fait prisonnier. Maître du Milanais, le roi de France voulut aussi posséder le royaume de Naples. Il s'unit avec Ferdinand le Catholique pour faire à frais communs cette conquête, qui fut rapidement achevée; mais, après la victoire, les Français et les Espagnols ne purent s'entendre. La guerre s'ensuivit. Les Français, battus à Seminara et à Cérignoles, furent obligés d'abandonner le royaume de Naples, et le traité de Blois (1505) en assura la possession à Ferdinand le Catholique.

Venise, qui était alors une puissante république, inspirait des inquiétudes à Louis XII pour ses possessions du Milanais. Par le traité de Cambrai (1508), il se ligua avec Maximilien d'Autriche, Ferdinand le Catholique et le pape Jules II; il attaqua les Vénitiens et les vainquit à Agnadel. Venise désarma ses ennemis à force de soumission, et parvint à dissoudre la ligue de Cambrai. Alors les alliés de Louis XII se tournèrent contre lui, et formèrent la sainte ligue pour chasser les étrangers de l'Italie. Le roi de France, obligé de se défendre, donna le commandement de ses troupes à son neveu, Gaston de Foix, duc de Nemours. En deux mois ce jeune héros fait rentrer les Suisses dans leurs montagnes, délivre Bologne assiégée par les Espagnols, détruit une armée de huit mille Vénitiens, s'empare de Brescia et remporte près de Ravenne une éclatante victoire. Mais il tomba lui-même percé de coups au milieu de son triomphe, et avec lui périt la fortune de la France. Les Suisses reprennent le Milanais pour le fils de l'ancien duc. L'armée française, vaincue à Novare, est forcée de battre en retraite. La France même est envahie. Pendant que les Suisses assiégent Dijon, Henri VIII, roi d'Angleterre, et Maximilien d'Autriche entrent en Picardie et gagnent la bataille de Guinegate. Il fallut faire la paix ; les conditions en furent onéreuses pour la France. Peu après mourut Louis XII. Le nouveau roi, François Ier, reprit les projets de Louis XII sur le Milanais. Après avoir franchi les Alpes, il rencontra près de Marignan les Suisses, qui étaient venus lui barrer le passage. La bataille s'engagea et dura deux jours. Enfin les Suisses se retirèrent, et vingt jours après François Ier était maître du Milanais. Pour assurer sa conquête, il conclut avec les Suisses le traité de Fribourg, appelé *paix perpétuelle,* et avec Charles d'Autriche, successeur de Ferdinand le Catholique, le traité de Noyon, par lequel il cédait tous ses droits sur le royaume de Naples (1516).

Questionnaire.

Quel était l'état de la France sous Louis XI? — de l'Italie au milieu du quinzième siècle? — Que fit à cette époque la papauté pour arrêter les progrès des Turcs? — Quel prince envahit alors le royaume de Naples? — Qui régnait dans cette contrée? — Quelle était la situation de Ferdinand? — Qui fut vainqueur dans la première bataille? — Quels secours reçut Ferdinand? — Comment usa-t-il de la victoire? — Quel homme gouvernait Florence dans ce temps-là? — Quels projets formèrent ses ennemis? — Comment Pierre déjoua-t-il ces projets et conserva-t-il le pouvoir? — Quels étaient ses deux fils? — Racontez les diverses circonstances de la conjuration des Pazzi. — **Comment Laurent parvint-il à désarmer le roi de Naples? — Quel surnom mérita-t-il? — Quelle était pendant ce temps la conduite de Ferdinand? — Quel fut le résultat** de cette conduite? — Par qui Charles VIII était-il appelé en Italie? — Dans quelles circonstances? — Quel homme avait prophétisé aux Italiens le châtiment qui les attendait? — Quels droits Charles VIII songea-t-il à faire valoir en Italie? — Quel fut le résultat de l'expédition de ce prince? — Racontez les expéditions de Louis XII, d'abord dans le Milanais, ensuite dans le royaume de Naples, et dites quels en furent les résultats. — Quel était le but de la ligue de Cambrai? — Que fit Venise? — Quelle ligue se forma alors contre la France? — Dites les succès de Gaston de Foix. — Quels revers éprouvèrent ensuite les Français? — Quelles furent les conditions de la paix? — Racontez les premiers événements du règne de François Ier.

CHAPITRE III.

De l'Allemagne, de la Hongrie et de la Suisse, depuis le milieu du quinzième siècle jusqu'à la mort de Maximilien (1453-1519).

Frédéric III, empereur d'Allemagne, archiduc d'Autriche. Ses prétentions sur la Bohême et la Hongrie. — Guerre entre Frédéric III et son frère Albert; entre Podiebrad, roi de Bohême, et Mathias Corvin, roi de Hongrie. — Prise de Vienne par Mathias Corvin. — Maximilien dans les Pays-Bas. — Institutions de Mathias Corvin. — Wladislas de Pologne, roi de Bohême et de Hongrie. — Maximilien, empereur d'Allemagne. — Ses démêlés avec la France. — Ses acquisitions de territoire. — La Suisse reconnue indépendante.

Frédéric III, empereur d'Allemagne, archiduc d'Autriche. Ses prétentions sur la Bohême et la Hongrie. — Au moment de la prise de Constantinople par les Turcs en 1453, le trône impérial d'Allemagne était occupé par Frédéric III, de la maison d'Autriche. C'était un prince faible, peu soigneux des intérêts de la couronne, peu jaloux de son pouvoir impérial; mais il travailla puissamment à l'agrandissement de la maison d'Autriche, et, si les diètes de l'Empire profitèrent de sa faiblesse et de son indifférence pour étendre leurs priviléges, il s'en dédommagea amplement par d'importantes acquisitions de territoire. Ainsi l'année 1453 vit le fief ducal d'Autriche érigé en archiduché et placé sur le rang des puissants royaumes. Frédéric III voulut aussi s'assurer la couronne de Bohême et de Hongrie : il fit prisonnier le jeune roi Ladislas le Posthume, fils d'Albert d'Autriche ; mais, obligé de relâcher bientôt son pupille, il voulut du moins conserver la couronne apostolique de saint Étienne, marque distinctive de la royauté en Hongrie. Ladislas, trop jeune pour défendre son royaume, fut placé sous la tutelle de trois régents ; le comte de Cilley gouverna l'Autriche, Georges Podiebrad, la Bohême, et Jean Huniade Corvin, la Hongrie. Ce dernier était à peine investi de sa régence que Mahomet II parut devant Belgrade (1456). Jean Huniade se jeta dans la place avec 40,000 Allemands et repoussa les Turcs, mais il ne jouit pas de sa victoire ; blessé à mort, il expira, laissant deux fils, Ladislas et Mathias Corvin. Le roi Ladislas le Posthume donna la régence de Hongrie au comte de Cilley. Le jeune Ladislas Corvin, ambitionnant la succession de son père, manifesta son mécontentement : il provoqua le comte de Cilley, et le blessa mortellement dans un duel. Le roi tira vengeance de cette insulte faite à son autorité ;

malgré les services éclatants de Jean Huniade, il condamna Ladislas au dernier supplice et le fit décapiter (1457).

Guerre entre Frédéric III et son frère Albert; entre Podiebrad, roi de Bohême, et Mathias Corvin, roi de Hongrie. — La même année, Ladislas le Posthume mourut sans postérité. Alors Frédéric III manifesta de nouveau ses prétentions, mais sans plus de succès; Georges Podiebrad fut roi de Bohême, et Mathias Corvin, roi de Hongrie. Frédéric III n'eut qu'un tiers de l'archiduché d'Autriche; les autres tiers furent donnés, la haute Autriche à son frère Albert, et la Carinthie à son cousin Sigismond de Tyrol. Albert et Frédéric s'armèrent l'un contre l'autre pour se ravir leur part, et l'Empereur laissa l'Allemagne en proie à l'anarchie. Les princes de l'Empire témoignèrent leur mécontentement, et voyant que leurs plaintes n'étaient point écoutées, enhardis d'ailleurs par la faiblesse de Frédéric, ils parlèrent de déposer l'Empereur. Pendant ce temps, Frédéric III était assiégé dans Vienne par Albert. Georges Podiebrad vint le délivrer, et peu après la mort d'Albert le mit en possession de la haute Autriche. Alors il traita avec Mathias Corvin, qui réclamait la couronne apostolique; il la lui envoya, se réservant seulement le titre de roi pendant sa vie, et il fit promettre à Mathias qu'en cas de mort sans enfants la maison d'Autriche hériterait de sa succession.

En 1468, Mathias Corvin fit marcher contre Podiebrad de Bohême ses troupes occupées à combattre les Turcs; il entra en Moravie, soumit en peu de temps ce pays et s'en fit couronner roi. La mort vint épargner à Podiebrad la honte d'une déposition. Après lui les Bohémiens élurent pour leur souverain Wladislas, fils de Casimir IV, roi de Pologne : ils avaient refusé de se donner au vainqueur. Mathias continua la guerre. Mais en 1478, voulant tourner toutes ses forces contre l'empereur Frédéric III, qui n'exécutait pas ses promesses, il conclut le traité d'Olmutz avec Wladislas de Pologne. Les deux princes devaient porter concurremment le titre de roi de Bohême, mais le royaume avec les droits d'électeur appartenait à Wladislas : seulement la Lusace, la Moravie et la Silésie en furent détachées pour être données à Mathias, à condition que, si celui-ci mourait sans enfants, ces trois provinces retourneraient à Wladislas.

Prise de Vienne par Mathias Corvin. Maximilien dans les Pays-Bas. — Mathias Corvin prit Vienne en Autriche. Frédéric III envoya son fils l'archiduc Maximilien contre le roi de Hongrie, mais sans lui donner ni troupes ni argent. Maximilien renonça bientôt à cette guerre et retourna dans les Pays-Bas, où les bourgeois des principales villes étaient sans cesse soulevés. Il fut aussi malheureux en Flandre qu'en Allemagne : il se fit battre par les habitants de Bruges, qui le retinrent prisonnier dans leur ville ; il courut même un plus grand danger : le peuple irrité voulait le massacrer sur la place publique ; mais il montra de l'énergie dans ce moment de crise, et, paraissant devant la populace soulevée : « Me voici, dit-il, je suis prêt à vivre et à mourir avec vous. » Le peuple tourna sa fureur contre les ministres de l'archiduc; les uns périrent sur le moment même, d'autres furent condamnés à avoir la tête tranchée. L'archiduc resta prisonnier. C'est dans ces circonstances que son père lui fit décerner le titre de roi des Romains par la diète de Francfort : ce vain titre n'ajoutait rien à la puissance de Maximilien, et ne fit que rendre plus ridicules sa pauvreté et sa prison. Frédéric fut obligé de conduire lui-même une armée pour délivrer son fils, qui ne recouvra la liberté qu'en renonçant au gouvernement de la Flandre et en s'engageant à retirer du pays toutes les troupes allemandes.

Institutions de Mathias Corvin. Wladislas de Pologne, roi de Bohême et de Hongrie. — En 1490, Mathias Corvin mourut, et la Hongrie perdit son importance. Mathias Corvin avait, comme son père, défendu la chrétienté contre les infidèles; mais à la gloire du guerrier il avait ajouté celle du législateur. Protecteur éclairé des arts et des sciences, il avait fondé à Bude une université, deux académies, un musée d'antiques et une magnifique bibliothèque. Il veilla toujours avec une grande sollicitude à l'administration de la justice, comme le prouve ce proverbe qu'on répétait longtemps encore après sa mort dans toute la Hongrie : « Depuis Corvin, plus de justice. » Il publia pour son peuple une constitution dans laquelle il abolissait le combat judiciaire, défendait de venir en armes au marché, et ordonnait que les parents du coupable ne fussent plus responsables du crime, comme c'était l'usage à cette époque. Il réorganisa l'armée hongroise et la discipline. Avant lui, les armées consistaient en cavalerie levée à la hâte; il forma un corps d'infanterie, appelé garde noire, uniformément armé et équipé. C'est avec ces soldats intrépides qu'il affrontait hardiment les dangers, et qu'il s'assura presque toujours la victoire.

A la mort de Mathias Corvin, Wladislas reprit les trois provinces cédées par le traité d'Olmutz. Maximilien rentra dans Vienne et se retrouva maître de l'Autriche. Vainement il voulut être roi de Hongrie; Wladislas obtint la couronne, étant, par sa mère, petit-fils d'Albert II d'Autriche. Il s'ensuivit une guerre ruineuse terminée, en 1491, par le traité de Presbourg. Maximilien reconnut Wladislas comme roi, mais il devait hériter de ses États si celui-ci, à sa mort, ne laissait pas d'enfants.

Maximilien, empereur d'Allemagne. Ses démêlés avec la France. Ses acquisitions de territoire. — En 1493, mourut Frédéric III. Maximilien, devenu empereur, accrut le nombre des domaines de sa famille. A peine sur le trône, il sollicita la main d'Anne de Bretagne, fille de François II et héritière du duché; mais la régente de France, madame de Beaujeu, fille aînée de Louis XI, et gouvernant au nom de son frère Charles VIII, parvint par son adresse à faire épouser la jeune princesse à son frère. On renvoya à Maximilien sa fille Marguerite, élevée à la cour de France. Ce double affront resta impuni, d'abord parce que Maximilien n'était pas assez fort pour s'en venger, ensuite parce que Charles VIII, ayant pris en mains les rênes du gouvernement, lui abandonna l'Artois et la Franche-Comté par le traité de Senlis.

Uniquement préoccupé de la conquête de l'Italie, le roi de France cherchait à s'assurer la neutralité de l'Empereur; mais ces concessions n'eurent pas le résultat qu'il en attendait. Bientôt, en effet, Maximilien épousa la nièce de Ludovic le More, et cette alliance de famille lui permettait de s'immiscer dans les affaires d'Italie, où il devait naturellement contrarier les projets de la France. C'est ce qui explique pourquoi, en 1495, il entra dans la fameuse ligue formée contre la France et fournit son contingent à l'armée confédérée battue près de Fornoue.

Cependant l'Allemagne ne seconda pas Maximilien dans ces circonstances, et il ne put obtenir de la diète de Worms les subsides qu'il sollicitait. Cette diète, qui ne songeait qu'à assurer la paix intérieure de l'Empire, fit plusieurs constitutions salutaires. L'une d'elles défendait toutes les guerres privées, sous peine d'une amende considérable; une autre instituait un tribunal suprême, chargé de prévenir ou de venger les violations faites à la paix publique. En prenant les mesures nécessaires pour veiller à l'exécution de ces règlements, la diète restreignit encore l'autorité impériale par la création d'une cour nommée *chambre impériale*, et composée d'un grand juge et de seize conseillers. Maximilien en conçut des craintes sérieuses, et voulut opposer un conseil qui fût dévoué au pouvoir, qui fût investi du droit de maintenir ses priviléges, et naturellement opposé à la chambre impériale. Telle est l'origine du *conseil aulique*, dont l'existence fut confirmée, en 1512, par la diète de Trèves.

Maximilien se dédommagea des restrictions apportées à son pouvoir, par d'importantes acquisitions de territoire. Ainsi, en 1496, il maria l'archiduc Philippe le Beau, son fils, à Jeanne la Folle, fille de Ferdinand le Catholique et héritière de la Castille et de l'Aragon. En 1497, il hérita du Tyrol et de la Carinthie par la mort de son cousin Sigismond, et réunit ainsi toute l'Autriche sous sa domination. En 1515, l'Empereur eut une entrevue avec Wladislas, roi de Bohême et de Hongrie, et il fut convenu que Louis, fils de Wladislas, épouserait la fille de Maximilien, et qu'une sœur de Louis épouserait Charles ou Ferdinand d'Autriche, fils de Philippe le Beau et petits-fils de Maximilien. Ce double mariage, qui préparait la réunion de la Hongrie et de la Bohême à l'Empire, comme celui de Philippe le Beau et de Jeanne la Folle avait préparé la réunion des Pays-Bas et de l'Espagne, n'eut point ces conséquences du vivant de Maximilien. Ce prince mourut en 1519; son successeur devait être son petit-fils, Charles d'Autriche et de Luxembourg, plus connu sous le nom de Charles-Quint.

Maximilien, malgré ses défauts, ne manquait ni de courage ni d'énergie. L'Allemagne lui dut des institutions utiles, telles que le perfectionnement de l'artillerie de siége, des manufactures pour les armes à feu, enfin l'institution de deux milices régulières, l'infanterie des lansquenets et la cavalerie des reîtres. Il protégea les belles-lettres et les sciences, encouragea les savants par son exemple et veilla, autant qu'il put, à une sage administration de la justice. C'est sous le règne de ce prince que les postes furent établies en Allemagne.

La Suisse reconnue indépendante. — La confédération helvétique se composait, en 1453, de huit cantons, Schwitz, Uri, Unterwalden, Lucerne, Zurich, Glaris, Zug et Berne. L'indépendance du pays, un moment compromise par la rivalité de Schwitz et de Zurich, fut raffermie par les attaques de Charles le Téméraire. Ce prince avait acheté l'Alsace, en 1465, de Sigismond de Tyrol; il avait donné le commandement de cette province au sire de Hagenbach, qui mécontenta les habitants par sa tyrannie. Les cantons, voyant leurs plaintes inutiles, se révoltèrent et décapitèrent le gouverneur à Brisach, en 1474. Charles envahit aussitôt leur pays, et perdit les deux terribles batailles de Granson et de Morat, qui accrurent l'importance de la Suisse et firent rechercher son alliance par les premiers souverains de l'Europe. Quelques années après, les Suisses, fortifiés par l'accession de Soleure et de Fribourg, se crurent assez puissants pour renoncer à l'hommage dû aux Empereurs. Maximilien leur fit la guerre: défait dans plusieurs batailles, il reconnut l'indépendance de la Suisse et la déclara exempte de toute charge. Peu après ce traité, trois nouveaux cantons entrèrent dans la confédération, ceux d'Appenzell, de Bâle et de Schaffhouse. Les Suisses, comme on l'a déjà vu, jouèrent un rôle important dans les guerres d'Italie.

Questionnaire.

Par qui était occupé le trône impérial d'Allemagne en 1453 ? — Quel était le caractère de Frédéric ? — En quelle année le fief ducal d'Autriche fut-il érigé en archiduché ? — Que fit Frédéric pour s'assurer la couronne de Bohême et de Hongrie ? — Réussit-il dans ses projets ? — Qui fut roi de Bohême ? — Qui fut roi de Hongrie ? — Comment fut partagée l'Autriche ? — Racontez la guerre qui eut lieu à ce sujet, ainsi que celle qui éclata entre Mathias Corvin et Podiebrad. — De quelle ville s'empara Mathias ? — Comment se défendit Frédéric ? — Maximilien put-il continuer la guerre ? — Quels dangers courut-il en Flandre ? — Comment y échappa-t-il ? — Quelles institutions la Hongrie dut-elle à Mathias Corvin ? — Qui fut roi de Hongrie après lui ? — Cette couronne ne fut-elle pas disputée à Wladislas ? — Comment se termina cette lutte ? — Quel fut le successeur de Frédéric III ? — Quelle princesse Maximilien demanda-t-il en mariage ? — Quel double affront reçut-il de la France ? — Pourquoi n'en tira-t-il pas vengeance ? — Par quelle circonstance fut-il amené à se mêler des affaires d'Italie ? — Fut-il secondé par l'Allemagne dans cette guerre ? — Quelles restrictions furent apportées à son pouvoir ? — Comment se dédommagea Maximilien ? — Quel fut son successeur ? — Quelles institutions sont dues à Maximilien ? — Donnez quelques détails sur la confédération helvétique.

CHAPITRE IV.

De l'Angleterre, depuis la guerre des deux Roses jusqu'à la mort d'Édouard IV (1451-1483).

Henri VI, de la maison de Lancastre. — Prétentions de la maison d'York. — Commencements de la guerre des deux Roses. — Richard d'York, nommé lord protecteur. — Bataille de Saint-Albans. — Mort de Richard à la bataille de Wakefield. — Son fils aîné proclamé roi sous le nom d'Édouard IV. — La reine Marguerite. Sa fuite et ses périls. — Cruautés d'Édouard. — Défection du comte de Warwick. — Fuite d'Édouard. — Son retour en Angleterre. — Défaite et mort de Warwick. — Dernières années du règne d'Édouard IV.

Henri VI, de la maison de Lancastre. Prétentions de la maison d'York. Commencements de la guerre des deux Roses. — Durant la seconde moitié du quinzième siècle, l'Angleterre, à peine sortie avec déshonneur de la longue lutte qu'elle avait soutenue contre la France, fut déchirée par une guerre civile dans laquelle succomba une grande partie de sa noblesse, et qui par là favorisa l'accroissement du pouvoir royal. Henri VI, qui était roi depuis trente ans, avait perdu une à une les conquêtes de son père quand éclata la guerre des deux Roses. La cause première de cette guerre fut la rivalité des maisons d'York et de Lancastre, qui prétendaient également au trône. Les deux maisons prirent chacune un signe de ralliement, celle d'York une rose blanche, celle de Lancastre une rose rouge. Les yorkistes ou partisans d'York avaient pour eux les comtés du sud et la puissante famille des Névil, dont le membre le plus considérable était le comte de Warwick, modèle de l'hospitalité féodale, nourrissant jusqu'à 30,000 personnes; ils avaient aussi pour eux beaucoup de nobles. Les lancastriens ou partisans de Lancastre comptaient sur le dévouement du nord de l'Angleterre, qui s'était toujours montré l'ennemi des innovations.

Le bon duc de Glocester, qui était l'idole de la nation anglaise parce qu'il avait toujours voulu la guerre contre la France, venait de mourir. Richard, duc d'York, cousin du roi, profitant habilement des regrets qu'inspirait cette mort et voyant les esprits exaspérés, songea à lever l'étendard de la révolte. L'opinion publique accusait la reine Marguerite de la mort du duc; ce fut contre elle que les mécontents dirigèrent leurs premiers coups. Le duc de Suffolk, qui jouissait de toute sa confiance, était surtout l'objet de la haine publique : il s'éloigna, et s'embarqua pour la France. Poursuivi en mer par un vaisseau de guerre, il fut atteint et fait prisonnier. On le livra aux insultes des matelots : l'équipage, après lui avoir fait subir les plus cruels outrages, se forma dérisoirement en cour de justice, le fit comparaître au milieu des huées, et le condamna à mort. Cette sentence reçut son exécution le lendemain : ce ne fut qu'au sixième coup que le bourreau parvint à séparer la tête du corps. Le cadavre de Suffolk fut jeté sur les sables auprès de Douvres, et il y resta jusqu'à ce que la veuve du duc eût obtenu de Henri VI la faveur de le faire inhumer.

Marguerite, que cette audacieuse tentative devait éclairer sur les projets d'York, crut qu'en éloignant le chef des mécontents elle assurerait son repos. Richard fut donc envoyé en Irlande; mais là, tout entier à ses projets de vengeance, il s'occupa de susciter des obstacles à la reine. Le premier qui prit ouvertement les armes fut un de ses soldats, appelé Jean Cade, qui marcha sur Londres avec 20,000 hommes de Kent. La cour s'enfuit; il entra dans la ville, où il fit décapiter le trésorier, lord Say. L'indiscipline de ses soldats le perdit : les habitants de Londres, pour échapper au pillage, s'armèrent et battirent leurs ennemis. La tête de Jean Cade fut mise à prix; elle fut payée mille marcs d'argent à son assassin, nommé Iden, et le sang d'un grand nombre de ses complices coula sur les échafauds. Ils déclarèrent, en mourant, qu'ils s'étaient soulevés à l'instigation du duc d'York.

Richard d'York, nommé lord protecteur. Bataille de Saint-Albans. — Richard comprit qu'il fallait agir. Enhardi dans ses projets par une maladie de Henri VI, qui affaiblit considérablement les facultés de ce monarque, il se fit nommer lord protecteur et commença à exercer l'autorité souveraine. Mais le roi, ayant recouvré la raison et cédant aux sollicitations de Marguerite, disgracia Richard. Alors éclata la guerre. Le premier combat livré entre les partisans d'York et ceux de Lancastre eut lieu dans la plaine de Saint-Albans, près de Londres, en 1455. Henri VI fut fait prisonnier, et Richard redevint protecteur. Marguerite d'Anjou recommença la guerre, et les deux partis furent de nouveau en présence sur le champ de bataille. Richard, vaincu d'abord, fut plus heureux dans une seconde rencontre. Elle eut lieu le 10 juillet 1460, près de Northampton. Beaucoup de nobles y périrent, parce que les chefs de l'armée ennemie avaient ordonné de ne leur faire aucun quartier et d'épargner les simples soldats. Plus de trois cents chevaliers succombèrent en combattant, ou furent égorgés de sang-froid par les vainqueurs. Le roi fut encore fait prisonnier, et Marguerite s'enfuit avec son fils dans le pays de Galles, et puis en Écosse.

Mort de Richard à la bataille de Wakefield. Son fils aîné proclamé roi sous le nom d'Édouard IV. — Richard se fit déclarer héritier présomptif du trône et laissa la couronne au faible Henri VI, en se chargeant de sa tutelle. Le roi, prisonnier, n'avait aucun moyen de résistance; mais la reine Marguerite, princesse d'un grand courage, ne voulut pas souscrire à des actes qui compromettaient les droits de son fils, et, ayant réuni 20,000 hommes, elle livra à Richard la bataille de Wakefield, au mois de décembre 1460. Richard fut vaincu et tué : 2,000 soldats et la plupart des principaux chefs périrent à ses côtés. Le comte de Rutland, second fils du duc d'York, à peine âgé de douze ans, fut arrêté sur le pont de Wakefield par le lord Clifford, qui lui demanda son nom. Le malheureux enfant, que la vue du carnage et la mort de son père avaient frappé d'horreur, tomba sur les genoux sans avoir la force de répondre, et le gouverneur qui l'accompagnait, espérant sans doute lui obtenir quelque respect de la part des hommes farouches qui l'entouraient, se hâta de dire que c'était le fils du duc d'York. « Tu es à moi, s'écria Clifford avec rage ; ton père a tué le mien, et je vais te tuer ! » Clifford enfonça son épée dans le cœur du pauvre enfant, et donna le corps au gouverneur pour qu'il le portât à sa mère et qu'elle en mourût de douleur.

Telles étaient les scènes d'horreur que présentait cette guerre civile : l'échafaud fut dressé sur les champs de bataille ; les vaincus échappés aux combats étaient assassinés après la victoire. Marguerite fit placer par dérision sur les murs de la ville d'York la tête de Richard, ornée d'une couronne de papier. Elle marcha ensuite sur Londres, et gagna la seconde bataille de Saint-Albans sur le comte de Warwick ; mais elle eut l'imprudence de diviser ses troupes, et son lieutenant, le comte de Pembroke, fut battu à la Croix de Mortimer par Édouard, comte de March, fils aîné du duc d'York. Ce jeune homme marcha aussitôt sur la capitale, et força Marguerite à fuir vers le nord. Il entra à Londres au milieu des acclamations de la populace, qu'intéressaient en sa faveur les malheurs de son père, l'assassinat de son frère, sa belle figure et sa jeunesse ; il était à peine âgé de vingt ans. Le 3 mars 1461, il fut proclamé roi, sous le nom d'Édouard IV, dans la plaine de Saint-Jean, au milieu des plus vives acclamations du peuple. Il se rendit ensuite à Westminster, où s'étaient réunis des évêques, des lords, des magistrats ; il leur rappela ses droits, et fut interrompu par les cris répétés de : « Vive le roi Édouard ! » Des hérauts annoncèrent son élection dans tous les quartiers de Londres, en même temps qu'ils proclamaient la déchéance de Henri VI. Telle fut la fin du règne de ce prince, qui avait été salué roi d'Angleterre et de France à son berceau. Doux, humain, religieux, Henri VI eût été le modèle des pères de famille, dans une condition obscure; sur le trône, il fut le misérable jouet de toutes les passions des hommes ambitieux qui l'entouraien et qui abusèrent de sa faiblesse.

La reine Marguerite. Sa fuite et ses périls. Cruautés d'Édouard. — Marguerite, qui trouvait dans les comtés du nord une source inépuisable de guerriers, leva 70,000 hommes, à la tête desquels elle vint à la rencontre d'Édouard, qui remporta une victoire complète près de Towton. La moitié des lancastriens fut égorgée. Le lendemain, Édouard entra dans York et ordonna froidement l'exécution de plusieurs prisonniers, dont il fit placer les têtes sur les murs, là où avaient été celles de son père et de son frère. Marguerite alla demander un asile au roi d'Écosse.

Pendant ce temps, Édouard était retourné à Londres pour faire confirmer par le parlement son élection de la plaine Saint-Jean. Henri VI et ses descendants furent déclarés usurpateurs, et tous les lancastriens furent proscrits. Les représentants des plus illustres familles d'Angleterre, cent trente-huit chevaliers, des prêtres, des écuyers, furent déclarés traîtres, condamnés à la mort des traîtres, livrés à l'ignominie des traîtres; ils perdirent leurs fonctions, leurs dignités, leurs domaines, leur nationalité. Édouard poussa plus loin sa cruelle vengeance : il livra à une cour martiale et fit condamner à mort, sans forme de procès, quelques nobles lancastriens, parce qu'ils avaient pris le deuil de leurs parents tués à la bataille de Towton.

Cependant la reine Marguerite, dont le grand cœur ne se laissait point abattre par tant de revers, sollicitait partout des vengeurs à son époux, des défenseurs à son fils. Elle s'embarqua et fit voile pour la France, où elle alla implorer l'appui du roi Louis XI. Elle obtint de ce monarque 20,000 écus d'or, moyennant la promesse de rendre Calais, et avec ce subside elle leva une petite armée et revint en Angleterre. Mais les troupes d'Édouard eurent l'avantage, et Marguerite, à qui cette dernière défaite ôtait toutes ses espérances, s'enfuit avec son fils, le jeune prince de Galles. En traversant une forêt, elle tomba entre les mains de brigands qui la dépouillèrent de son or et de ses bijoux. Elle profita du moment où ils se partageaient ce butin pour s'échapper et s'enfoncer dans la partie la plus épaisse du bois; mais un des brigands l'avait suivie, et il était sur le point de l'atteindre, lorsque Marguerite, s'avançant au-devant de lui et lui présentant son enfant, lui dit : « Ami, je confie à ta loyauté le salut du fils de ton roi. » Cet homme, touché de cette grandeur d'âme, se dévoua au service de la princesse et parvint à la conduire en sûreté au quartier des lancastriens. Elle repassa en France, où elle fut bien accueillie par le comte de Charollais, fils du duc de Bourgogne. Avec l'escorte qu'il lui donna, elle se rendit à Bar, ville des États de son père René, et y fixa sa résidence, attendant des jours plus heureux.

Édouard poursuivit le cours de ses vengeances

et fit couler sur l'échafaud le sang que les combats avaient épargné. Lord Gray, l'une des plus illustres victimes de cette époque, fut amené devant le roi, qui voulut jouir de sa honte et de ses souffrances. On lui lut sa sentence en ces termes.
« Lord Gray, tes éperons d'or seront brisés à tes talons par un homme de cuisine ici présent. Tu iras à pied au lieu du supplice, jusqu'à l'extrémité de la ville, au milieu du peuple qui te reprochera ton infamie. Le bourreau te crachera au visage; tu auras ensuite la tête tranchée, et ton corps sera inhumé sans honneur par des moines; ta tête sera placée où voudra le roi, pour subir les outrages des serviteurs fidèles. » Cette sentence reçut aussitôt son exécution. Quant à l'infortuné Henri VI, Édouard lui laissa la vie, mais il le fit étroitement enfermer dans la Tour de Londres.

Défection du comte de Warwick. Fuite d'Édouard. Son retour en Angleterre. Défaite et mort de Warwick.
—La Rose blanche triomphait, mais des discordes intestines devaient perdre la cause des yorkistes. Édouard s'était épris d'une vive passion pour lady Élisabeth Gray, veuve d'un gentilhomme qui avait été tué à la seconde bataille de Saint-Albans dans les rangs des lancastriens : il l'éleva au rang d'épouse ; et bientôt les parents de la nouvelle reine remplacèrent dans la faveur d'Édouard les seigneurs qui avaient suivi sa fortune et servi puissamment sa cause. La noblesse s'indigna de voir prodiguer à ces parvenus les honneurs et les dignités, et forma un parti redoutable à la tête duquel se mit le comte de Warwick. Après avoir gagné à sa cause Georges, duc de Clarence, et s'être ré-

concilié avec Marguerite d'Anjou, Warwick alla débarquer à Dartmouth. Édouard, qui se croyait libre de toute crainte, oubliait son danger au milieu des plaisirs de sa cour. Il ne sortit de son repos que quand il apprit l'arrivée de 60,000 hommes sous les murs de Nottingham. Il marcha au-devant d'eux; trahi par les siens, il se sauva précipitamment en Hollande, tandis que Warwick entrait dans Londres et, tirant Henri VI de sa prison, le replaçait sur le trône. C'est par là que le comte de Warwick mérita dans l'histoire le surnom de *faiseur de rois*.

A la nouvelle de ces événements, Marguerite quitta les États de son père, mais elle ne devait point recueillir les fruits de la victoire remportée par Warwick. Édouard, avec les secours que lui fournit Charles le Téméraire, revint en Angleterre, et pour mieux tromper ses ennemis, il usa de mensonge et de dissimulation. Il quitta les armoiries de la monarchie d'Angleterre et ne conserva que la plume d'autruche des princes de Galles, déclarant hautement qu'il ne venait point pour rallumer la guerre civile et revendiquer le trône, mais pour réclamer son duché patrimonial d'York. Afin de mieux tromper le peuple, il avait ordonné à ses soldats de crier : *Longue vie au roi Henri!* Mais quand il se crut assez fort, il ne déguisa plus ses projets. Clarence lui avait promis en secret son appui; il se repentait d'avoir travaillé pour la cause des lancastriens. Warwick marcha à la rencontre d'Édouard, et, apprenant que Marguerite venait de débarquer sur les côtes d'Angleterre, il livra précipitamment la bataille pour avoir seul tout l'honneur de la victoire. Au moment de l'action, Clarence passa aux yorkistes avec 12,000 hommes; Warwick fut vaincu et tué. La bataille s'était donnée le 14 avril 1471, près de Barnet.

Le même jour, Marguerite, qui avait pris terre à Weymouth avec son fils, fut attaquée avant d'avoir eu le temps de réunir ses forces : elle fut faite prisonnière avec le jeune prince. Celui-ci fut amené devant Édouard, qui lui demanda de quel droit il était venu en Angleterre. « Je suis venu sur les domaines de mon père, dit-il, pour venger ses injures et les miennes. » Édouard irrité le frappa au visage de son gantelet de fer, et aussitôt Clarence et Glocester, se jetant sur ce malheureux enfant, le poignardèrent sous les yeux mêmes du roi. Marguerite fut enfermée à la Tour de Londres, où elle retrouva Henri VI, son époux; ce prince infortuné expira peu de jours après. On attribua généralement sa mort à Glocester, qui, dit-on, convoitait déjà le trône, et qui ne devait reculer devant aucun crime pour l'accomplissement de ses desseins.

Dernières années du règne d'Édouard IV. — Après la mort de Henri VI et l'assassinat du jeune prince de Galles, Édouard fit prendre à son fils aîné le titre de prince de Galles, et le fit reconnaître comme héritier présomptif du trône par un grand conseil de prélats et de barons. Édouard chercha à oublier les horreurs de la guerre civile en se livrant tout entier aux plaisirs; mais il ne trouva pas le repos : ses dernières années furent troublées par des querelles domestiques entre Clarence et Glocester. Tous deux se disputaient l'héritage de Warwick, quoique la veuve de ce comte vécût encore. Le roi partagea la succession entre eux deux, mais il n'opéra qu'une feinte réconciliation; leur haine n'en subsista pas moins. Aussi, après une infructueuse expédition en France, qui se termina par le traité de Picquigny, si favorable à Louis XI, Édouard revint en Angleterre et retrouva la discorde dans sa famille. Les querelles de Clarence et de Glocester avaient recommencé plus vives et plus ardentes que jamais. Clarence avait quitté la cour et nourrissait des projets ambitieux contre son frère, ou du moins Glocester le fit croire à Édouard. A force d'obsessions, Glocester parvint à obtenir du roi que Clarence fût traduit devant la chambre des lords. Clarence fut condamné, mais Édouard recula devant le blâme d'une exécution publique. Quelques jours après, on annonça que Clarence, enfermé à la Tour de Londres, avait cessé d'exister: on ignore de quel genre de mort il périt; mais une rumeur ridicule circula alors dans le public: on disait qu'il avait demandé à être noyé dans un tonneau de malvoisie.

Peu de temps après éclata une rupture entre l'Angleterre et l'Écosse, et Louis XI n'y fut pas étranger. Édouard, apprenant en outre que le roi de France, qui avait promis de faire épouser Élisabeth d'York au Dauphin Charles VIII, était infidèle à ses engagements, tourna toutes ses pensées vers la vengeance. Mais le ressentiment qu'il éprouva fut si vif, l'agitation de son esprit épuisa tellement ses forces, qu'il tomba malade, et mourut au mois d'avril 1483. On croit généralement que Glocester avait hâté sa fin par le poison. Après avoir fait condamner Clarence, il se débarrassait du roi, et il n'y avait plus entre le trône et lui que deux faibles enfants.

Questionnaire.

Quelle guerre civile éclata sous le règne de Henri VI? — Quelle était la cause de cette guerre? — Quel signe prirent les deux maisons? — Qui était le chef des mécontents? — Quel fut le résultat de la tentative de Jean Cade? — Où se livra le premier combat entre les yorkistes et les lancastriens? — Que fit Richard? — Marguerite ne remporta-t-elle pas une victoire sur lui? — Quel fut le sort du second fils de Richard? — Sur qui Marguerite remporta-t-elle une autre victoire? — Qui fut vainqueur à la Croix de Mortimer? — Sous quel nom le comte de March fut-il proclamé roi? — Quelle fut sa conduite après la victoire? — Quel secours Marguerite alla-t-elle implorer? — Fut-elle plus heureuse? — Que lui arriva-t-il en traversant une forêt? — Où se retira-t-elle après avoir été sauvée? — Comment Édouard parvint-il à mécontenter les seigneurs? — Quel homme se mit à la tête des mécontents? — Quelle résolution prit Édouard? — Quel surnom a mérité Warwick? — Avec quel secours Édouard revint-il en Angleterre? — Quels moyens employa-t-il pour tromper les esprits? — Quel homme lui avait promis secrètement son appui? — Qui fut vainqueur dans la rencontre près de Barnet? — Quel fut le sort de Marguerite et de son fils? — Comment Édouard traita-t-il ce jeune enfant? — Où fut enfermée Marguerite? — Henri VI survécut-il longtemps à ces désastres? — A qui attribue-t-on sa mort? — Quels étaient déjà les projets ambitieux de Glocester? — Que fit Édouard après la mort de Henri VI? — Trouva-t-il le repos dans sa famille? — Quelles haines divisaient Clarence et Glocester? — Que fit Glocester? — Comment fut traité Clarence? — Où périt-il? — Quelle cause anima Édouard d'un vif ressentiment? — En quelle année mourut-il? — Ne croit-on pas que Glocester ait hâté sa fin?

CHAPITRE V.

De l'Angleterre, depuis la mort d'Édouard IV jusqu'à celle de Henri VII (1483-1509). — De l'Écosse, depuis le règne de Jacques I jusqu'à la mort de Jacques IV (1424-1513).

Les enfants d'Édouard. — Ambition de Glocester. — Sa dissimulation et sa cruauté. — Glocester élu roi sous le nom de Richard III. — Assassinat des enfants d'Édouard. — Henri Tudor de Richmond. — Bataille de Bosworth. — Mort de Richard III. — Fin de la guerre des deux Roses. — Henri VII, chef de la dynastie des Tudors. — Divers prétendants au trône. — Caractère de Henri VII. — Situation de l'Écosse. — Jacques Ier. — Jacques II. — Jacques III. — Jacques IV.

Les enfants d'Édouard. Ambition de Glocester. Sa dissimulation et sa cruauté. — Édouard IV laissait deux enfants : l'aîné, nommé comme son père, et qui était prince de Galles, lui succéda sous le nom d'Édouard V; le plus jeune, Richard, était duc d'York. Les deux princes sont connus dans l'histoire sous le nom des enfants d'Édouard. Au moment où leur père rendait le dernier soupir, Glocester dirigeait l'armée d'Écosse. Édouard V était au château de Ludlow, dans la principauté de Galles, avec lord Rivers, son oncle maternel. Ce seigneur s'empressa de ramener le jeune roi vers Londres, suivant les ordres de la reine mère Élisabeth. A quelque distance de la ville, Édouard V et sa suite furent rejoints par Glocester, accompagné de ses partisans : il avait quitté l'armée sans ordre du roi. Après avoir trompé lord Rivers en lui prodiguant des témoignages d'affection, il le fit arrêter le lendemain et enfermer dans un château fort, tandis qu'il ramenait le roi à Northampton. La reine s'effraya. Le caractère de Glocester n'était point fait pour la rassurer, et ne pouvant pas lui arracher son fils aîné, elle courut avec Richard, son second fils, s'enfermer dans l'abbaye de Westminster.

Glocester revint à Londres, où il se fit donner le titre de protecteur; puis il envoya le roi à la Tour, afin, disait-il, qu'il s'y préparât, selon l'ancien usage, à la cérémonie du couronnement, qui devait avoir lieu le 4 mai, et qui fut remise au 22 juin. L'ambitieux avait besoin d'un délai, et il lui fallait Richard d'York entre les mains. Il songea à s'en emparer. Il voulut d'abord violer le sanctuaire de l'abbaye; mais le conseil ayant refusé de s'associer à ce dessein, il usa de ruse. Il persuada aux archevêques d'York et de Cantorbéry qu'il fallait que le frère du roi assistât à la cérémonie, et il les chargea d'obtenir de la reine qu'elle leur livrât le jeune prince. La malheureuse Élisabeth céda après une longue résistance; mais, en se séparant de son fils, elle fut saisie d'un douloureux pressentiment : elle versa des larmes, couvrit son enfant de baisers et sembla lui dire un dernier adieu. L'innocente victime passa des mains de sa mère dans celles des prélats et fut conduite à la Tour, où les deux frères, sans crainte ni méfiance, se livrèrent au bonheur d'être réunis avec tout l'abandon et toute la gaieté de leur âge.

Une fois maître de Richard, Glocester commença ses manœuvres en s'assurant de Londres.

Il fit assassiner les lords Rivers et Gray et fit approuver leur exécution secrète dans la prison par quelques seigneurs, au nombre desquels se trouvait lord Hastings. Ce dernier était l'ennemi de Rivers, mais il était dévoué aux enfants d'Édouard, et le protecteur le savait. Lord Hastings était donc pour lui un obstacle embarrassant. Le jour même où Rivers et Gray recevaient la mort, Glocester se rendit au conseil à la Tour. Quand chacun eut pris place, il accusa Jeanne Shore, jeune femme qui avait joui d'un grand crédit sous le feu roi, et lord Hastings, qui la protégeait, d'avoir conspiré contre lui et de l'avoir réduit par leurs sortiléges à l'état de maigreur dans lequel il était. En même temps il montra un de ses bras desséché, infirmité dont il était atteint depuis son enfance. Les membres du conseil se regardaient interdits et muets ; lord Hastings s'enhardit à prononcer quelques paroles de justification. Alors Richard s'écria : « Tu es un traître ! et je veux qu'on m'apporte ta tête pour premier mets de mon dîner. » Puis il frappa du poing sur la table. A ce signal, des soldats entraînèrent lord Hastings et le décapitèrent sur une pièce de charpente. Jeanne Shore eut la vie sauve, mais elle fut dépouillée de ses biens et condamnée à faire amende honorable devant l'église de Saint-Paul, en chemise, les pieds nus, et tenant un cierge allumé. On défendit aux habitants de Londres de donner asile à cette femme qui, au temps de sa puissance, ne s'était fait connaître que par ses aumônes et ses bienfaits : réduite bientôt à la plus affreuse indigence, elle mourut de faim et de misère.

Glocester élu roi sous le nom de Richard III. Assassinat des enfants d'Édouard. — Les projets de Glocester étaient dévoilés par l'arrestation et la mort des principaux partisans de son frère. Aussi ne recula-t-il pas dans la carrière du crime où il s'était engagé. Il attaqua d'abord la légitimité du mariage d'Édouard et d'Élisabeth, pour faire déclarer ses neveux indignes de succéder au trône. Puis il s'entendit avec Buckingham, seigneur qui lui était entièrement dévoué, et celui-ci alla trouver le lord maire de Londres pour convoquer une assemblée des notables bourgeois : après y avoir fait l'éloge du protecteur, Buckingham demanda s'ils ne le voulaient pas pour roi. Une douzaine d'ouvriers payés d'avance jetèrent en l'air leurs bonnets en criant : « Vive le roi Richard ! » Alors Buckingham alla trouver le protecteur pour lui faire connaître *la volonté du peuple*, et Glocester, ayant joué la surprise et résisté pour la forme, finit par se soumettre à ce que *la nation anglaise lui demandait*.

A peine avait-il donné son consentement qu'il envoya l'ordre au gouverneur de la Tour de faire mourir les deux jeunes princes. Cet officier opposa un refus formel à cette horrible mission. Richard III s'entendit alors avec le maître de ses écuries, Jacques Tyrrel, homme perdu d'honneur, et donna l'ordre de lui remettre, pour une nuit, les clefs de la Tour. Tyrrel se fit accompagner de trois scélérats, et, pendant la nuit, il leur ouvrit la porte de la chambre où reposaient les deux frères. Il resta lui-même sur l'escalier pour veiller à ce que personne ne s'approchât. Les assassins étouffèrent les pauvres enfants sous des oreillers et des couvertures; puis ils appelèrent Tyrrel, lui montrèrent les corps des deux victimes, et les enterrèrent dans une fosse creusée au bas de l'escalier.

Henri Tudor de Richmond. Bataille de Bosworth. Mort de Richard III. Fin de la guerre des deux Roses — Richard III alla se faire couronner à York. Mai déjà son trône chancelait. Buckingham, ne s croyant pas suffisamment récompensé par le titre de connétable des services qu'il avait rendus au roi, résolut de le renverser. Il se souvint qu'un jeune prince du parti de Lancastre avait échappé au massacre des champs de bataille: c'était Henri Tudor de Richmond, petit-fils de sir Owen Tudor tué à la Croix de Mortimer dans l'armée du comte de Pembroke. Henri était alors réfugié à la cour de Bretagne, près de François II. Ce fut sur lui que Buckingham jeta les yeux pour arriver à son but. Afin de fortifier les droits du jeune prince à la couronne, il proposa à la reine Élisabeth un mariage entre sa fille Élisabeth d'York et Henri Tudor de Richmond. La reine consentit au sacrifice de ses inimitiés personnelles, et envoya à son futur gendre la somme nécessaire pour l'expédition. Buckingham, impatient de réussir, et sachant d'ailleurs que ses projets étaient connus de Richard, pensa qu'il fallait agir sans délai. Il s'empressa de faire des levées dans le pays de Galles; mais abandonné et trahi, il fut livré à l'usurpateur et décapité.

Pendant ce temps, Henri s'était embarqué à Saint-Malo, ayant avec lui 5,000 hommes; mais il arriva trop tard. De plus, sa flotte avait été battue par une violente tempête, et n'ayant pas assez de ressources pour risquer une bataille, il retourna en Bretagne. Peu de temps après, Henri de Richmond obtint de la régente de France des secours avec lesquels il aborda au pays de Galles. Il livra bataille à l'usurpateur dans la plaine de Bosworth, près de Leicester (1485). Richard commandait à 12,000 hommes; mais, dès le commencement de l'action, lord Stanley passa à l'ennemi avec un nombreux détachement. A cette vue, Richard ne consulta que son désespoir. Il s'élança, la couronne en tête, en s'écriant : « Trahison! trahison! » et il cherchait à joindre le prétendant. Déjà il avait tué deux ennemis et renversé l'étendard de Henri, quand il succomba. Lord Stanley lui arracha la couronne et la plaça sur la tête de Henri.

La mort de Richard III finit la dynastie des Plantagenêts et la querelle des deux Roses. Cette lutte meurtrière avait ruiné l'aristocratie, décimée sur les champs de bataille et sur l'échafaud.

Henri VII, chef de la dynastie des Tudors. Divers prétendants au trône. Caractère de Henri VII. — Henri de Richmond, chef de la dynastie des Tudors, fut proclamé roi sous le nom de Henri VII et couronné à Londres le 30 octobre 1485. Il réunit sur sa tête les droits des Lancastres et des Yorks en épousant la princesse Élisabeth, et fit sanctionner par le pape Innocent VIII l'acte du parlement qui lui confirmait la couronne. Mais toutes ces précautions n'assurèrent point la tranquillité de son règne. Jusqu'à la fin du quinzième siècle, l'Angleterre ne cessa d'être troublée par les prétendants nombreux suscités contre lui. Le premier fut un nommé lord Lovel, qui prit les armes dans le comté de Worcester et réunit trois ou quatre mille hommes. Mais il n'osa combattre, abandonna son armée, et s'enfuit en Flandre auprès de Marguerite d'York, sœur d'Édouard IV et duchesse douairière de Bourgogne. Après lord Lovel vint le fils d'un boulanger, Lambert Simnel, qui se fit passer pour le fils de Clarence, comte de Warwick. Il se rendit en Irlande, parmi les partisans de la maison d'York : les Irlandais le nommèrent Édouard VI et le couronnèrent à Dublin. Henri VII tira de la Tour de Londres le jeune Warwick, et désabusa les Anglais en le leur montrant. Toutefois Lambert Simnel, se voyant à la tête de 2,000 soldats, se crut assez fort pour envahir l'Angleterre. Il fut vaincu et fait prisonnier. Henri VII eut pitié de sa jeunesse et de sa lâcheté : il lui laissa la vie et l'employa dans ses cuisines comme marmiton ; plus tard, en récompense de sa bonne conduite, il l'éleva à la charge de fauconnier.

Mais bientôt il eut affaire à un rival plus redoutable : c'était Perkin Warbeck. La duchesse douairière de Bourgogne fit courir le bruit que Richard, duc d'York, n'était pas mort avec son frère Édouard, mais qu'il s'était échappé. Perkin Warbeck se fit passer pour le jeune prince, avec lequel il avait effectivement de la ressemblance. Marguerite d'York, après un examen solennel, le reconnut pour son neveu et le nomma publiquement la Rose blanche d'Angleterre. Par son conseil, Perkin fit une descente sur la côte de Kent, mais il revint bientôt sans avoir réussi. Une seconde expédition, dirigée sur l'Irlande, ne fut pas plus heureuse. Enfin Perkin fit une troisième tentative, et vint aborder sur la côte de Cornouailles, où il prit le titre de Richard IV; il avait avec lui environ 7,000 hommes. A l'approche de Henri VII, il n'osa combattre, et se rendit sous promesse de la vie. Henri VII le fit jeter en prison. Perkin s'évada, fut repris, envoyé à la Tour, et forcé de lire publiquement, dans la salle de Westminster, une confession, signée de sa main, par laquelle il se déclarait fils d'un juif converti qui avait résidé en Angleterre sous le règne de Richard III. Son rôle politique était fini, mais il ne sut pas rester dans l'obscurité. Dans la prison où il était enfermé, il fit de nouvelles intrigues avec le comte de Warwick, et l'engagea dans un projet de fuite. Henri VII ordonna sa mort, et se crut obligé de sacrifier le véritable et malheureux fils du duc de Clarence. Cette exécution mit un terme aux guerres civiles, et dès lors le chef des Tudors gouverna en paix.

En 1501, Henri VII songea à consolider son trône par un double mariage. Il fit épouser à son fils aîné, Arthur, prince de Galles, l'infante d'Aragon et de Castille, Catherine, seconde fille de Ferdinand le Catholique et d'Isabelle. Le prince Arthur étant mort peu après, il donna la main de la princesse à son second fils, Henri, héritier présomptif de la couronne. Ce mariage, pour lequel le jeune prince avait une vive répugnance, devait être plus tard la cause du schisme anglican. Henri VII s'allia avec Jacques IV et lui donna sa fille aînée,

Marguerite. Ce mariage prépara le règne des Stuarts sur l'Angleterre et la réunion des deux royaumes.

Henri VII était d'un caractère pacifique et cherchait à vivre en bonne intelligence avec ses voisins; il sut maintenir la paix intérieure par sa vigilance et sa fermeté. Il encouragea le commerce et l'industrie, la marine et les voyages lointains, et il fit partir pour l'Amérique le Vénitien Sébastien Cabot, qui découvrit l'île de Terre-Neuve. Ce que l'histoire peut reprocher à ce prince, c'est une économie qui dégénérait en avarice. Pendant son règne, on le vit occupé à augmenter son trésor par toutes sortes de moyens, par des proscriptions, des amendes inouïes et des taxes arbitraires. Vers la fin de sa vie, il se repentit, dit-on, de ses exactions et disposa de grandes sommes pour être distribuées après sa mort en aumônes et en restitutions. Mais ses intentions ne furent pas exécutées; le jour de sa mort, arrivée le 22 avril 1509, son fils et son successeur Henri VIII s'empara de tous les trésors amassés par son père et les dissipa en fêtes et en libéralités.

Situation de l'Écosse. — Tandis que l'Angleterre éprouvait ces violentes commotions, l'Écosse, sans être aussi agitée, était dans un trouble continuel. C'était le résultat du pouvoir excessif des seigneurs, qui se faisaient la guerre entre eux et la faisaient même contre le roi. Celui-ci n'avait que de faibles revenus, et point d'armée permanente. Son autorité était précaire, et il ne pouvait faire régner les lois là où régnait une aussi barbare coutume que celle des guerres privées qui se perpétuaient de génération en génération. Les divisions désolaient les contrées du centre et les basses terres, où le roi tenait sa résidence. Dans les montagnes ou hautes terres, l'anarchie était plus complète. Les Highlanders étaient distingués du reste de la nation par un caractère plus sauvage, par des mœurs, un costume, un langage particuliers. Ils étaient divisés en tribus ou clans; chaque clan prenait le nom de son chef principal : il y avait les clans des Mac-Grégor, des Mac-Donald, des Mac-Allum-More. Souvent ils étaient en guerre entre eux, et toujours en hostilité ouverte avec les habitants des basses terres, qu'ils regardaient comme les descendants des Saxons. Plusieurs chefs des Highlanders étaient des monarques indépendants; le plus puissant était le comte de Ross, connu aussi sous le nom de lord des Iles.

Jacques I. — Les Stuarts essayèrent de réprimer le désordre, mais l'ambition de la famille des Douglas, les discordes de la maison régnante, et une suite de six minorités, perpétuèrent l'état déplorable de l'Écosse. Aussi à la mort de Robert Stuart, en 1406, son fils et successeur Jacques I était prisonnier en Angleterre, et dix-huit années s'écoulèrent avant qu'il fût de retour en Écosse. Devenu libre à la mort de Henri V, Jacques retourna dans son royaume et parvint à reconquérir par sa politique les prérogatives qu'il avait perdues; ses projets de réforme furent interrompus par une mort soudaine. Il fut assassiné par son oncle, le comte d'Athol (1437).

Jacques II. — Jacques II, son fils, n'avait que huit

ans; pendant sa minorité, le chancelier Crichton dirigea les affaires et voulut, comme Jacques I, abattre la noblesse; mais, au lieu de suivre des voies légales, il chercha à parvenir à son but par la violence et la barbarie. Tels furent les principes dans lesquels il éleva son royal pupille; et bientôt deux membres de la famille de Douglas furent attirés dans un piége et tués sans forme de procès. Le chancelier devenait de jour en jour plus odieux, lorsque Jacques II prit en main les rênes de l'État. Il se rapprocha des Douglas, et nomma même le chef de cette famille lieutenant général du royaume; bientôt, effrayé de son ambition, il le disgracia. Douglas prit les armes, rassembla ses partisans et souleva la moitié de l'Écosse. Il fut pris dans le piége où avait péri son père. Il alla trouver le roi à Stirling, et là il fut poignardé de la main même de Jacques II. Ce prince profita de la guerre des deux Roses pour reprendre deux villes aux Anglais; il périt au siége de la dernière, en 1460.

Jacques III. Jacques IV. — Jacques III, son fils et successeur, montra, comme son père et son aïeul, le désir d'abaisser la noblesse, sans avoir leurs talents ni leur habileté. Jamais prince ne choqua plus ouvertement les mœurs de son peuple. Retiré dans un château fort, étranger aux exercices militaires que chérissait la noblesse, il était entouré d'artistes anglais, et décidait de la paix ou de la guerre d'après le conseil de gens incapables. Bientôt le mécontentement devint général et des signes de révolte se manifestèrent. Les rebelles prirent pour chef le duc de Rothsay, fils aîné de Jacques III, vainquirent ce prince à Bannockburn, en 1488, et l'assassinèrent dans la déroute. Effrayés de ce meurtre, ils proclamèrent le duc de Rothsay, sous le nom de Jacques IV. Le nouveau roi sut éteindre l'ancienne haine qui existait entre la noblesse et la couronne. Il gagna l'affection des seigneurs par ses manières affables et son caractère chevaleresque : aussi, dans la guerre qu'il eut à soutenir contre Henri VIII, roi d'Angleterre, il les vit tous accourir sous ses étendards et rivaliser de dévouement. Jacques IV fut tué à la bataille de Flowden, et une foule de comtes, de lords et de barons qui se pressaient autour de lui succombèrent en même temps. Jacques V, son fils, n'avait qu'un an lorsqu'il lui succéda, en 1513.

Questionnaire.

Quels étaient les deux enfants d'Édouard ? — Où était alors son fils aîné ? — Que fit le duc de Glocester ? — Où se réfugia la reine Élisabeth ? — Que fit Glocester pour se faire livrer le jeune duc d'York ? — De quels hommes Glocester se débarrassa-t-il d'abord ? — Comment lord Hastings fut-il traité ? — Quel fut le sort de Jeanne Shore ? — Que fit Glocester pour exclure ses neveux du trône ? — Quel seigneur lui prêta son appui ? — Sous quel nom Glocester fut-il proclamé roi ? — Racontez la mort des deux enfants d'Édouard. — Dans quelle ville Richard III fut-il couronné ? — Par qui et comment fut-il remplacé sur le trône ? — Quelle dynastie s'éteignit avec lui ? — De quelle dynastie Henri de Richmond fut-il le chef ? — Quel nom prit-il ? — Quels sont les prétendants qui voulurent lui disputer la couronne ? — Que fit Henri VII ? — Quels mariages le roi fit-il célébrer dans sa famille ? — Quel était le caractère de Henri VII ? — A qui laissa-t-il la couronne ?

— Dites quelle était la situation de l'Écosse à cette époque. — Où Jacques I était-il retenu prisonnier? — Comment périt-il? — Quel âge avait son fils Jacques II? — Qui gouverna l'Écosse au nom du jeune prince? — Comment fut traitée la famille des Douglas? — Où périt Jacques II? — Quel était le caractère de Jacques III? — Comment périt ce prince? — Qui fut proclamé roi? — Quel était le caractère de Jacques IV? — Où fut-il tué? — Quel fut son successeur?

CHAPITRE VI.

De l'Espagne, depuis le milieu du quinzième siècle jusqu'à la mort de Ferdinand le Catholique (1453-1516).

L'Espagne partagée en plusieurs royaumes. — Caractère des Maures et des Espagnols. — Jean II et don Carlos. — Guerre civile en Navarre. — Henri IV, roi de Castille. — Il est déposé. — Isabelle de Castille et Ferdinand d'Aragon. — Réunion de l'Aragon et de la Castille. — Guerre contre les Maures. — Prise de Grenade. — La Sainte-Hermandad et l'Inquisition. — Mort d'Isabelle. — Conquête d'Oran. — Mort de Ferdinand. — Conquête de la Navarre.

L'Espagne partagée en plusieurs royaumes. Caractère des Maures et des Espagnols. — Au milieu du quinzième siècle, l'Espagne était partagée en trois royaumes chrétiens, la Navarre, l'Aragon, la Castille, et un royaume musulman, qui était le royaume de Grenade : c'était le dernier débris de l'ancienne domination des Arabes en Espagne; il avait seul survécu au démembrement du califat de Cordoue. Une différence profonde séparait la race chrétienne et la race musulmane, différence la plus grande de toutes, celle de religion.

Dès le treizième siècle, les chrétiens avaient prévalu, et les Maures, n'ayant plus que le sud-est et se trouvant adossés à la mer, ne pouvaient plus reculer. Il était facile de prévoir qu'une fois attaqués dans cet asile, ils seraient obligés ou de se fondre dans la nation ou de s'expatrier. Le caractère des Maures et leurs habitudes les éloignaient de la guerre : ils s'amollissaient dans les plaisirs, et dirigeaient toute leur activité vers l'industrie. Les Espagnols n'aimaient que la guerre; ils abandonnaient le négoce et les sciences aux juifs, et ne connaissaient d'autre noblesse que celle de l'épée : leur plus beau titre était celui d'*Hidalgos*, c'està-dire fils des Goths. La fierté castillane et l'indépendance aragonaise étaient passées en proverbe. Les seigneurs, maîtres des terres, n'avaient point, comme ailleurs, perdu une portion notable de leur pouvoir; ils s'étaient rendus redoutables aux rois, et les troubles de la Castille et de la Navarre montrèrent quelle influence leur restait encore. Nous allons examiner tour à tour l'histoire de la Navarre, de l'Aragon, de la Castille et de Grenade.

Jean II et don Carlos. Guerre civile en Navarre. — Depuis 1441, Jean II gouvernait la Navarre, mais il n'avait point le titre de roi. Ce titre appartenait à Blanche d'Évreux, sa femme, et héritière de la Navarre suivant l'usage du royaume. A la mort de cette princesse, le trône revenait à son fils don Carlos, prince de Viane, qui dans le commencement ne voulut point enlever l'autorité à son père et se contenta de sa principauté. Mais une marâtre cruelle, Jeanne Henriquez, voulant assurer le trône à son fils Ferdinand (le Catholique), au détriment de don Carlos, s'empara de la confiance de son époux. Don Carlos avait alors trente ans, et n'avait point encore réclamé sa couronne. Il eût peut-être continué à vivre dans l'obscurité, si sa belle-mère ne l'eût poussé à bout; sollicité par les seigneurs de Navarre, il songea à revendiquer ses droits. Deux partis se formèrent dans le royaume, les Beaumont et les Grammont, qui, sous les noms de deux princes, voulaient satisfaire leurs inimitiés : les Beaumont étaient pour don Carlos, et les Grammont pour Jean II.

Don Carlos prit les armes; il obtint quelques secours du roi de Castille et livra bataille à son père. Il fut vaincu et fait prisonnier. Relâché en 1453, il ne dut sa liberté qu'aux murmures du peuple; mais Jeanne Henriquez voulait sa mort, et elle le força à reprendre les armes. Il fut vaincu de nouveau, et s'enfuit d'abord auprès de Charles VII, roi de France, dont il ne put obtenir de secours, puis auprès de son oncle, Alphonse le Magnanime, roi d'Aragon. Pendant ce temps, Jean II avait convoqué les états de Navarre, proclamé la déchéance de son fils et légitimé son usurpation. Les Beaumont ne souscrivirent point à tous ces actes; ils protestèrent en décernant de leur côté le titre de roi au prince déshérité et absent.

Cependant don Carlos, fatigué d'une lutte qu'il regardait comme odieuse, sollicita de son père une réconciliation. Celui-ci, maître de l'Aragon, écrivit à son fils de se remettre entre ses mains. Don Carlos y consentit. Il fut arrêté, jeté en prison, et accusé calomnieusement de conspirer contre Jean II. Les persécutions accrurent ses partisans. La Navarre, l'Aragon et la Catalogne réclamèrent vivement sa liberté. Jean II, s'effrayant de ces démonstrations unanimes, n'osa pas poursuivre une procédure odieuse contre son fils; mais, ne voulant pas se dessaisir de sa personne, il le promena de prison en prison, dans l'espoir que ses partisans se lasseraient de s'intéresser à son sort. Cependant, poursuivi toujours par les demandes des rebelles, il se décida enfin à relâcher don Carlos en 1461. Ce malheureux prince mourut bientôt après. Quelques auteurs rapportent que sa belle-mère l'avait empoisonné dans sa prison; d'autres pensent que le chagrin abrégea ses jours.

Don Carlos légua ses droits à sa sœur Blanche de Castille. Ce testament fut l'arrêt de mort de cette princesse. Jean II la livra au comte de Foix et à Léonore, sa sœur cadette, qui l'empoisonna au château d'Orthez. L'horreur de ce double crime exalta les Catalans; ils invoquèrent don Carlos comme un saint, et en appelèrent au roi de Castille, qui leur envoya un corps de troupes. Ce fut alors que Jean II sollicita l'appui de Louis XI; avec les secours qu'il en reçut, il triompha de ses ennemis, et soumit enfin toute la Catalogne par la prise de Barcelone, qui était le foyer de l'insurrection (1472).

Henri IV, roi de Castille. Il est déposé. — Pendant ce temps, la Castille avait été le théâtre de longues révoltes. Le souverain de cette contrée, nommé Henri IV, avait excité le mépris des seigneurs par ses débauches et leur mécontentement par son despotisme. Le peuple s'indignait aussi de la lâcheté de ce prince, et supportait impatiemment le poids des impôts. Les grands firent subir au monarque castillan les humiliations qu'avait essuyées jadis un roi de France, Louis le Débonnaire. Ils se réunirent dans la plaine d'Avila, où avait été dressée une estrade; ils exposèrent sur un trône l'effigie de Henri IV, couverte de longs voiles de deuil, avec tous les attributs de la royauté. Ils procédèrent aussitôt à l'acte de déposition en adressant la sentence à la statue. L'un lui ôta la couronne, un autre l'épée, un troisième le sceptre; et après l'avoir ainsi dépouillée de ses ornements, ils la renversèrent et la foulèrent aux pieds. Ils placèrent ensuite l'infant don Alphonse sur le trône et le couronnèrent. Henri IV livra une bataille dont l'issue resta indécise; mais le jeune Alphonse étant mort peu de temps après, les révoltés jetèrent les yeux sur sa sœur Isabelle et lui déférèrent la couronne. Celle-ci refusa cet honneur et demanda seulement d'être reconnue princesse des Asturies, c'est-à-dire héritière présomptive du trône, que lui ouvrait déjà son mariage avec Ferdinand d'Aragon, qui était, après elle, le plus proche héritier de la couronne.

Isabelle de Castille et Ferdinand d'Aragon. Réunion de l'Aragon et de la Castille. — La mort de Henri IV, arrivée en 1474, fut le signal d'une nouvelle guerre civile. La princesse Jeanne, sa fille, comptait beaucoup de partisans dans les pays de Tolède et de Murcie. Le roi de Portugal, Alphonse l'Africain, son oncle, soutint les droits de sa nièce à la tête des chevaliers qui venaient de conquérir Arzile et Tanger. Le courage d'Isabelle et les armes de son mari triomphèrent à la journée de Toro. Les Castillans et les Portugais, découragés, abandonnèrent la cause de la princesse Jeanne, et quelque temps après, aux états de Castille et d'Aragon, Ferdinand et Isabelle prirent ensemble le titre de roi et de reine d'Espagne.

Les deux sceptres d'Aragon et de Castille assuraient une prépondérance marquée à la puissance des chrétiens. De toutes leurs conquêtes, les Maures n'avaient conservé que le royaume de Grenade. Vainement imploraient-ils, de leur dernière capitale, le secours des musulmans africains : les royaumes de Fez et de Maroc, déchirés eux-mêmes par des dissensions intestines, ne pouvaient s'occuper des affaires lointaines; le soudan d'Égypte seul envoya auprès de Ferdinand le Catholique le gardien du Saint-Sépulcre, dont les représentations stériles n'amenèrent aucun résultat. Les ressources intérieures étaient aussi faibles : les Maures, bien que d'une bravoure à toute épreuve, étaient incontestablement inférieurs aux chrétiens sous le rapport de la science militaire. Sous le règne de Henri IV, ils avaient déjà perdu Gibraltar; leurs autres villes, dépourvues d'artillerie, peu fortifiées, n'avaient plus pour défense qu'une cavalerie brillante, aussi prompte à la charge qu'à la fuite.

Guerre contre les Maures. Prise de Grenade. — A la veille de se voir attaqués par Isabelle et Ferdinand, les Maures, par une imprudente conquête, fournirent un prétexte de guerre aux Espagnols. A la nouvelle de la prise de Zahara, les Castillans, encouragés par leur jeune reine, soutenus par les talents de Pédro de Navarre et de Gonzalve de Cordoue, le futur conquérant du royaume de Naples, se rendirent maîtres à leur tour d'Alhama, de Malaga et de Baça, ville puissante et peuplée de 150,000 habitants.

Les hostilités duraient depuis onze années, lorsque les Castillans vinrent mettre le siége devant Grenade elle-même. Cette capitale était alors en proie à l'anarchie la plus violente. La famille royale se partageait les restes d'un pouvoir expirant. Boabdil et son oncle continuaient leurs discordes en présence de l'ennemi : le second avait traité avec les Espagnols; le premier, secondé par l'opiniâtreté furieuse de son peuple, repoussait depuis neuf mois les assauts des vainqueurs. Isabelle, résolue de forcer le dernier boulevard des ennemis, se rendit au camp, où sa présence inspira aux troupes une nouvelle ardeur. Peu après un accident ayant mis le feu à la tente qu'elle occupait, l'incendie se communiqua à tout le camp, dont les cabanes, couvertes seulement de roseaux et de chaume, furent bientôt la proie des flammes. Isabelle répara ce malheur. A la place du camp incendié, on vit s'élever rapidement une ville qui reçut le nom de Santa-Fé. Les Maures comprirent que leur siége ne serait jamais levé : ils ouvrirent leurs portes, pendant que la reine, à qui ce triomphe venait d'être annoncé, se jetait à genoux en pleine campagne et faisait célébrer un *Te Deum.*

On rapporte que Boabdil, forcé de s'éloigner du beau climat de Grenade, contemplait une dernière fois sa capitale, les larmes aux yeux. « Pleure comme une femme, lui dit sa mère, ce que tu n'as pas su défendre comme un homme. » Boabdil eût pu obtenir un riche domaine de la générosité des vainqueurs, mais il refusa cette triste consolation et alla périr dans un combat en Afrique. Avec lui s'éteignit une dynastie qui avait donné dix-neuf rois à Grenade. La même année, Christophe Colomb, par la découverte du nouveau monde, mettait le comble à la gloire et à la puissance de Ferdinand et d'Isabelle.

La Sainte-Hermandad et l'Inquisition. — Cependant les Espagnes réunies par la conquête, à l'exception de la Navarre, étaient loin de former un même corps indissoluble et harmonieux. Les Aragonais et les Castillans, jaloux les uns des autres, confondaient dans une même haine les juifs et les Maures qui se trouvaient au milieu d'eux. D'un autre côté, la rivalité des villes et de leurs *cortès*, ou assemblées nationales, leurs réclamations continuelles, opposaient à l'habileté de Ferdinand les plus graves obstacles. Le roi catholique triompha par la *Sainte-Hermandad* et par *l'inquisition* des révoltes des vassaux et des prétentions de leurs seigneurs. Déjà la réunion à la couronne des trois grandes maîtrises d'Alcantara, de Calatrava et de Saint-Jacques lui avait donné une armée et des biens considérables.

La Sainte-Hermandad consistait dans l'organisation fraternelle des cités d'Aragon; elle avait pour but de maintenir la paix publique, et de frapper sans exception tous les coupables. L'inquisition, destinée à préserver l'Espagne des nouvelles hérésies, composait un tribunal immense, d'autant plus terrible qu'il unissait la force de l'autorité politique à la puissance de l'autorité religieuse. Les Aragonais, issus pour la plupart de familles juives, s'opposèrent à l'établissement de cette nouvelle magistrature, assassinèrent même un inquisiteur, dans l'espoir d'effrayer les autres; mais ils durent bientôt renoncer à toute résistance contre le pouvoir d'une institution qui était fondée sur les croyances religieuses du reste du pays.

Malheureusement, le zèle de l'inquisition fut porté trop loin : tous les juifs reçurent l'ordre de se convertir ou de quitter l'Espagne; on leur défendit même d'emporter l'or, l'argent et les pierres précieuses. Ces malheureux, qui s'élevaient au nombre de 800,000, aimèrent mieux perdre leurs richesses que de renoncer à leur foi; ils s'embarquèrent à la hâte, et se réfugièrent en Portugal, en Italie et en Afrique. Cette condamnation impolitique, pour quelques sommes qu'elle donna au trésor royal, priva le royaume d'un revenu considérable que les juifs payaient annuellement pour avoir le monopole du commerce.

Mort d'Isabelle. Conquête d'Oran. Mort de Ferdinand. Conquête de la Navarre. — Sept ans après l'expulsion des juifs, Ferdinand, violant un des articles de la capitulation de Grenade, voulut aussi convertir les Maures. Ses ordres furent suivis de révoltes encouragées et soutenues par les peuplades d'Afrique; à la fin, les musulmans, forcés de se soumettre, feignirent d'embrasser la religion chrétienne pour rester sur le sol de l'Espagne. A la même époque (1504) mourut à cinquante-quatre ans la reine Isabelle, laissant une fille nommée Jeanne, qu'elle avait mariée avec Philippe, archiduc d'Autriche, père de Charles-Quint. La reine Isabelle, adorée de son peuple, joignait aux grâces de son sexe la grandeur d'âme d'un héros et la politique d'un profond ministre; elle régna toujours de moitié avec son époux, et voulut être nommée dans tous les actes publics.

Sa mort fut le signal de nouveaux embarras pour le roi Ferdinand. Les Castillans, toujours jaloux des Aragonais, refusèrent d'obéir à l'époux d'Isabelle, qui demandait la régence, et se soumirent à l'archiduc d'Autriche. A son entrée en Espagne, ce dernier prit des mesures propres à flatter la multitude et réprima les violences de l'inquisition, qui excitaient un soulèvement général. Mais Philippe mourut bientôt lui-même, et Ferdinand, aidé par les talents d'un homme extraordinaire, le célèbre Ximénès, archevêque de Tolède, se maintint sur le trône de Castille. Ximénès, né dans la Vieille-Castille, avait prononcé ses vœux dans un couvent de cordeliers; il se livra quelque temps dans la retraite à l'étude des langues orientales, et fut choisi pour confesseur et pour conseiller par la reine Isabelle. Dès ce moment, sa vie ne fut plus qu'une suite de bonnes œuvres : il visitait les églises et les hôpitaux, écoutait avec bonté les indigents et employait ses revenus à soulager leur misère. Il fallut un ordre exprès du pape pour lui faire accepter l'archevêché de Tolède, que la reine lui avait offert. Au milieu des grandeurs et de l'opulence, Ximénès vécut toujours humble et pauvre, observant les règles de la discipline la plus sévère, s'occupant de la réforme des mœurs et de l'administration des affaires d'État. Le pape Jules II honora ce grand homme de la pourpre romaine sous le titre de cardinal d'Espagne.

Les dernières années de Ferdinand le Catholique furent marquées par deux importantes conquêtes, celle d'Oran et celle de la Navarre. L'archevêque de Tolède résolut de faire lui-même, à ses dépens, la première expédition; il leva une nombreuse armée et en confia le commandement aux plus habiles capitaines de l'Europe, se réservant le soin de surveiller cette entreprise. Le succès fut complet : les Espagnols, après une vive attaque, firent un horrible carnage des Maures; Oran fut emporté d'assaut, et cette prise, suivie de celle de Tripoli, entraîna la soumission d'Alger, de Tunis et de Tlemcen. Au retour du cardinal, le roi alla au-devant de lui jusqu'à quatre lieues de Séville et mit pied à terre pour l'embrasser. Quelque temps après, sur le point de mourir, il le désigna pour régent jusqu'à l'arrivée de son petit-fils Charles d'Autriche. Ximénès avait alors quatre-vingts ans. Il n'en pressa pas moins la guerre de Navarre. Jean d'Albret, qui gouvernait alors ce royaume depuis la mort de Phébus, était un des partisans de la couronne de France. Ximénès, pour empêcher les Français de s'emparer de la Navarre, donna à Villalva, général espagnol, l'ordre de dévaster cette contrée et de démanteler toutes les places fortes. Il accordait en même temps de nouvelles libertés aux villes et diminuait les priviléges des grands. Ceux-ci témoignèrent leur mécontentement, et mirent en doute les pouvoirs accordés au cardinal. « Mes pouvoirs, répondit le ministre en leur montrant un train formidable d'artillerie, les voici. » Et le pays ne tarda pas à se soumettre.

Questionnaire.

En combien de royaumes était partagée l'Espagne? — Quelle différence séparait la race chrétienne et la race musulmane? — Qui gouvernait alors la Navarre? — A qui revenait la couronne à la mort de Blanche d'Evreux? — Qui voulut ravir la couronne à don Carlos? — Quels étaient les deux partis rivaux dans le royaume? — Racontez les divers événements de cette guerre civile. — A qui don Carlos légua-t-il ses droits? — Quel fut le sort de Blanche de Castille? — Quel secours Jean II sollicita-t-il? — Quelle contrée soumit-il? — Quel prince gouvernait alors la Castille? — Que firent les grands du royaume? — Quel prince Isabelle avait-elle épousé? — De quels événements la mort de Henri IV fut-elle suivie? — Par qui était soutenue la princesse Jeanne? — A qui resta la victoire? — Quelle était alors la situation des Maures en Espagne? — Quel prétexte fournirent-ils à Ferdinand et à Isabelle de leur déclarer la guerre? — Racontez les diverses circonstances du siége de Grenade. — Que devint Boabdil? — Quels moyens employa Ferdinand pour combattre les révoltes des vassaux et les prétentions des seigneurs? — Quelle mesure impolitique prit Ferdinand? — Les Maures ne furent-ils pas aussi persécutés? — Quel parti prirent-ils? — En quelle année mourut Isabelle? — De quelles qualités était douée cette princesse? — Quel peuple refusa d'obéir à Ferdinand? — Par qui ce prince fut-il aidé pour se maintenir sur le trône de Castille? — Quel était le caractère de Ximénès? — Par quelles conquêtes furent marquées les dernières années du règne de Ferdinand?

CHAPITRE VII.

Des découvertes et des établissements des Portugais dans les deux Indes, depuis le commencement du quinzième siècle jusqu'à la fin du seizième.

Villes maritimes commerçantes. — Premiers voyages et premières découvertes des Portugais. — Vasco de Gama double le cap de Bonne-Espérance. — Son séjour dans les Indes. — Alvarès Cabral découvre le Brésil. — Seconde expédition de Vasco de Gama. — Albuquerque, vice-roi des Indes. — Décadence des colonies portugaises; elles passent sous la domination de l'Espagne.

Villes maritimes commerçantes. — Le progrès des barbares au moyen âge, leurs invasions multipliées, semblaient devoir briser sans retour les relations entre les différents peuples. Toutefois, malgré cette crise universelle, quelques villes, favorisées par leur position et par le courage de leurs habitants, ne tardèrent pas à se trouver libres et florissantes. Les beaux jours de l'Italie étaient à leur aurore : Amalfi, Pise, Gênes, Florence, gouvernées par des lois sages, rivalisaient de puissance et d'activité. Venise, enrichie par les croisades, était alors au comble de la gloire : ses manufactures de soie, ses tissus d'or et d'argent, ses armures artistement ciselées, attiraient les étrangers de toutes parts. Des bords de l'Égypte aux extrémités de la mer Baltique, Venise était regardée comme un immense entrepôt de marchandises et comme le centre des richesses du monde. La France, malgré les malheurs de la guerre, comptait au nombre de ses cités commerçantes Marseille, Nîmes, Narbonne et Montpellier. L'Espagne, moins heureuse, n'avait encore que Barcelone. Enfin plusieurs villes du Nord, connues sous le nom de *villes anséatiques*, transportaient par eau les marchandises d'un lieu à un autre, et formaient entre elles une ligue défensive contre la concurrence des vaisseaux de Flandre et d'Angleterre.

Premiers voyages et premières découvertes des Portugais. — Alors régnait en Portugal Jean I. Le troisième fils de ce prince, l'infant don Henri, mathématicien savant, géographe habile, astronome zélé, poussé par le double motif de propager la foi dans les terres lointaines et de reculer les bornes de la science, consacra une partie de ses richesses à l'exécution de ce noble projet et inspira à ses compatriotes le désir des grandes découvertes. Sous ses auspices, la marine portugaise prit un accroissement rapide, que favorisait encore la prise récente de Ceuta en Afrique. Quelque temps après, l'infant don Henri fixa son séjour à Sagres, petite ville des Algarves, près du cap Saint-Vincent; il y fonda un collège naval pour former d'habiles navigateurs. Au sein de la retraite il relisait jour et nuit les vieux récits de voyages, et préparait à ses audacieux pilotes la route de ces contrées mystérieuses où la nature, disait-on, enfantait les monstres et semait l'or à la surface de la terre.

Après quelques tentatives infructueuses, Jean Gonzalès Zarco, écarté des côtes par la tempête, découvrit l'île de Madère (1415). Quelques années plus tard, Nugno Tristan apercevait le cap Bojador, ainsi nommé à cause de la terre blanche et sablonneuse dont il est formé, et Gonzalès de Cintra, s'avançant jusqu'aux îles d'Arguin, établissait les premières relations de commerce avec les nègres d'Afrique.

Alphonse V, successeur de Jean I, stimulé par le succès de ces entreprises, redoubla d'efforts. Ses vaisseaux dépassèrent le cap Vert, les Açores (1448), et s'arrêtèrent à l'embouchure d'un grand fleuve que les noirs appelaient Sénégal. La mort de l'infant don Henri (1463) n'arrêta point le cours rapide de ces découvertes : le cap de Sierra-Leone fut doublé par Juan de Santarem en 1471; six ans plus tard, la Guinée fut entrevue, et la croix plantée sur ces côtes barbares. Les hardis marins rapportèrent de leurs excursions des animaux et des plantes d'espèces inconnues, qui excitèrent l'étonnement et l'admiration de leurs compatriotes.

Sous le règne de Jean II, les Portugais étendirent leurs courses maritimes. En arrivant au Sénégal, ils avaient été surpris et un peu découragés en voyant la couleur noire des habitants : ils craignaient, en poussant plus loin leurs recherches, de devenir semblables à ces hommes. Leur étonnement fut bien plus grand encore quand, après la découverte de Benin, en 1484, ils franchirent l'équateur et aperçurent de nouvelles étoiles. Néanmoins ils allèrent hardiment le long de la côte et abordèrent au Congo, où ils bâtirent des forts (1485). Enfin, en 1486, Barthélemy Diaz aperçut le cap des Tourmentes, à l'extrémité de l'Afrique méridionale. Ainsi se trouvaient confirmées les prévisions du prince don Henri et la véracité des voyages entrepris par les Phéniciens autour de l'Afrique. Jean II, voulant s'assurer de plus en plus de cette vérité, chargea deux gentilshommes de sa cour de traverser le continent dans un sens opposé; ils devaient se retrouver au Caire en Égypte, et de là pousser jusqu'aux Indes. L'issue de cette expédition ne fut pas heureuse : l'un de ces deux Portugais fut enlevé par la maladie; l'autre périt assassiné. Mais leurs notes parvinrent jusqu'à Lisbonne, et confirmèrent le roi dans l'idée que la véritable route des Indes venait d'être trouvée. Barthélemy Diaz, assailli par de violentes tempêtes, n'avait pas osé dépasser le cap des Tourmentes; Jean II changea cette dénomination de mauvais augure en celle de cap de Bonne-Espérance et prépara de nouvelles flottes.

Vers la même époque, l'illustre Christophe Colomb, rejeté par sa patrie, par la France et par l'Angleterre, vit également son génie méconnu par les Portugais. Jean II refusa les propositions du Génois; mais, par une supercherie blâmable, il arma secrètement plusieurs vaisseaux et les fit partir sur la route indiquée. Les pilotes inhabiles revinrent tout effrayés, traitant Colomb de visionnaire et ses plans de rêves chimériques. Isabelle de Castille, plus éclairée, eut, comme nous le verrons plus tard, le bonheur de mettre ce grand homme en possession d'une gloire qui était près de lui échapper, et Jean II mourut (1495) sans pouvoir se consoler d'avoir laissé enrichir l'Espagne à ses dépens. C'est du règne de ce prince que date la célèbre bulle du pape Alexandre VI établissant le partage des nouvelles découvertes entre les Espagnols et les Portugais. Une ligne idéale passant à 44 myriamètres des Açores séparait les conquêtes des deux peuples. Sur les réclamations du roi de Portugal, cette ligne fut reculée de 210 myriamètres à l'ouest des mêmes îles, et reçut le nom de *ligne de démarcation*.

Vasco de Gama double le cap de Bonne-Espérance. Son séjour dans les Indes. — Emmanuel le Grand, qui remplaça Jean II sur le trône de Portugal, chargea le célèbre Vasco de Gama (1497) de doubler le cap de Bonne-Espérance. La flotte de Gama se composait de trois vaisseaux portant 160 hommes, parmi lesquels se trouvaient dix condamnés à mort qui pouvaient par leur courage mériter leur grâce. La veille du départ se passa en larmes et en prières dans une chapelle de la Vierge, remplacée plus tard par un couvent magnifique. Enfin les équipages mirent à la voile et s'approchèrent du terrible cap; les matelots épouvantés se révoltèrent contre leur chef. Gama, inaccessible à la crainte, mit quelques mutins aux fers, saisit lui-même le gouvernail et tourna la pointe de l'Afrique. La flottille courut la côte orientale, essayant de faire alliance avec les souverains d'une foule de petits États, accueillie par les uns, repoussée par les autres : ainsi furent visités successivement Sofala, Quiloa et Mélinde, pays peuplés de Maures et d'Arabes; en ce dernier endroit, Vasco prit à son bord un pilote indigène qui connaissait la route des Indes, et treize mois après avoir quitté le Portugal, il jeta l'ancre dans le port de Calicut.

Le souverain de cette ville portait le nom de zamorin. Vasco, pour flatter son orgueil, lui demanda une audience solennelle. Le palais du zamorin, suivant une relation contemporaine, était revêtu de tapisseries d'or et de soie; les grands de la nation, échelonnés d'après leurs grades, entouraient le roi couché sur un lit, couvert d'une tunique blanche comme la neige et toute parsemée de diamants; il avait les bras chargés de bracelets précieux et la tête ceinte de perles fines. Il répondit à Gama qu'une alliance avec le roi Emmanuel lui serait très-agréable, et promit de favoriser toute espèce de commerce entre les deux nations.

La jalousie des Maures, qui faisaient le commerce de l'Afrique et de l'Inde, changea les dispositions du zamorin, corrompit ses principaux officiers et sema de funestes préventions contre les étrangers. Vasco vengea par le bombardement de Calicut la mort de plusieurs de ses compagnons assassinés, triompha par son courage et sa fermeté des embûches dressées sur son passage, et rentra au port de Lisbonne (1499), accompagné d'un ambassadeur du roi de Mélinde. Emmanuel, pénétré d'estime pour son mérite et de reconnaissance pour ses services, le combla d'honneurs et de richesses, et le fit amiral des mers des Indes, de Perse et d'Arabie, titre que ses descendants conservèrent après lui.

Alvarès Cabral découvre le Brésil. — Pendant que ce grand homme jouissait de sa gloire et des bienfaits du roi, Pierre Alvarès Cabral, avec treize vaisseaux et 1,500 jeunes Portugais, poussé à l'ouest par la tempête, découvrait, par un effet du hasard (1500), le Brésil, que l'Espagnol Pinçon avait reconnu l'année précédente. Quelque temps auparavant (1496), Gaspard de Cortéréal touchait à l'île de Terre-Neuve, au nord de l'Amérique, et à cette partie du pays qu'il nomma *terre de Labrador,* c'est-à-dire terre labourable. Cabral remit à la voile et se dirigea vers le cap de Bonne-Espérance; il fut assailli par de nouveaux orages, et il eut la douleur de voir plusieurs de ses vaisseaux engloutis par une trombe : l'un d'eux se trouvait monté par le même Barthélemy Diaz qui avait touché le premier le cap de Bonne-Espérance. L'amiral portugais, en abordant à Mozambique, ne comptait plus que six vaisseaux; il traita néanmoins avec les chefs de plusieurs États et fonda un comptoir dans la capitale du zamorin de Calicut.

Seconde expédition de Vasco de Gama. Albuquerque, vice-roi des Indes. — Jean de Nuéva, envoyé par la cour de Lisbonne pour consolider l'œuvre de ses prédécesseurs, découvrit entre Mozambique et Quiloa, dans la mer de Madagascar, une île à laquelle il donna son nom (1501), et battit la flotte de Calicut dans la baie de Cananore. L'année suivante, Vasco de Gama, placé à la tête d'une seconde expédition, posa les fondements de la domination portugaise sur la côte orientale d'Afrique : Mozambique fut le centre de ces établissements naissants, dont l'inauguration fut célébrée par de nouvelles alliances et par une brillante victoire sur le zamorin.

Ce dernier, profitant du départ de Gama, rassemble 50,000 hommes et incendie la capitale du roi de Cochin, dernier allié des Portugais. Alphonse d'Albuquerque, récemment nommé vice-roi des Indes orientales, délivre le roi de Cochin, et obtient en récompense la permission de bâtir un fort dont il confie le commandement à son lieutenant Édouard Pachéco. François d'Almeïda, qui avait remplacé Albuquerque dans la vice-royauté des Indes, réduisit en cendres la ville de Mombaza, vainquit de nouveau le zamorin, et fit couler à fond soixante gros vaisseaux qui composaient la flotte ennemie. Les Arabes, abandonnant alors le commerce de l'Inde, transportèrent leur industrie dans la presqu'île de Malacca. Almeïda, vainqueur, les y poursuivit, et, dans une de ses courses (1507), il prit, au nom de son maître possession de l'île de Ceylan, riche en épices et en arbustes précieux.

Albuquerque reparut alors aux Indes, et signala son retour par la prise de Socotora, suivie de la conquête d'Ormouz, à l'entrée du golfe Persique, l'une des villes les plus riches de l'Asie. Le roi de Perse, sous la dépendance de qui elle avait été longtemps placée, exigeait un tribut des Portugais. Albuquerque présenta aux envoyés des boulets et des grenades : « Voilà, leur dit-il, la monnaie des tributs que paye le roi de Portugal. »

La prise de Goa et de Malacca (1510-1511) et celle de Diu assurèrent à la nation portugaise l'empire des deux presqu'îles de l'Inde. La conquête des Moluques, des îles de la Sonde, mit entre les mains des vainqueurs tout le commerce maritime de l'Asie, vaste théâtre sur lequel ils déployèrent la plus rare valeur; mais le peuple portugais s'épuisait par ses efforts réitérés sur une terre lointaine. Une suite presque non interrompue de grands hommes avaient combattu dans les Indes : celui qui avait pris la part la plus active aux victoires, le grand Albuquerque, mourut à Goa (1515), pauvre et disgracié. Il avait su faire aimer sa nation par son équité et assurer au nom portugais le respect des peuples indiens. Mais avec lui disparurent chez les vainqueurs la pitié et l'humanité. Longtemps après sa mort, les Indiens, prosternés sur son tombeau, lui demandaient justice de la tyrannie de ses successeurs. Cinq ans plus tard, Vasco de Gama termina sa glorieuse carrière au moment où ses lieutenants battaient les flottes réunies de Calicut et de Cananore.

Décadence des colonies portugaises; elles passent sous la domination de l'Espagne. — Deux héros, don Juan de Castro et Louis Ataïde, retardèrent la décadence des colonies portugaises. Le premier remporta plusieurs victoires sur les Turcs et les Indiens, et releva les fortifications de la citadelle de Diu. L'argent venant à manquer, il fit un emprunt aux habitants de Goa et leur déposa ses moustaches en gage. Il mourut entre les bras de saint François Xavier, en 1548, laissant pour tout bien la somme de trois réaux après avoir disposé des trésors de l'Inde. Ataïde eut à réprimer le soulèvement universel des colonies; il battit les Indiens, détruisit leurs vaisseaux, et, sortant avec honneur de la position la plus désespérée, il leva les tributs ordinaires et les fit partir pour Lisbonne. Mais sa mort fut le signal d'une chute rapide. Après la conquête du royaume de Portugal par Philippe II, les colonies suivirent l'exemple de la métropole et se soumirent aux Espagnols (1582); mais elles ne se relevèrent point sous ce nouveau gouvernement, et toute la puissance du roi d'Espagne n'empêcha pas la décadence commencée d'avoir son cours jusqu'à l'époque où les Hollandais, plus habiles que leurs devanciers, remplacèrent dans les Indes les Portugais et les Espagnols.

Questionnaire.

Quelle cause avait retardé les progrès de la civilisation au moyen âge? — Quelles sont les villes qui se faisaient remarquer par leurs relations commerciales? — Quel prince encouragea les expéditions lointaines? — Que fit-il pour former d'habiles navigateurs? — En quelle année et par qui fut découverte l'île de Madère? — Quelles tentatives furent faites sous Alphonse V? — Le règne de Jean II ne fut-il pas aussi marqué par quelques découvertes? — Quel navigateur aperçut le cap des Tourmentes? — Quel fut le succès du voyage entrepris par deux gentilshommes de la cour du roi Jean II? — Quel nom ce prince donna-t-il au cap des Tourmentes? — Quel célèbre navigateur fut chargé de doubler le cap de Bonne-Espérance? — Quels pays visita-t-il? — Dans quel port jeta-t-il l'ancre? — Depuis combien de temps avait-il quitté le Portugal? — Quelle réception le zamorin fit-il à Gama? — Ce dernier ne courut-il pas quelques dangers? — Quelle contrée découvrit Cabral? — Sa flotte ne fut-elle pas assaillie par la tempête? — Que fit Jean de Nuéva? — Vasco de Gama ne revint-il pas aux Indes? — Où fixa-t-il le centre des établissements portugais? — Quels succès remportèrent Albuquerque et Almeïda? — Quelles nouvelles conquêtes assurèrent aux Portugais l'empire des deux presqu'îles de l'Inde et le commerce maritime de l'Asie? — Quelle circonstance avait contribué à l'établissement de la puissance

78 HISTOIRE

portugaise? — Quel homme y avait eu la plus grande part? — Quels hommes, après lui, retardèrent par leurs victoires la décadence des colonies portugaises? — Sous quelle domination passèrent-elles?

CHAPITRE VIII.

Des découvertes et des établissements des Espagnols en Amérique au quinzième et au seizième siècle.

Christophe Colomb. — Ses projets. — Ses offres accueillies en Espagne. — Premier voyage de Christophe Colomb. Découverte de l'Amérique. — Retour de Christophe Colomb en Europe. — Ses divers voyages et ses découvertes. — Persécutions qu'il éprouve. — Sa mort. — Tyrannie des Espagnols. Mission de Las Casas au nouveau monde. — Conquête du Mexique par Fernand Cortez. — Conquête du Pérou par François Pizarre.

Christophe Colomb, ses projets, ses offres accueillies en Espagne. — Le Génois Christophe Colomb, dont le nom est devenu depuis si célèbre, naquit en 1447. Il prit part aux premières expéditions maritimes des Portugais sur la côte d'Afrique, et fit plusieurs voyages aux Canaries et aux Açores. Il avait consacré quarante années de sa vie à visiter les parties connues du globe terrestre, lorsque son génie et de profondes méditations lui firent soupçonner l'existence de terres situées au delà des mers, à l'ouest de notre continent. Il songea dès lors à entreprendre un voyage de découvertes, et fit hommage de son projet à Gênes, sa patrie, qui rejeta ses offres. A Venise, à la cour de Portugal, en Angleterre, il fut repoussé comme un aventurier. Il partit pour l'Espagne, et enfin après huit ans de sollicitations, accompagnées de dégoûts sans nombre, il parvint à décider Isabelle, reine de Castille, et Ferdinand le Catholique à faire les frais de l'expédition. Par un traité signé au nom de la couronne de Castille, Christophe Colomb fut déclaré amiral et vice-roi de toutes les mers, îles et terres fermes qu'il découvrirait.

Premier voyage de Christophe Colomb. Découverte de l'Amérique. — Le 3 août 1492, trois petits navires s'éloignèrent du port de Palos, en Andalousie : c'étaient *la Sainte-Marie*, commandée par Colomb, *la Nina*, et *la Pinta*, sous les ordres des frères Pinçon, riches marins. Les vaisseaux touchèrent d'abord aux îles Canaries; puis, allant à l'ouest, ils se trouvèrent, après trois semaines de navigation, au milieu d'un océan immense. Alors commencèrent pour Colomb d'autres obstacles. Les matelots, voguant sur une mer inconnue, arrêtés par des herbes flottantes qui retardaient la marche des navires, firent entendre des murmures et menacèrent plusieurs fois de se révolter. La fermeté d'âme et la dignité de caractère de Colomb dans ces moments de crise ne sont pas moins admirables que la persévérance dont il avait fait preuve pour obtenir l'exécution de son projet. Bientôt des indices certains lui firent connaître que la terre n'était pas loin : les oiseaux volaient en plus grand nombre se dirigeant vers le sud-ouest; des morceaux de bois taillés, un roseau fraîchement coupé, une branche chargée de fruits, furent recueillis sur les flots.

Le 12 octobre 1492, à deux heures du matin, le canon de l'un des vaisseaux donna le signal de terre : le nouveau monde était découvert. Dès que le jour parut, toutes les chaloupes s'avancèrent vers cette terre tant désirée, et Colomb, s'élançant le premier sur le rivage, l'épée nue d'une main, l'étendard royal de l'autre, prit solennellement possession du pays pour la couronne de Castille. C'était l'île Guanahani, qu'il appela San-Salvador et qui fait partie de l'archipel des Lucayes. Les Indiens (Colomb les appelait ainsi parce qu'il croyait que cette île appartenait au continent des Indes), les Indiens couvraient le rivage et se montraient doux et sans défiance. Mais leur étonnement était extrême à la vue des vaisseaux, qu'ils prenaient pour des maisons flottantes : à leurs yeux, les chevaux étaient des animaux ailés, et les Castillans, des dieux armés du tonnerre.

La plupart de ces insulaires portaient de petits ornements d'or, et ils apprirent à Colomb que cet or leur venait d'un pays situé au sud. Colomb marcha dans cette direction, visita plusieurs petites îles, et aborda enfin à la grande île de Cuba. Ce n'était pas encore la terre cherchée, mais les habitants lui indiquèrent l'île d'Haïti au S. E. de Cuba ; Colomb y arriva le 6 décembre, et lui donna le nom d'Hispaniola. Dans cette île était à l'est le pays de Cibao, riche en or. Haïti était partagée entre cinq caciques ou souverains ; celui de Cibao, nommé Guacanahari, fit à Colomb l'accueil le plus bienveillant.

Retour de Christophe Colomb en Europe. — Après avoir bâti un fort qui fut le premier établissement des Européens en Amérique et laissé dans l'île une partie de ses compagnons, à qui il recommanda la modération et la prudence, Colomb mit à la voile le 4 janvier 1493 pour retourner en Europe. Il eut à essuyer deux violentes tempêtes pendant la traversée, et il arriva enfin au port de Palos, d'où il était parti sept mois auparavant. De là il rejoignit Ferdinand et Isabelle, qui l'attendaient à Barcelone. Il entra triomphalement dans la ville; le roi et la reine se levèrent à son approche, le firent asseoir et lui demandèrent le récit de son voyage.

Le bruit de la découverte de Christophe Colomb se répandit en Europe et donna naissance à divers systèmes sur les terres qu'il venait de trouver. Mais on s'en tint généralement à l'opinion de Colomb, qui les regardait comme une portion des Indes : de là leur est venu le nom d'Indes occidentales.

Divers voyages et découvertes de Christophe Colomb. Persécutions qu'il éprouve. Sa mort. — L'enthousiasme excité en Espagne par ce premier voyage fit décider l'envoi d'une seconde expédition plus considérable. Le 25 septembre 1493, Colomb partit, et après vingt-six jours de navigation, il toucha aux îles du Vent ou des Caraïbes; celle sur laquelle il prit terre fut nommée Désirade. Dans ce voyage et dans deux autres qu'il entreprit plus tard, il découvrit successivement la Guadeloupe, Porto-Rico, la Martinique, et, après avoir abordé à l'île de la Trinité, près de l'embouchure de l'Orénoque, il reconnut la côte du continent de l'Amérique méridionale. Malgré tant et de si nobles services, Colomb, dans les dernières années de sa vie, fut abreuvé de dégoûts et d'humiliations. Calomnié par des ennemis jaloux de sa gloire, il fut chargé de fers et eut peine à se justifier auprès de Ferdinand et d'Isabelle. Il mourut à Valladolid, en 1506, à l'âge de soixante-cinq ans, et il voulut que les chaînes qu'il avait portées fussent enfermées avec lui dans son tombeau. Colomb n'eut pas même la gloire de donner son nom au nouveau monde. Le Florentin Améric Vespuce, qui accompagnait Alonzo Ogieda dans un voyage que celui-ci fit en 1499, composa une relation de ce voyage et s'attribua l'honneur d'avoir découvert le continent américain.

Tyrannie des Espagnols. Mission de Las Casas au nouveau monde. — Cependant les Espagnols d'Hispaniola exerçaient la plus cruelle tyrannie contre les Indiens. Bovadilla et Ovando, les nouveaux vice-rois, qui avaient poursuivi Colomb de leur haine, condamnaient les vaincus aux travaux les plus durs et leur faisaient souffrir d'horribles traitements. Ces malheureux, dans leur désespoir, se donnaient la mort ou s'enfuyaient dans les bois et dans les montagnes. En quinze ans, une population d'un million d'Indiens se trouva réduite à 60,000.

Au milieu de leurs maux, les Indiens trouvèrent des défenseurs dans les missionnaires, surtout dans le vertueux Barthélemy Las Casas, qui, après de vains efforts pour mettre un terme à la tyrannie, se rendit en Espagne en 1516 et plaida solennellement leur cause devant le roi Ferdinand. Ce prince promit de porter remède à ces maux, mais il mourut bientôt après, et le cardinal Ximénès, qui fut investi de la régence, acquitta la promesse de son maître. Las Casas, nommé protecteur des Indiens, s'appliqua constamment à adoucir le sort de ses protégés; il traversa douze fois l'Océan pour exciter la commisération en leur faveur, et ne s'arrêta dans cette pieuse mission que quand la mort y mit un terme.

Cependant, avec les découvertes nouvelles s'augmentait aussi le nombre des aventuriers, qui tous voulaient acquérir de la gloire et des richesses. En 1512, l'Espagnol Ponce de Léon découvrait, le jour de *Pâques fleuries*, une grande presqu'île qui reçut le nom de Floride. Un an après, Balboa, gouverneur d'une colonie qu'il avait fondée près du golfe de Darien, aperçut l'océan Pacifique des hauteurs de Panama, et entrant dans les flots l'épée à la main, il prit possession de cette partie du monde pour la couronne de Castille. Vers la même époque, Fernandez de Cordoue trouvait la presqu'île du Yucatan (1517) et Grijalva reconnaissait les côtes du Mexique. Le Portugais Magellan, entré au service de Charles d'Autriche, donnait son nom au détroit situé à l'extrémité de l'Amérique méridionale, et, naviguant le premier sur l'océan Pacifique, découvrait les îles Mariannes et les Philippines.

A l'époque où Christophe Colomb découvrit le nouveau continent, la plupart des habitants de cette partie du monde étaient sauvages. Il existait cependant deux nations plus civilisées : c'étaient le Mexique et le Pérou. Fernand Cortez fit la conquête du Mexique; François Pizarre, celle du Pérou.

Conquête du Mexique par Fernand Cortez. — Fernand Cortez, simple lieutenant de Vélasquez, gouverneur de l'île de Cuba, partit en 1519 et osa s'aventurer dans l'Amérique septentrionale avec cinq cents soldats, un petit nombre de chevaux et quelques canons. Le pays qu'il allait conquérir obéissait à un puissant empereur, cacique ou inca, nommé Montézuma. Les Tlascalans, nation guerrière qui avait depuis longtemps secoué le joug des Mexicains, voulurent arrêter la marche de Fernand Cortez; mais la vue seule des chevaux et le bruit terrible de l'artillerie les mirent en déroute, et six mille d'entre eux guidèrent le vainqueur vers la capitale du Mexique.

La ville de Mexico, bâtie au milieu d'un grand lac, était remplie de temples et de maisons où brillaient l'or et l'argent, les étoffes précieuses, les tissus de plumes nuancés des plus vives couleurs. Les palais de l'empereur étaient entourés de jardins, et l'un de ces jardins était consacré à la culture des plantes médicinales, distribuées gratuitement aux malades. La justice était rendue avec exactitude, les finances étaient administrées avec ordre, les écoles publiques ouvertes pour les enfants des deux sexes.

Les victoires précédentes des étrangers, les forteresses mouvantes qui les avaient amenés sur l'Océan, le fer dont ils étaient couverts, furent autant de sujets de crainte et d'admiration pour les Mexicains. L'empereur Montézuma se soumit; mais à peine Fernand Cortez l'avait-il obligé à rendre hommage au roi de Castille et à payer un tribut, que Vélasquez, jaloux de son lieutenant, envoya contre lui huit cents fantassins, quatre-vingts cavaliers et douze pièces de canon. Cortez laisse une poignée d'hommes à Mexico, marche contre ses compatriotes et range sous ses drapeaux l'armée qui l'attaquait comme rebelle. A son retour, il trouve la ville en armes, les Mexicains en révolte : il exige que l'empereur se montre sur les murailles pour apaiser le tumulte ; mais pendant que ce malheureux prince harangue ses sujets, il est frappé mortellement d'un coup de pierre à la tête, et il expire en implorant la vengeance du ciel contre ses persécuteurs. Cortez, obligé d'abandonner Mexico et poursuivi dans sa retraite, livre bataille dans les plaines d'Otumba : après une lutte opiniâtre, il finit par remporter une victoire complète.

Guatimozin, successeur de Montézuma, fut fait prisonnier après de nouveaux combats, et placé sur des charbons ardents, parce qu'il refusait de déclarer en quel endroit du lac il avait jeté ses richesses. Son grand prêtre, condamné au même supplice, poussait des cris que lui arrachait la douleur : « Et moi, lui dit Guatimozin, suis-je donc sur un lit de roses ? » Cortez le délivra des mains des bourreaux : mais peu après une révolte ayant éclaté, Cortez punit les Mexicains par des cruautés infinies et fit pendre Guatimozin. Ainsi périt le dernier souverain du Mexique. La prise de Mexico (1521) fit tomber le reste de l'empire sous la domination espagnole. Le conquérant revint en Espagne : il y jouit de peu de considération, et la fin de sa vie fut aussi malheureuse que celle de Christophe Colomb.

Conquête du Pérou par François Pizarre. — Une grande découverte restait encore à faire après celle du Mexique. Un jour que les Espagnols se partageaient avec avidité quelques parcelles d'or, un

Indien leur apprit qu'à plusieurs soleils de marche vers le midi, ils trouveraient une contrée où l'or servait aux usages les plus vils. Un ancien gardeur de pourceaux et un enfant trouvé, François Pizarre et Almagro, entreprirent la conquête de ces régions inconnues que les Espagnols ont désignées sous le nom de Pérou.

Ces vastes contrées étaient alors soumises à la domination absolue d'une race particulière de conquérants nommés Incas. Le premier de ces conquérants, Manco-Capac, passait pour le fils du soleil : ce législateur était venu à bout de civiliser et d'adoucir les mœurs des Péruviens, qui, à l'époque de la conquête, pouvaient être regardés comme la nation la plus industrieuse du nouveau monde. Ils se servaient d'obélisques et de cadrans solaires pour fixer les différentes époques de l'année; leur écriture consistait en un assemblage symbolique de cordes entrelacées, dont la couleur et les nœuds transmettaient à la postérité les principaux faits de leur histoire. Le dernier Inca avait augmenté ses États par la conquête de Quito, la ville la plus importante après Cusco.

Tel était l'empire que deux aventuriers avaient résolu de conquérir. Pizarre, n'ayant avec lui que quelques centaines de soldats, s'avança au centre du Pérou, favorisé par la guerre civile qui déchirait alors cette contrée. L'Inca Huescar, dépouillé par son frère Atahualpa, réclama la protection des Espagnols, dont la renommée grossissait les exploits et les forces. Atahualpa, effrayé, adressa des présents magnifiques aux étrangers, en les priant de sortir de ses États. Les Espagnols, s'avançant toujours, arrivent à Caxamalca, où se trouvait Atahualpa avec quarante mille hommes armés de flèches. L'artillerie espagnole épouvanta les Péruviens, qui prirent la fuite : quatre mille d'entre eux furent massacrés, et l'Inca fut fait prisonnier. Atahualpa offrit pour sa rançon l'or que pourrait contenir une salle de son palais remplie jusqu'à hauteur d'homme, et on dit qu'il tint parole. Toutefois, cette générosité ne lui sauva point la vie : traduit devant un tribunal, il fut condamné à mort et exécuté. La discorde se mit bientôt parmi les vainqueurs. Pendant que Pizarre va fonder la ville de Lima sur la côte de la mer du Sud, Almagro veut commander en maître et soulève en sa faveur une partie des soldats. Une autre partie reste attachée à Pizarre, et le feu de la guerre civile embrase le pays. Après un combat sanglant livré sous les murs de Cusco, Almagro tombe entre les mains de son rival, qui le fait mettre à mort, et Pizarre est bientôt après assassiné par les soldats d'Almagro. Ce fut pendant ces discordes civiles que Valdivia exécuta la conquête du Chili et fonda, vers 1538, la ville de Santiago du Chili.

La fin du règne de Charles-Quint ne fut signalée par aucune autre découverte. Sous Philippe II, son successeur, les îles Philippines, explorées déjà par Magellan, furent définitivement conquises; l'île de Luçon, la plus importante, vit s'élever la ville de Manille, destinée à devenir l'entrepôt du commerce espagnol en Asie et en Amérique après la conquête des colonies portugaises. Un service régulier de vaisseaux, appelés galions de la mer du Sud, transporta en Europe les trésors du nouveau monde. L'Espagne s'épuisa dans le cours de ces étonnantes révolutions; l'agriculture et les manufactures y furent négligées pour l'exploitation des mines, et amenèrent l'inévitable ruine de la métropole. Mais l'énorme quantité d'or et d'argent que l'Amérique versa à l'Espagne fit de ce dernier État la première puissance de l'Europe dans le cours du seizième siècle.

Questionnaire.

En quelle année naquit Christophe Colomb? — Quels furent ses premiers voyages? — Quel projet voulut-il mettre à exécution? — Comment ses offres furent-elles accueillies? — Que fit la cour d'Espagne? — Avec combien de vaisseaux partit Colomb? — Quels obstacles eut-il à surmonter pendant la traversée? — Où aborda-t-il? — Comment fut-il accueilli par les insulaires? — Quelles sont les îles que découvrit Colomb? — Comment fut-il reçu à son retour en Espagne? — Combien de voyages entreprit-il encore? — La fin de sa vie fut-elle heureuse? — Quel homme lui ravit la gloire de donner son nom au nouveau monde? — Comment les Indiens furent-ils traités par les Espagnols? — Que fit Las Casas en leur faveur? — Quelles découvertes furent faites dans les années suivantes? — Quelles étaient à cette époque les contrées les plus civilisées du nouveau monde? — Avec quelles forces Fernand Cortez entreprit-il la conquête du Mexique? — A qui obéissait alors cette contrée? — Décrivez la ville de Mexico. — Racontez les premiers succès de Cortez. — Dans quelle circonstance périt Montézuma? — Quels furent les nouveaux succès de Cortez? — Quel fut le sort de Guatimozin? — Comment le vainqueur fut-il accueilli en Espagne? — Par qui fut entreprise la conquête du Pérou? — Donnez quelques détails sur cette contrée. — Avec quelles forces Pizarre s'y aventura-t-il? — Quel fut le résultat de cette entreprise? — Quel fut le sort de l'Inca de Cusco? — La discorde ne se mit-elle pas parmi les vainqueurs? — Comment périrent Almagro et Pizarre? — Par qui fut exécutée la conquête du Chili? — Quelles découvertes eurent lieu sous Philippe II? — Quelles conséquences eut pour l'Espagne l'exploitation des mines du nouveau monde.

CHAPITRE IX.

De la France et de l'Autriche, depuis le traité de Noyon jusqu'au traité de Madrid (1516-1526).

Rivalité de François Ier et de Charles-Quint. — Charles-Quint en Espagne. — Trois prétendants à la couronne impériale. — Charles-Quint nommé empereur. — Alliance de Henri VIII recherchée. — Révolte en Espagne. — La France attaquée au nord. — Désastres des Français en Italie. — Trahison du connétable de Bourbon. — Bataille de Pavie. Captivité de François Ier. — Traité de Madrid.

Rivalité de François Ier et de Charles-Quint. — Le traité de Noyon, que le roi de France, François Ier, signa avec Charles d'Autriche, plus connu sous le nom de Charles-Quint, suspendit un moment les guerres de l'Europe. Les deux rivaux semblaient avoir besoin de ce repos pour rassembler toutes leurs forces et se préparer à la lutte terrible qui ne devait finir qu'avec leur vie. François Ier possédait toutes les qualités qui, à cette époque demi-barbare, demi-civilisée, rendaient un roi populaire : il était d'une taille gigantesque, si l'on en juge par l'énorme cuirasse qu'il portait à la bataille de Marignan, et qui a été conservée comme un glorieux trophée au musée d'artillerie ; brillant de jeunesse, avide de gloire, bouillant de courage, il semblait avoir pris pour modèle les héros de l'ancienne chevalerie. Charles d'Autriche se présente à nous sous un aspect plus sévère; c'est un roi tout moderne. Entouré d'hommes d'État, de guerriers illustres, il se met rarement à la tête de ses armées; c'est du fond de son cabinet qu'il dirige toutes les affaires. Attaqué de toutes parts, et par les révoltés de Flandre, et par les protestants d'Allemagne, et par les hordes de Soliman, il sut triompher des uns et des autres, et se montra le véritable défenseur du monde chrétien.

Charles-Quint en Espagne. — Après avoir signé la paix avec François Ier, Charles-Quint se rendit en Espagne pour se faire couronner. Il ôta la régence de Castille à Ximénès, pour la donner à son ancien précepteur, Adrien d'Utrecht, qui fut plus tard élevé au trône pontifical. Néanmoins Ximénès conserva l'autorité, et l'exerça avec autant de vigueur que de sagesse. Il força à la soumission quelques seigneurs rebelles, et, en établissant une milice bourgeoise soldée et exempte d'impôts, il affranchit la couronne de la servitude dans laquelle elle se trouvait. Charles-Quint avait amené avec lui des Flamands qui convoitaient toutes les dignités et tous les honneurs et se montraient jaloux de Ximénès. Ce grand homme résista pendant quelque temps à leurs intrigues; mais enfin le monarque, cédant à de continuelles obsessions, disgracia son ministre. Ximénès ne put supporter le chagrin que lui causa l'ingratitude de son maître: il mourut, dit-on, quelques heures après avoir reçu la lettre qui lui ordonnait de quitter la cour. De la Castille, Charles-Quint se rendit en Aragon, et pendant qu'il était à Saragosse, il reçut les députés de François Ier qui le sommaient de rendre la Navarre. Charles ne répondit point, et en éludant la question, il autorisa François Ier à se croire dégagé du traité de Noyon. Un autre événement amena une désunion plus complète.

Trois prétendants à la couronne impériale. Charles-Quint nommé empereur. — La même année (1519), l'empereur Maximilien Ier, toujours contrarié dans ses projets d'ambition, toujours malheureux, excepté dans les alliances de famille, descendit au tombeau. Trois concurrents se disputèrent alors la couronne impériale à la diète de Francfort : les rois de France, d'Espagne et d'Angleterre. Les électeurs hésitaient, craignant de se donner un maître ; l'un d'eux, Frédéric le Sage, électeur de Saxe, était même désigné par la voix de ses collègues et choisi pour administrer l'Empire. Il se montra digne de son surnom en refusant cet honneur, et fit porter tous les suffrages sur le roi d'Espagne, Charles-Quint, celui des trois candidats que ses richesses et sa position rendaient le plus capable de défendre l'Allemagne contre les invasions formidables des Turcs. Sélim et son fils, Soliman II, renouvelaient les craintes que le monde civilisé avait éprouvées du temps de Mahomet II.

Alliance de Henri VIII recherchée. — Ainsi la maison d'Autriche, enrichie par le patrimoine des ducs de Bourgogne et par le trône d'Espagne, dérangea tout à coup le vieil équilibre de l'Europe. Une rivalité sanglante éclata entre François Ier et Charles-Quint. De part et d'autre les ressources se trouvaient égales : l'empire de Charles était plus vaste, mais son autorité plus limitée ; l'infanterie espagnole n'était pas moins redoutée que la gendarmerie française. Le roi d'Angleterre, Henri VIII, pouvait seul peut-être maintenir la balance entre les deux rivaux ; mais le monarque anglais, d'une humeur versatile, gouverné lui-même par l'adroit cardinal Wolsey, contribua dans l'origine à l'agrandissement de la puissance de la maison d'Autriche. Charles et François Ier sollicitèrent avec la même ardeur l'alliance du roi d'Angleterre, qui avait pris cette orgueilleuse devise : *Qui je défends est maître*. Des pensions furent offertes au cardinal Wolsey ; la main de la princesse Marie fut à la fois demandée pour le Dauphin de France et pour l'empereur d'Allemagne. Wolsey reçut des deux mains et ne se prononça pas sur le mariage.

François Ier, pressé d'en finir, obtint du monarque anglais une entrevue près de Calais, et y étala inconsidérément le luxe et la magnificence de la cour française ; cette assemblée en retint le nom de *camp du drap d'or*, et plusieurs, raconte l'historien du Bellay, y portèrent le prix de leurs moulins, de leurs forêts et de leurs prés sur leurs épaules. Charles-Quint, plus adroit, se garda bien d'exciter la jalousie de Henri VIII ; il lui rendit visite en Angleterre, fit espérer la tiare au cardinal premier ministre, et l'emporta sur son rival : il signa le traité de Windsor, et retourna à Aix-la-Chapelle, où il fut couronné empereur (1520).

Révolte en Espagne. — Cependant une révolte grondait sourdement en Espagne dans les États héréditaires de Charles-Quint, gouvernés alors par le cardinal Adrien d'Utrecht. L'oppression que quelques nobles exerçaient dans le territoire de Valence excita un soulèvement. Le peuple nomma des députés pour porter des plaintes au roi. Charles-Quint les reçut avec bienveillance, et cet accueil irrita la noblesse. Elle forma une association pour combattre le roi, pendant que de leur côté les villes se confédéraient. La contagion gagna bientôt toute l'Espagne, et les communes se révoltèrent partout : c'est ce qu'on a appelé la révolte des *communeros*. Les confédérés se mirent en campagne sous le commandement de don Pédro Giron et s'emparèrent du château de Tordésillas. L'Empereur conçut quelques inquiétudes; mais ne pouvant pas dans ce moment se rendre en Espagne, il résolut d'employer la douceur. Il promit une amnistie à ceux qui se soumettraient, et s'engagea à ne plus donner de charges publiques à des étrangers. Les mécontents exigèrent en outre que les priviléges de la noblesse fussent révoqués et les libertés publiques garanties. Alors l'Empereur se rapprocha des nobles, et ceux-ci, alarmés de ces principes d'égalité et menacés de la perte de leurs priviléges, prirent les armes, marchèrent contre les confédérés et les défirent à la journée de Villalar. Cette victoire suffit pour rétablir la tranquillité publique.

La France attaquée au nord. Désastres des Français en Italie. — François Ier, peu généreux, avait cru devoir profiter de ces troubles pour envahir la Navarre; ses troupes arrivèrent trop tard et furent battues sous les murs de Pampelune. L'Empereur, après avoir mis dans ses intérêts le pape

Léon X, qui fut bientôt remplacé sur le trône pontifical par Adrien, se vengea de l'invasion de son rival, en attaquant le nord de la France. L'héroïque chevalier Bayard, renfermé dans les murs de Mézières, arrêta les progrès des Allemands et donna le temps au duc d'Alençon d'accourir à son secours : les Impériaux se retirèrent. A la même époque, Lautrec, moins heureux que Bayard, se vit dans la nécessité d'abandonner une partie de la Lombardie. L'année suivante fut plus désastreuse encore : les Suisses, auxiliaires intrépides, mais ne se piquant pas d'une grande fidélité envers leurs alliés, osèrent demander à leur général : *argent, bataille ou congé*. Lautrec, forcé de livrer bataille à la Bicoque, près de Milan, fut vaincu, abandonné par ces étrangers et chassé définitivement du Milanais. La dilapidation des finances, les futiles prodigalités de la reine mère Louise de Savoie, et surtout la haine qu'elle portait à Lautrec, furent les causes de ce désastre. Le malheureux Semblançay, surintendant des finances, fut sacrifié d'une manière odieuse, condamné à la place des vrais coupables, et pendu au gibet de Montfaucon.

Tandis que François Ier songe à réparer cet échec, un héraut se présente et lui déclare la guerre de la part de Henri VIII. François redouble d'activité, met en vente les offices de judicature, fait fondre la grille d'argent massif que Louis XI avait placée autour du tombeau de saint Martin, et lève une armée considérable. Il n'a plus d'alliés : Venise, frappée au cœur par les découvertes récentes des Portugais et des Espagnols, se renferme dans les bornes d'une exacte neutralité; Gênes s'est livrée aux Impériaux; le pape Adrien VI est entré dans la ligue formée contre la France. Mais le roi supplée à tout et veut reconquérir le Milanais en personne avant que les confédérés aient pris leurs mesures.

Trahison du connétable de Bourbon. — Un complot domestique arrêta le départ du roi et mit la France dans le plus grand danger. Le connétable de Bourbon, un des vainqueurs de Marignan, poursuivi par l'injuste ressentiment de la reine mère, humilié par un affront récent, se trouvait réduit au désespoir. Le connétable, comte de Montpensier et Dauphin d'Auvergne, tenait de son épouse le duché de Bourbon et plusieurs autres domaines qui en faisaient le seigneur le plus puissant du royaume. Louise de Savoie lui disputait une moitié de cette riche succession, et elle obtint de son fils que les biens en litige fussent mis en séquestre. Le connétable, justement offensé, oublia tous ses devoirs et prêta secrètement l'oreille aux propositions de l'Empereur. Ainsi la France se trouva privée des talents de son plus grand homme de guerre; et remarquons que dans la suite le même esprit de légèreté et d'injustice éloigna du royaume le Génois André Doria, qui prit également du service à la cour de Charles-Quint. L'Empereur promit au transfuge la main de sa sœur Éléonore et le rétablissement du royaume de Provence. A ce prix, le connétable s'engageait à soulever ses vassaux et à fondre sur la Bourgogne dès que François Ier aurait passé les Alpes; en même temps, Henri VIII devait attaquer la France par la Picardie, et l'Empereur par les Pyrénées.

François Ier, averti de cette conspiration, refusa de s'assurer de la personne du coupable et tenta vainement de le ramener par la douceur. Il n'était plus temps : Bourbon venait de s'enfuir en Italie et de prendre le commandement général des armées de l'Empereur. Le roi de France lui opposa l'amiral Bonnivet, créature de la reine mère, plus brave que capable, qui commença par échouer devant Milan et n'essuya en Italie que des défaites. Dans la retraite désastreuse de Biagrassa, Bayard fut blessé mortellement. Sur le point d'expirer, adossé contre un arbre, il vit passer le connétable de Bourbon, qui s'apitoya sur son sort. Le chevalier *sans peur et sans reproche* flétrit hautement la trahison du connétable, et expira en chrétien.

Sur ces entrefaites, mourut le pape Adrien VI; Jules de Médicis, son successeur, élu sous le nom de Clément VII, offrit vainement de s'entremettre et de conclure la paix. Les Anglais ayant pénétré en France, s'arrêtèrent aux bords de l'Oise et furent repoussés par La Trémouille; le duc de Guise chassa les Allemands, qui avaient passé la Meuse; les autres bandes impériales, commandées par le marquis de Pescaire et par le connétable de Bourbon, échouèrent complétement sous les murs de Marseille et repassèrent les Alpes en désordre. François Ier pouvait accabler les Impériaux en Provence; il préféra les devancer en Italie, sur cette terre qui semblait dévorer les Français, et s'abandonna de nouveau aux conseils du présomptueux Bonnivet. Louise de Savoie fut nommée régente de France.

Bataille de Pavie. Captivité de François Ier. Traité de Madrid. — L'entrée des Français à Milan fut le premier, le seul succès de la campagne. François Ier, mettant son honneur à ne pas reculer, même pour vaincre, s'obstina au siége de Pavie, et s'affaiblit en dirigeant 12,000 hommes sur le royaume de Naples. La supériorité de l'artillerie française était reconnue ; François Ier la rendit inutile en se précipitant devant elle. En un moment les Suisses furent écrasés ou prirent la fuite ; les vieux compagnons d'armes du roi, La Palisse, La Trémouille, tombèrent à ses côtés ; le roi de Navarre, Montmorency *l'Aventureux*, furent faits prisonniers. François Ier combattait toujours ; son cheval venait d'être tué ; son armure était criblée de coups de feu et de lance. Un gentilhomme de la suite de Bourbon sauva le roi, qui, refusant de se rendre à un traître, fit appeler le vice-roi de Naples ; Lannoy reçut à genoux l'épée de François Ier, qui écrivit le soir à sa mère : *Madame, tout est perdu, fors l'honneur.*

Charles-Quint en jugea autrement, et pensa que la France privée de son chef ne se montrerait ni moins intrépide ni moins redoutable. Il usa de la victoire avec peu de générosité, maltraita même son prisonnier, son *bon frère*, ainsi que François se nommait lui-même, et ne songea qu'à en tirer une riche rançon. En vain l'Europe témoigna-t-elle le plus vif intérêt pour le captif ; en vain les nobles d'Espagne demandèrent-ils qu'il fût prisonnier sur parole. Ce ne fut qu'après un an de captivité, et à l'occasion d'une maladie qui pouvait enlever le roi de France, que l'Empereur consentit à le relâcher, en lui imposant les conditions les plus dures et les plus honteuses.

Par le traité de Madrid, François Ier cédait à son vainqueur ses droits sur l'Italie, renonçait à la Flandre et à l'Artois, et rétablissait le connétable de Bourbon dans ses charges et ses biens. Il consentait à épouser la sœur de Charles-Quint, cédait la Bourgogne, laissait deux de ses fils en otage, et s'engageait à faire ratifier le traité par les états de son royaume, promettant de revenir à Madrid si les conditions n'étaient pas entièrement accomplies (**1526**).

Questionnaire.

Quelles étaient les qualités de François Ier? — Quel était le caractère de Charles-Quint? — A qui Charles-Quint donna-t-il la régence de Castille? — Quels services lui rendit encore Ximénès? — Comment ce ministre fut-il récompensé de son dévouement? — Quels princes se disputèrent la couronne impériale? — A qui les électeurs donnèrent-ils leurs suffrages? — Quelle alliance l'Empereur et François Ier recherchèrent-ils à l'envi? — Que fit le roi de France pour mettre Henri VIII dans ses intérêts? — Quelle fut la conduite de Charles-Quint? — A quelle cause doit être attribuée la révolte qui éclata en Espagne? — Que fit Charles-Quint pour la réprimer? — Quel pays François Ier avait-il envahi? — Comment se vengea l'Empereur? — Quel homme arrêta les progrès des Impériaux? — Quels désastres les Français éprouvèrent-ils en Italie? — Quel prince vint encore déclarer la guerre à François Ier? — Comment celui-ci se procura-t-il l'argent nécessaire pour lever une armée? — Quels motifs engagèrent le connétable de Bourbon à trahir la cause de la France? — Quelles promesses lui fit Charles-Quint? — Quel général François I⁵ⁿ opposa-t-il au connétable de Bourbon? — Comment mourut le chevalier Bayard? — Par qui furent repoussés les Anglais et les Allemands qui avaient envahi la France? — Quelle faute commit François I⁵ⁿ? — Où fut-il vaincu? — A qui remit-il son épée? — Comment Charles-Quint traita-t-il François I⁵ⁿ? — Combien de temps le roi de France resta-t-il prisonnier? — Quelles furent les conditions du traité de Madrid?

CHAPITRE X.

De la France et de l'Autriche, depuis le traité de Madrid jusqu'à la paix du Câteau-Cambrésis (1526-1559).

Ligue formée contre Charles-Quint. — Prise et sac de Rome. — Paix de Cambrai. — Charles-Quint bombarde Tunis. — Nouvelles hostilités entre la France et l'Autriche. — Les Impériaux en Provence. — Trêve de Nice. — Révolte des Gantois. — La guerre recommence. — La France envahie par Charles-Quint et par Henri VIII. — Paix de Crespy. — Abdication de Charles-Quint. — Traité du Câteau-Cambrésis. — Siècle de François I⁵ⁿ.

Ligue formée contre Charles-Quint. — François I⁵ⁿ se hâta de quitter Madrid : mais il y laissa cette bonne foi, cette loyauté chevaleresque qui jusque-là avait fait sa gloire. Il oublia ses engagements dès qu'il fut rentré dans son royaume, et fit déclarer par les états de Bourgogne qu'il n'avait pas le droit de démembrer la France. Charles-Quint l'accusa de perfidie; François I⁵ⁿ répondit aussitôt qu'il en avait *menti par la gorge*, et lui envoya un cartel en lui laissant le choix des armes. Une ligue formidable se formait en même temps contre l'Empereur. Henri VIII, alarmé de la victoire de Pavie, s'alliait à la France; le pape, Venise, Florence, le duc de Milan, livrés à la merci des troupes impériales, appelaient de tous leurs vœux les Français en Italie.

Prise et sac de Rome. — En effet, la péninsule italienne, abandonnée à une soldatesque féroce, indisciplinée, se trouvait en proie à la guerre la plus hideuse. Les troupes de Charles-Quint, qui n'étaient pas payées, cherchaient à se dédommager par le pillage des villes; les Espagnols, aux portes de la Toscane, ne juraient plus que par *le sac glorieux de Florence;* quatorze mille Allemands passaient les Alpes sous la conduite du luthérien Frundsberg, qui portait au cou une chaîne d'or destinée, disait-il, à étrangler le pape. Ces barbares prirent la route qu'avaient suivie les Goths leurs aïeux, et marchèrent sur Rome. Clément VII, à l'approche de l'armée du connétable de Bourbon, licencia ses meilleures troupes, dans l'espoir que Rome désarmée inspirerait plus de respect. L'événement trompa son attente. Bourbon, vêtu de blanc pour être mieux aperçu des siens, agit avec la fougue d'un soldat; il saisit une échelle, et il montait le premier à l'assaut, quand un Romain le renversa d'un coup d'arquebuse. Intrépide au sein de la mort même, il eut la force de soulever un coin du manteau jeté sur son corps et de dire aux soldats qui s'informaient de leur chef : « Bourbon marche devant. »

Sa mort fut cruellement vengée. Les troupes désespérées montèrent sur les remparts avec ces cris de rage : « Au carnage ! au sang ! au sang ! à la scie ! Bourbon ! Bourbon ! » Huit mille Romains furent égorgés le premier jour. Plus féroces que les soldats d'Alaric, les luthériens profanèrent les églises, mutilèrent les monuments des arts, violèrent les tombeaux et dispersèrent la cendre des morts. Les lansquenets, revêtus d'ornements sacrés, mêlèrent à leurs orgies de scandaleuses processions, traînant à leur suite les véritables prélats, qu'ils chargeaient de coups avec de bruyants éclats de rire.

Un cri d'indignation s'éleva en Europe à la nouvelle du sac de Rome et de la captivité du souverain pontife. Charles-Quint se contenta d'ordonner des prières pour la délivrance de Clément VII, retenu dans le château Saint-Ange. François Ier, profitant des circonstances, chargea Lautrec de marcher sur Naples, mais il le laissa manquer d'argent, comme dans les guerres précédentes ; une maladie contagieuse enleva le général français et consuma son armée. Pour comble de malheur, André Doria, un des plus illustres marins de son siècle, peu ménagé par la cour de France, se donna à l'Empereur sous la noble condition que Gênes sa patrie resterait indépendante. A la même époque, s'illustraient par leurs exploits maritimes Dragut le corsaire et Barberousse, roi de Tunis et d'Alger ; ces *diables de la mer*, comme les appelle le chroniqueur Brantôme, se signalèrent plus d'une fois par l'audacieuse habileté de leurs manœuvres, et flétrirent par leurs *machinations diaboliques et infernales* les lauriers de l'amiral génois.

Paix de Cambrai. Charles-Quint bombarde Tunis.
— La paix de Cambrai (1529) suspendit les hostilités de la France et de l'Autriche. L'Empereur, justement alarmé des progrès de la réforme religieuse qui s'opérait en Allemagne et des invasions du terrible Soliman, qui s'était avancé jusqu'aux portes de Vienne, résolut de combattre et de vaincre ces nouveaux ennemis. Les chevaliers de Rhodes, établis dans l'île de Malte, étaient trop faibles pour défendre la mer contre les vaisseaux des puissances barbaresques qui ravageaient les rivages de l'Italie et de l'Espagne. Charles-Quint entreprit d'écraser les pirates dans leur repaire. Une flotte de cinq cents vaisseaux et de trente mille hommes, grossie des secours envoyés par le pape et par le roi de Portugal, puissamment secondée par les galères d'André Doria, se dirigea sur l'Afrique. L'Empereur fit partie de cette expédition, ainsi que l'élite de la noblesse espagnole; il partagea les fatigues et les privations de ses soldats et donna un glorieux démenti aux malins propos qui le taxaient d'une extrême prudence, pour ne s'être pas trouvé en personne à la bataille de Pavie. Au reste, Barberousse ne pouvait résister à l'armement le plus formidable qui eût été dirigé contre les infidèles depuis les croisades. Tunis se rendit : vingt mille chrétiens, délivrés de leurs fers, allèrent publier dans toute l'Europe les louanges de leur libérateur.

Nouvelles hostilités entre la France et l'Autriche. Les Impériaux en Provence. — Par un triste contraste, François Ier déclarait son alliance avec Soliman II, négociait avec l'Angleterre et avec les réformés d'Allemagne, sans recevoir de personne les secours qu'il en attendait. Les protestants ne pouvaient se fier à un prince qui laissait persécuter leurs coreligionnaires à Paris; Henri VIII, frappé d'un esprit de vertige et de persécution, abattait sous la hache des bourreaux les têtes les plus illustres de son royaume; et Charles-Quint, instruit des intrigues de son rival, disait publiquement à Rome : « Que, s'il n'avait pas plus de ressources que le roi de France, il irait à l'instant, bras liés et corde au cou, se jeter à ses pieds et implorer sa pitié. »

Les armées de l'Empereur envahirent bientôt la Provence et la Picardie. Cette dernière province fut sauvée par le dévouement de la noblesse qui défendit Péronne. Quant à la Provence, elle n'était plus qu'un affreux désert. Le maréchal de Montmorency, qui en était gouverneur, s'était décidé à la ravager pour affamer l'ennemi; après avoir tout détruit, moulins, fermes, villages, il s'était retranché dans une position inexpugnable, entre le Rhône et la Durance. Les soldats de Charles-Quint se promenèrent sans obstacle dans ce pays désolé, ne trouvant nulle part ni vivres ni ressources d'aucune espèce. Cette armée, d'abord si florissante, fut bientôt décimée par la famine et les maladies et forcée de battre en retraite. Charles-Quint repassa le Var après avoir perdu la moitié de ses troupes, et alla cacher sa honte en Espagne.

Trêve de Nice. — La guerre continuait dans le Piémont. Cependant en 1538 la reine de Hongrie, **gouvernante des Pays-Bas, et la reine de France**

s'entremirent pour amener la paix. Le pape Paul III offrit sa médiation et pressa les deux rivaux de se réconcilier. Il proposa une conférence à Nice, et, pour les déterminer à s'y rendre, il y alla lui-même malgré son grand âge. Cette entrevue n'amena pas un traité définitif, mais une trêve de dix ans. Dans une seconde entrevue, qui eut lieu quelques jours après à Aigues-Mortes, Charles-Quint et François Ier se prodiguèrent les marques de l'amitié la plus vive. Mais cette union ne devait pas durer longtemps.

Révolte des Gantois. La guerre recommence. — Les Gantois s'étant révoltés pour se soustraire à de nouveaux impôts, Charles-Quint résolut d'aller les châtier, et demanda à François Ier la permission de passer par la France, qui était pour lui le chemin le plus court et le plus sûr. François Ier accorda la permission sollicitée, et accueillit Charles-Quint avec la plus franche et la plus loyale hospitalité. Malgré les conseils de ses courtisans, et quoiqu'il eût pu trouver des motifs légitimes pour arrêter son rival, il refusa constamment d'user de perfidie et le laissa partir librement; seulement il lui fit promettre l'investiture du Milanais, si longtemps différée. Tant de noblesse devait être mal récompensée. Après avoir puni les Gantois de leur insurrection, Charles-Quint éluda sa parole, et, niant qu'il eût rien promis, il fit donation perpétuelle du Milanais à son fils Philippe et à ses descendants. Cette nouvelle perfidie indigna François Ier, **et la guerre recommença.**

La France envahie par Charles-Quint et par Henri VIII. Paix de Crespy. — Cinq armées françaises envahirent en même temps le Roussillon, le Luxembourg, l'Artois, le Piémont et la Flandre. François Ier fit alliance avec Soliman, et les flottes réunies de la Turquie et de la France allèrent bombarder inutilement le château de Nice. L'Europe s'émut d'indignation en voyant les lis unis au croissant, et des chrétiens faisant cause commune avec les infidèles. Charles-Quint profita habilement de cette disposition des esprits, et s'empressa de signer un traité avec Henri VIII. La France fut de nouveau attaquée sur toutes ses frontières. Pendant que le jeune duc d'Enghien faisait triompher les armes françaises en Italie et remportait sur les Impériaux la victoire de Cérisoles, Henri VIII vint assiéger Boulogne et Montreuil. De son côté, Charles-Quint, entrant en Champagne, s'empara de Commercy, de Ligny et de Saint-Dizier. Mais la longue résistance de cette dernière ville avait donné au roi de France le temps de rassembler ses forces. Aussi Charles-Quint, malgré la prise d'Épernay et de Château-Thierry, n'était pas sans inquiétude au milieu d'un pays ravagé où ses soldats mouraient de faim. Il craignait que la retraite ne lui fût coupée, et il fit des propositions de paix qui furent acceptées. Le 18 septembre 1544, la paix fut conclue à Crespy, près de Laon. Par ce nouveau traité, les deux princes devaient se restituer les conquêtes faites depuis la trêve de Nice. Charles-Quint renonçait à la Bourgogne, et François Ier à toute prétention sur le royaume de Naples. Les rois de France et d'Angleterre signèrent également la paix en 1546, et moururent l'année suivante.

Abdication de Charles-Quint. — Les commencements du règne de Henri II, fils et successeur de François Ier, furent heureux pour la France. Le roi, tirant un habile parti des troubles excités en Allemagne par la ligue protestante de Smalkalde, racheta des Anglais la ville de Boulogne, apaisa une révolte en Guyenne, et s'empara des trois évêchés de Lorraine, Metz, Toul et Verdun. Cette importante conquête fut conservée par les talents et la bravoure du duc de Guise, qui s'enferma dans les murs de Metz et repoussa les efforts d'une armée de cent mille Impériaux. Charles-Quint, humilié par ce revers, fut encore vaincu à la journée de Renty. « La fortune n'aime point les vieillards, » disait-il avec amertume. Dévoré de chagrins, accablé d'infirmités, il céda le sceptre de l'Espagne à Philippe II son fils et la couronne impériale à son frère Ferdinand II. Il se retira dans le couvent de Saint-Just, où de nouvelles afflictions, causées par l'ingratitude de son fils, portèrent le dernier coup à sa faible santé. On rapporte qu'un jour, ne pouvant venir à bout d'accorder deux montres, il laissa échapper ces mots : « Je ne puis donner le même mouvement à deux montres, et j'ai voulu donner la même opinion à tous les hommes! » Plein d'une mélancolie religieuse, il fit célébrer de son vivant ses funérailles, et mourut quelques jours après, à l'âge de cinquante-neuf ans (1558).

Traité du Câteau-Cambrésis. — Après l'abdication de Charles-Quint, les Français, appelés en

Italie par le pape Paul III, firent admirer leur courage au milieu de nouveaux revers : l'intrépide Montluc, le brave duc de Guise, le défenseur de Metz, n'essuyèrent que des échecs. Le seul maréchal de Brissac, dont les vertus militaires et le désintéressement n'ont rien à envier aux plus belles gloires de l'antiquité, fit quelques progrès en Piémont et menaça le duc Philibert-Emmanuel de lui enlever ses États. Philippe II s'unit aussitôt avec l'Angleterre, entra en Picardie, et investit Saint-Quentin à la tête de soixante mille Espagnols et de douze mille Anglais. La désastreuse bataille de Saint-Quentin (1557) força Coligny d'ouvrir les portes de cette ville, après un siège opiniâtre. Les Français eurent le temps de se reconnaître : les nombreuses milices nationales de Paris se préparèrent à repousser l'étranger. Le duc de Guise, rappelé d'Italie et nommé lieutenant général du royaume, se rendit maître de Calais en huit jours, malgré les rigueurs de l'hiver, effaçant ainsi la honte de la bataille de Gravelines perdue la même année par le maréchal de Termes.

La prise de Calais et de plusieurs autres places hâta la conclusion de la paix. Le connétable de Montmorency, prisonnier des Espagnols, négocia le traité du Câteau-Cambrésis, peu honorable pour la France. Mais elle avait besoin de repos. On s'occupait de fêtes et de tournois, pour célébrer le mariage de la fille de Henri II avec le duc de Savoie, quand la malheureuse joute dans laquelle le roi fut mortellement atteint d'un éclat de lance replongea le royaume dans le deuil et fit renaître les ambitieuses espérances de la maison d'Autriche. Henri II mourut à l'âge de quarante et un ans, en 1559.

Siècle de François Ier. — C'est ici le lieu de dire quelques mots sur le siècle de François Ier, sur cette grande époque où l'Europe sort des ténèbres de l'ignorance et brille de l'éclat des lettres et des sciences, au milieu des luttes terribles qui ne cessent de la déchirer. L'invention de Jean de Guttemberg (1441), l'imprimerie, fut en quelque sorte le signal de la renaissance des lettres. Le concile de Florence, que présida l'empereur Jean Paléologue, accompagné du patriarche Joseph et de vingt évêques, les plus savants de l'Église grecque, fit admirer l'éloquence du célèbre Bessarion. L'académie de Naples, fondée par Alphonse Ier, les écoles de Florence et de Venise, cultivaient avec succès la philosophie, l'histoire, les langues savantes, avant le pontificat de Léon X. Les livres des anciens furent recherchés et excitèrent la curiosité des hommes : les chefs-d'œuvre des littératures grecque et latine, si longtemps oubliés, sortirent de la poussière du tombeau et furent partout recherchés avec empressement. Homère et Démosthène furent expliqués en public, Aristote et Théophraste traduits en latin. Euclide, Archimède, furent retrouvés; la médecine elle-même recouvra son ancien éclat. L'Italie, exempte des troubles religieux qui désolèrent le reste de l'Europe, devait devancer les autres nations dans les arts et dans les sciences. La France la seconda dignement : pendant que le pape Léon X faisait exécuter les magnifiques peintures du Vatican et construire l'église de Saint-Pierre. François Ier, justement surnommé le *restaurateur des lettres*, fondait l'imprimerie royale et le collége de France, et encourageait tous les talents par ses bienfaits.

A aucune époque on ne vit un concours aussi nombreux de souverains remarquables. Sigismond de Pologne, Gustave Wasa de Suède, Ivan IV de Russie, dont nous parlerons plus tard, ne s'effacent pas devant la grandeur de Charles-Quint et de François Ier. L'histoire de ce siècle peut citer aussi une foule de femmes célèbres : nous nommerons entre autres Louise de Savoie, qui, durant la captivité de son fils, sut réparer les fautes dont elle s'était rendue coupable ; la duchesse d'Alençon, sœur de François Ier; Marguerite, gouvernante des Pays-Bas ; et l'une des plus admirables, bien que des moins connues, Isabelle, fille de Sigismond, qui, trahie, abandonnée des siens et forcée de remettre la couronne à l'archiduc d'Autriche, dit à son fils ces paroles touchantes : « Mon fils, la vertu ne manque jamais de couronnes ; celui qui sait faire des heureux trouve toujours des sujets. Oublie ta naissance, et songe que la paix, dont nous sommes les victimes, va mettre un terme aux maux de notre patrie. »

Questionnaire.

Quel fut le premier soin de François Ier après avoir recouvré sa liberté? — Quelle ligue se forma contre l'Empereur? — Quelle était alors la situation de l'Italie? — Décrivez la prise et le sac de Rome. — Que fit Charles-Quint en faveur du pape? — Quels nouveaux revers essuyèrent les Français en Italie? — A quelle condition André Doria entra-t-il au service de Charles-Quint? — De combien de vaisseaux se composait la flotte que Charles-Quint envoya contre Tunis? — Quelles provinces envahit ensuite l'Empereur? — Comment fut sauvée la Picardie? — Que fit Montmorency en Provence? — Que devint l'armée de l'Empereur? — A quelle occasion Charles-Quint demanda-t-il le passage par la France?— Comment fut-il accueilli par François Ier? — Comment récompensa-t-il cet accueil? — Avec qui François Ier fit-il alliance? — Que fit Charles-Quint? — De quel côté attaqua-t-il la France? — De quelles villes s'empara-t-il? — Pourquoi conclut-il la paix? — Où fut-elle signée? — Comment furent signalés les commencements du règne de Henri II? — En faveur de qui Charles-Quint abdiqua-t-il? — Où se retira-t-il? — Racontez les principaux événements de la guerre jusqu'à la paix du Câteau-Cambrésis. — Comment mourut Henri II? — Sous quels rapports le siècle de François Ier est-il remarquable?

CHAPITRE XI.

De la réforme en Allemagne, en Suisse et en France.

La réforme en Allemagne. — Luther. Sa révolte contre l'autorité de l'Église. Diète de Worms. — Progrès de la réforme dans une partie de l'Allemagne. — Confession d'Augsbourg. Ligue de Smalkalde Bataille de Muhlberg. — Traité d'Augsbourg.— La réforme en Suisse.— Zwingle et Calvin. — La réforme en France. — La Saint-Barthélemy. — La sainte ligue.

La réforme en Allemagne. Luther. — Léon X, qui monta sur le trône pontifical en 1513, conçut le projet d'armer l'Europe contre les Turcs, qui devenaient de plus en plus redoutables pour la chrétienté, et d'achever la basilique de Saint-Pierre, commencée par Jules II. Le pape, manquant de ressources pour accomplir ces desseins, eut recours à la vente des indulgences. On nomme ainsi la grâce que l'Église accorde aux pénitents en leur remettant en tout ou en partie la peine temporelle due à leurs péchés. C'était un usage pratiqué depuis longtemps et qui avait été établi dans un but pieux; l'argent que les papes retiraient de la vente des indulgences servait à soulager les misères des pauvres à racheter les chrétiens prisonniers des infidèles, à subvenir aux frais d'une croisade en terre sainte. D'ailleurs il ne suffisait pas pour racheter ses péchés de donner une somme d'argent; l'Église exigeait encore le repentir et la contrition des pécheurs. Mais ceux qui étaient chargés par les papes de recevoir les dons des fidèles abusaient quelquefois de la confiance qui leur était accordée, en consacrant à d'autres dépenses l'argent qui devait recevoir une destination particulière. Les moines dominicains, à qui avait été confié le soin de vendre les indulgences dans le nord de l'Allemagne, ne consultèrent que les intérêts de leur ordre dans l'accomplissement de cette mission : ils excitèrent contre eux la jalousie des autres ordres religieux, et ce fut alors que Martin Luther, jeune moine augustin et professeur de l'université de Wittemberg, attaqua dans ses écrits la vente des indulgences.

Révolte de Luther contre l'autorité de l'Église. Diète de Worms. — Luther était né en 1483 à Eisleben, dans le comté de Mansfeld, où son père travaillait aux mines. Se promenant un jour avec un de ses compagnons d'étude, il le vit périr à ses côtés frappé de la foudre. Cette circonstance le détermina à embrasser la vie monastique dans l'ordre des augustins, à Erfurt. Ses talents le firent nommer professeur de l'université que venait de fonder Frédéric le Sage, électeur de Saxe : il y enseigna la philosophie et la théologie, et se fit remarquer par son penchant pour les nouveautés. Un caractère ardent, une imagination pleine de vivacité et nourrie par l'étude, une éloquence emportée, lui attiraient les suffrages et l'attention de ses auditeurs. Après avoir prêché contre l'abus des indulgences, Luther fut amené par degrés à nier le pouvoir qui les accordait. Une fois engagé dans cette voie funeste et poussé par son orgueil, le moine augustin alla plus loin qu'il n'aurait voulu, et finit par attaquer l'autorité de l'Église et le caractère sacré de son chef suprême. Cité vainement à Rome, pressé par le légat du saint-père de se rétracter, il osa en appeler *du pape mal informé au pape mieux informé ;* puis, apprenant que Léon X venait d'anathématiser ses écrits, il usa de représailles : accompagné d'une foule immense, il se rendit, le 10 décembre 1520, à la porte orientale de Wittemberg, où il avait fait dresser un bûcher ; il y mit le feu lui-même, et y jeta les lois pontificales et la bulle d'excommunication, en disant orgueilleusement : « Puisque tu as troublé le saint du Seigneur, tu seras livrée au feu éternel. »

Cependant l'empereur Charles-Quint, sur la prière du légat de Léon X, somma Luther de comparaître à la diète de Worms. Les amis de Luther lui conseillaient de ne pas s'y rendre et lui rappelaient le sort du réformateur Jean Huss, qui avait été brûlé au concile de Constance. « Je suis sommé légalement, leur répondit Luther; je comparaîtrai à Worms, dussé-je y combattre autant de diables qu'il y a de tuiles sur les toits. » Il entra dans la ville escorté d'un héraut d'armes et de cent chevaliers, et suivi d'une foule considérable qui se pressait sur ses pas. Luther persista dans ses doctrines et refusa la rétractation qu'on lui demandait. Ce refus le fit mettre au ban de l'Empire, c'est-à-dire qu'il fut proscrit et banni de toutes les terres qui étaient sous la domination de l'empereur d'Allemagne. L'université de Paris se prononça contre le réformateur, et le jeune Henri VIII, roi d'Angleterre, alors plein de zèle pour la religion catholique, publia contre les nouvelles doctrines un livre qui lui mérita le nom de *défenseur de la foi*.

Progrès de la réforme dans une partie de l'Allemagne.— Mais les défenseurs ne manquèrent pas à Luther parmi les princes d'Allemagne : son protecteur le plus ardent et le plus désintéressé, Frédéric le Sage, électeur de Saxe, le fit enlever par des cavaliers masqués, au retour de la diète de Worms, et l'enferma dans le donjon de Warbourg, pour le préserver de toute atteinte. Du fond de sa retraite, Luther inonda l'Europe de ses pamphlets théologiques, et les principes du réformateur se répandirent rapidement de la haute Saxe dans les duchés de Lunebourg, de Brunswick et de Poméranie. Albert de Brandebourg, grand maître de l'ordre Teutonique, sécularisa la Prusse, qui appartenait aux chevaliers de son ordre, se déclara duc héréditaire de cette province, et fit ensuite profession publique de la religion réformée. La plupart des princes se montrèrent favorables à des changements qui mettaient à leur disposition les biens du clergé et des monastères. D'un autre côté, les nouvelles doctrines, en égarant l'esprit de la multitude, amenèrent des excès déplorables. Peu à peu la jalousie et la haine du pauvre contre le riche se réveillèrent : les paysans et les serfs, à force d'entendre parler de liberté et d'égalité, finirent par croire que la propriété était un vol fait à ceux qui ne possédaient rien, et que la science, les livres, les tableaux, étaient autant d'inventions du diable.

Aussi, pendant que Luther, invoquant la force de la parole seule, voulait contenir le mouvement réformateur dans une voie pacifique, quelques-uns de ses disciples soulevaient les passions de la multitude par d'autres moyens. Carlostadt, fanatique ardent et singulier, allait de ville en ville, exhortant les écoliers à brûler leurs livres; il se fit le chef d'une nouvelle secte, celle des *sacramentaires*. Un autre enthousiaste, Thomas Muncer, parcourait les églises, détruisant les images et les restes du culte catholique que Luther avait laissés subsister : « Nous sommes tous frères, disait-il à la multitude, tous égaux et libres ; il n'y a ni rois, ni nobles, ni riches. Tous les biens doivent être mis en commun. » Bientôt les émissaires du fanatique, répandus dans les campagnes, soulevèrent la populace, et Muncer se vit à la tête d'une armée de quarante mille hommes avec laquelle il parcourut la Souabe. Ces nouveaux disciples prirent le nom d'*anabaptistes*, parce qu'ils réclamaient un second baptême. Ils se livrèrent partout à d'incroyables excès et reçurent le châtiment de leurs crimes. Muncer périt sur l'échafaud à Mulhausen en 1525, et les anabaptistes furent poursuivis de tous les côtés par la cavalerie des nobles.

Confession d'Augsbourg. Ligue de Smalkalde. — Au moment où la réforme se montrait sous un aspect si menaçant, eurent lieu les deux ligues de Ratisbonne et de Torgau, la première représentant l'opinion catholique, la seconde l'opinion protestante. Charles-Quint espérait accabler l'une par l'autre, lorsque les troubles de la Hongrie et les progrès de Soliman, empereur des Turcs, vinrent lui donner une occupation plus pressante. Soliman, après avoir pris Belgrade, l'île de Rhodes, et triomphé des Hongrois à la journée de Mohacz, vint mettre le siége devant la ville de Vienne, et se retira après avoir perdu quarante mille hommes. L'empereur Charles-Quint et Ferdinand son frère, occupés de la défense de Vienne, avaient à peine eu le temps de convoquer la diète de Spire (1529), où les luthériens furent appelés *protestants*, parce qu'ils protestèrent contre le décret qui leur enjoignait de suivre la religion romaine. A Augsbourg (1530), où les deux partis furent de nouveau en présence, les protestants, voulant distinguer leur cause de celle des anabaptistes et des autres sectes qui se déshonoraient par leurs excès, firent présenter une profession de foi rédigée par le savant Mélanchton, et connue sous le nom de *confession d'Augsbourg*. Mais cet acte de modération fut également repoussé, et l'Empereur, irrité d'une si longue résistance, songea un moment à user de moyens violents: les portes d'Augsbourg restèrent quelque temps fermées. Les protestants effrayés se réunirent à Smalkalde aussitôt que la diète fut dissoute, et y conclurent une ligue offensive et défensive.

Les fureurs de l'anabaptisme, qui semblaient éteintes en Allemagne, se réveillèrent plus ardentes que jamais. Un tailleur connu sous le nom de Jean de Leyde, après avoir attiré par ses prédications un grand nombre de disciples, dissémina douze apôtres chargés d'établir, disait-il, une autre Jérusalem. La ville de Munster, tombée au pouvoir de ces nouveaux anabaptistes, éprouva de leur part d'incroyables atrocités. Les magistrats expirèrent dans les tourments. L'auteur de ces désordres et de ces cruautés espérait étendre sa puissance sur les autres villes de l'Allemagne: il fut prévenu par l'évêque de Munster, qui le fit prisonnier avec ses principaux ministres. Jean de Leyde et ses complices expièrent leurs crimes par le supplice qu'ils avaient mérité.

Bataille de Muhlberg. — Cependant les réformés, devenus puissants par la ligue de Smalkalde, ne voulaient plus s'en remettre qu'aux armes. Après avoir chassé les Autrichiens du Wurtemberg et encouragé l'archevêque de Cologne à suivre l'exemple d'Albert de Brandebourg, ils se réunirent au nombre de quatre-vingt mille sous l'électeur de Saxe et le landgrave de Hesse. Charles-Quint, redoutant de pareilles forces, eut recours aux négociations; il sema la division parmi ses ennemis, et, attaquant à l'improviste l'électeur de Saxe, Jean-Frédéric, il le défit à la bataille de

Muhlberg (1547). Le vainqueur, se jouant de toutes les lois de l'Empire, fit condamner l'électeur à mort par un conseil d'officiers espagnols : il lui laissa la vie aux conditions les plus humiliantes, et transféra son électorat au jeune Maurice, duc de Saxe.

Traité d'Augsbourg. — L'empereur Charles-Quint, aveuglé par la prospérité, jouissait alors de ses triomphes et prétendait dicter des lois à toute l'Allemagne. Vainqueur des luthériens, il voulut parler en maître et imposer aux catholiques et aux protestants son fameux *intérim*, édit de conciliation qui troubla tous les partis. Maurice, investi par Charles-Quint de l'électorat de Saxe, trahit le premier les intérêts de son bienfaiteur. Dissimulant habilement ses projets, il se charge de soumettre Magdebourg à l'*intérim*, et pendant ce temps il traite avec Henri II, roi de France ; puis, quand il se croit assez fort, il lève le masque et marche à grandes journées sur Inspruck. Le vieil empereur, alors malade et sans troupes, fut obligé de quitter précipitamment la ville, par une pluie battante, et de chercher un refuge au delà des Alpes. Après cet humiliant revers, Charles-Quint dut céder à ses adversaires. Il signa avec les protestants la convention de Passau, changée en paix définitive par le traité d'Augsbourg ou paix de religion (1555) : ce traité assurait aux protestants le libre exercice de leur religion et la possession de leurs biens ecclésiastiques.

La réforme en Suisse. Zwingle et Calvin. — La Suisse ne demeura pas étrangère aux bouleversements de la réforme religieuse : elle eut son Luther dans la personne de Zwingle, curé de Glaris, dont les doctrines nouvelles furent soutenues et adoptées par une grande partie de la nation. Comme Luther, Zwingle prêcha d'abord contre l'abus des indulgences; puis il supprima les ordres mendiants, obtint l'abolition de la messe à Zurich, et fit retirer l'argenterie et les ornements des églises. Ces innovations furent suivies de désordres, et les fureurs de l'anabaptisme désolèrent aussi la Suisse. Une foule de gens sans aveu, des anarchistes, se mirent à prêcher des maximes pernicieuses, invectivant contre les magistrats, les prêtres et les riches, et se signalant par d'horribles violences. Il fallut prendre les armes contre ces brigands, et leurs chefs subirent le dernier supplice.

Les quatre cantons de Zurich, de Bâle, de Schaffhouse et de Berne avaient embrassé le protestantisme; mais sept autres cantons étaient restés fidèles au culte catholique. De part et d'autre des ligues se formèrent pour la défense de la foi. Il fut établi en principe que chaque canton aurait le droit de régler, en ce qui le concernait, les affaires de religion. Ces conditions ne furent pas respectées, et de part et d'autre on prit les armes. Zwingle, qui avait tenté vainement d'amener une pacification, fut obligé d'accompagner une armée de vingt mille hommes. Les protestants et les catholiques se rencontrèrent près de Capell : ceux-ci furent vainqueurs, et l'auteur de ces funestes dissensions, Zwingle, resta sur le champ de bataille.

La ligue protestante se composait toujours de quatre cantons; la ligue catholique comprenait

Zug, Uri, Schwitz, Unterwalden, Lucerne, Soleure, Fribourg et le Valais tout entier. Mais la révolution qui éclata peu après à Genève devait assurer la supériorité au parti de la réforme.

Jean Calvin ou Cauvin, né à Noyon, avait quitté la France pour se soustraire à la persécution qui atteignait les réformés de ce pays : en 1537, il alla s'établir à Genève, où il fut prédicateur et professeur de théologie. Exilé à la suite d'une dispute, rappelé après trois ans d'absence, il rentra comme en triomphe à Genève, et fit de cette ville le théâtre de son enseignement. Il y fonda des assemblées, des consistoires, établit une sévère discipline et régla la forme des cérémonies religieuses. Le nouveau réformateur n'était pas tolérant, et il poursuivait avec animosité ceux qui contrariaient ses desseins ou s'opposaient à sa doctrine. Ainsi il fit chasser de Genève le savant Castalion, et ce fut à son instigation que l'Espagnol Michel Servet, arrêté contre le droit des gens, fut condamné au dernier supplice.

La réforme en France. — La réforme avait aussi pénétré en France et y avait fait des progrès sous François Ier et Henri II. Elle y fut combattue par la persécution ; mais les rigueurs et les supplices n'empêchèrent pas l'hérésie de se propager, et sous les règnes suivants, la France fut en proie à toutes les fureurs de la guerre civile.

Henri II avait laissé quatre fils, dont trois portèrent successivement la couronne ; François régna d'abord (1559), mais l'autorité souveraine fut réellement exercée par leur mère, Catherine de Médicis, et par les Guises, de la puissante maison de Lorraine, qui furent les chefs du parti catholique. A la tête du parti protestant étaient Antoine de Bourbon, roi de Navarre, le prince de Condé son frère, et l'amiral de Coligny. Irrités de n'avoir aucune part dans le gouvernement, les protestants formèrent un complot, connu sous le nom de conjuration d'Amboise, et dont le but était de s'emparer de la personne du roi et de se défaire des Guises. Le complot fut découvert, et la plupart des conjurés périrent dans les supplices. Charles IX succéda à François II : Catherine de Médicis régna à sa place. Cette femme ambitieuse, dont la maxime était qu'il faut *diviser pour régner*, commençant à redouter la puissance des Guises, se montra plus favorable aux protestants. La haine des deux partis n'attendait qu'une occasion pour éclater.

La Saint-Barthélemy. — Le massacre de quelques protestants, attaqués à Vassy par les gens du duc de Guise, fut le signal de la guerre civile. Une première bataille, livrée dans les plaines de Dreux, fut gagnée par les catholiques ; mais peu après ceux-ci perdirent leur chef, le duc de Guise, assassiné devant Orléans. Les catholiques furent encore trois fois vainqueurs, d'abord à Saint-Denis, où périt un de leurs chefs, le connétable de Montmorency, ensuite à Jarnac, où le prince de Condé fut lâchement assassiné après la bataille, enfin à Moncontour, où combattit le fils du roi de Navarre, Henri de Béarn, qui fut depuis Henri IV.

Les protestants n'étaient point abattus par tant de défaites. Catherine de Médicis conclut avec eux la paix de Saint-Germain, qui leur accordait le libre exercice de leur culte et d'autres avantages; mais c'était pour mieux les tromper. Le 24 août 1572, jour de la Saint-Barthélemy, à deux heures du matin, le massacre des protestants commença à Paris et se continua pendant trois jours. Coligny, une des premières victimes, fut égorgé sous les yeux du duc Henri de Guise, qui croyait ainsi venger son père. Peu après mourut Charles IX; Henri III lui succéda (1574).

La sainte ligue. — Les protestants ayant obtenu du roi un édit qui leur accordait de grands avantages, les catholiques formèrent une grande association, appelée la sainte ligue, dont Henri de Guise fut le chef, et qu'il faisait agir à son gré par le moyen d'un conseil secret, le conseil des Seize, composé de ses partisans les plus dévoués et distribué dans les seize quartiers de Paris. Les hostilités éclatèrent bientôt. Henri, roi de Navarre, devenu le chef des protestants, défait les troupes royales à Coutras. Pendant ce temps, le duc de Guise repoussait une invasion d'Allemands et devenait plus cher aux ligueurs. Henri III lui défend de revenir à Paris; le duc ne tient aucun compte de cet ordre, et il est reçu en triomphe par le peuple. Le roi fait entrer six mille Suisses pour se défendre. Les bourgeois prennent les armes et élèvent des barricades jusqu'auprès du Louvre, où ils tiennent le roi assiégé.

Le duc de Guise, maître absolu dans Paris, aspirait au trône. Le roi parvient à s'échapper de son palais, se réfugie à Chartres et convoque les états généraux à Blois. Cette assemblée s'étant montrée hostile à la couronne, Henri III prend le parti de faire assassiner un sujet rebelle : le duc de Guise fut percé de coups de poignard au moment où il se rendait au conseil. A la nouvelle de ce meurtre, la douleur et l'indignation éclatent dans Paris : Henri III est déclaré déchu du trône et n'a d'autre ressource que de se réconcilier avec le roi de Navarre. Les deux princes, ayant réuni leurs forces, assiégeaient Paris, lorsque Henri III fut assassiné par un moine fanatique, nommé Jacques Clément. Henri de Bourbon, roi de Navarre, était le plus proche héritier de la couronne.

Questionnaire.

Dans quelle circonstance Léon X eut-il recours à la vente des indulgences ? — Dans quel but avait été établi cet usage ? — Quel homme s'éleva contre la vente des indulgences ? — Où était né Luther ? — Quelle circonstance le détermina à embrasser la vie monastique ? — A quel poste fut-il appelé par Frédéric le Sage ? — Quelle fut sa conduite envers le pape ? — Que fit Charles-Quint ? — Luther accorda-t-il la rétractation qui lui était demandée ? — Où fut-il emmené par Frédéric le Sage ? — Dans quelles parties de l'Allemagne se répandit la réforme ? — Racontez les excès des anabaptistes. — Quels soins empêchèrent Charles-Quint d'arrêter les progrès de la réforme ? — A quelle occasion les réformés prirent-ils le nom de protestants ? — La profession de foi qu'ils présentèrent fut-elle acceptée ? — Que s'ensuivit-il ? — Racontez les tentatives de Jean de Leyde. — Quelle victoire Charles-Quint remporta-t-il sur les protestants ? — Qu'arriva-t-il ensuite ? — Quelles furent les conditions du traité d'Augsbourg ? — Par qui la réforme fut-elle prêchée en Suisse ? — Quels sont les principaux événements dont cette contrée fut alors le théâtre ? — A quelle époque la réforme avait-elle pénétré en France ? — Quels partis divisaient le royaume après Henri II ? — Racontez la conjuration d'Amboise. — A quelle occasion éclata la guerre civile? — Quels sont les principaux événements du règne de Charles IX? — Racontez les principaux événements du règne de Henri III.

CHAPITRE XII.

Des trois royaumes du Nord depuis la rupture de l'union de Calmar jusqu'à Christian III et Gustave Wasa (1448-1560).

Rupture de l'union de Calmar. Charles Bonde, roi de Suède et de Norwége. — Christian, roi de Danemark. Guerre avec la Suède. — Sténon Sture, administrateur de la Suède. Guerre avec le Danemark. — Jean, roi de Danemark. Swante Sture et Sténon Sture le jeune, administrateurs de la Suède. Guerre entre les deux pays. Christian II, roi de Danemark. Il s'empare de la Suède. Ses cruautés. — Gustave Wasa. Sa captivité; sa fuite; ses périls; ses succès. — Gustave Wasa élu roi de Suède. Ses institutions. — Déposition de Christian II. Frédéric Ier. Christian III.

Rupture de l'union de Calmar. Charles Bonde, roi de Suède et de Norwége. — La célèbre union de Calmar, qui avait placé sur la tête de Marguerite la triple couronne de Danemark, de Suède et de Norwége, ne donna pas les fruits qu'elle semblait promettre, et fut bientôt dissoute sous les faibles successeurs de cette grande reine, surnommée la Sémiramis du Nord. A la mort de Christophe le Bavarois, dernier descendant de Marguerite (1448), les Suédois se donnèrent pour roi Charles Bonde, fils de Canut et grand maréchal du royaume. Ce prince, enfermé depuis quelques années dans un de ses châteaux en Finlande, répandait adroitement par ses amis des prophéties qui promettaient la couronne à sa famille. Lorsque l'occasion lui parut favorable, il parut à Stockholm à la tête d'une petite armée. Une pluie abondante accueillit le cortège, et, comme depuis longtemps la contrée était affligée d'une grande sécheresse, le peuple superstitieux vit dans ce fait une manifestation du ciel. Charles, profitant habilement des circonstances, se fit élire roi par l'assemblée des notables, à la majorité de soixante-deux voix sur soixante et dix. Peu de temps après, il était aussi proclamé roi de Norwége.

Christian, roi de Danemark. Guerre avec la Suède. — Mais, à la même époque, les Danois prenaient pour souverain Christian, duc d'Oldenbourg, qui avait des prétentions à la couronne de Norwége : la guerre ne tarda pas à éclater entre le Danemark et la Suède. Charles assemble une armée, montre aux Suédois étonnés une artillerie de campagne composée de vingt canons montés sur des traîneaux, et dévaste le pays sur son passage. La peste et la disette combattirent contre lui. Christian s'avançait à fortes journées : Charles fut contraint de se réfugier à Stockholm. Dans cette extrémité, le roi de Suède eut l'imprudence de s'attaquer aux biens de l'Église. A cette nouvelle, l'archevêque d'Upsal, primat de Suède, dépose sa soutane sur le maître autel de la cathédrale, revêt une armure de combat et affiche une proclamation de guerre contre son souverain. Charles, ne comptant plus sur la fidélité de ses officiers, la plupart Danois, mit en sûreté ses trésors et s'embarqua la nuit pour la ville de Dantzick. Stockholm capitula après un siége de trente jours, et lorsque Christian se montra à la tête de sa flotte, le pays était soumis : il n'eut plus que la peine de se faire couronner à Upsal (1457) et de confirmer le clergé dans tous ses priviléges.

Le nouveau roi de Suède signala le début de son règne par l'établissement d'énormes impôts, qui lui valurent de la part des paysans le surnom de *poche sans fond*. Bientôt les habitants se révoltèrent, et après avoir battu l'armée de Christian, ils rappelèrent leur ancien roi Charles Bonde. Durant trois années la Suède resta en proie aux horreurs de la guerre et aux fureurs des partis. Charles, après une alternative de revers et de succès, s'était retiré en Finlande. Les seigneurs parlaient de démembrer le royaume; les paysans s'opposèrent à cet ambitieux projet. Charles, rappelé pour la troisième fois, mourut roi en 1470 et à l'âge de soixante et un ans. Il laissa le pouvoir à son neveu Sténon Sture, en lui conseillant toutefois de ne jamais prendre la couronne.

Sténon Sture, administrateur de la Suède. Guerre avec le Danemark. — Sténon Sture, proclamé *administrateur* par les bourgeois, eut quelque peine à se faire reconnaître par les seigneurs; Christian, qui n'avait pas renoncé à ses prétentions, se présenta devant Stockholm à la tête d'une flotte. Sténon entame aussitôt des négociations pour amuser les Danois, et lève des troupes en Ostrogothie, pendant que Nils Sture, son ami fidèle, joue le même rôle en Dalécarlie. Christian, qui ignore ces menées, regarde la Suède comme une proie facile ; la seule chose qu'il regrette, dit-il, c'est la fuite de ce *misérable* Sténon, qui, pour échapper au châtiment des verges, est allé se cacher dans les forêts. Mais les deux Sture ne tardèrent pas à reparaître. Il fallut combattre : Christian plaça son armée entre la capitale et le rivage et fortifia son camp par un rempart de bois; Sténon partagea ses troupes en trois corps, dont l'un, sous la conduite de Nils, devait traverser les marais pour tomber à l'improviste sur les Danois et surprendre leur flotte.

Les Suédois et leur chef passèrent la nuit en prières; ils se confessèrent tous, et, au point du jour, animés d'une noble ardeur, ils s'élancèrent sur les ennemis en entonnant le cantique de saint Georges. Pendant la bataille, Sténon s'exposa toujours aux coups des ennemis; mais un paysan, surnommé *l'ours valeureux*, ne quitta pas un seul instant son général et le sauva plusieurs fois au fort de la mêlée. Une sortie des bourgeois de Stockholm restés fidèles à leur administrateur, et surtout l'arrivée de Nils, qui avait triomphé des difficultés du terrain, décidèrent enfin la victoire : Christian, blessé, atteignit sa flotte avec une faible suite au moment où les Suédois de son parti allaient être jetés à la mer par les Danois. Cette bataille, où des paysans armés de flèches et de haches anéantirent une armée de chevaliers soutenue par l'artillerie, fut livrée le 14 octobre 1471. Christian, qui vécut encore dix années, n'osa plus attaquer la Suède.

Sténon profita des loisirs de la paix pour rétablir l'ordre dans le royaume. Les exactions cessèrent peu à peu. « Notre administrateur, disaient les paysans, se ferait tuer plutôt que de permettre l'enlèvement d'une brebis à notre préjudice. » Par suite des priviléges que la ligue anséatique avait usurpés à la faveur des troubles, les magistratures publiques étaient toujours confiées à des Allemands : il ne restait, disait-on, aux Suédois que l'emploi de bourreau ou celui de fossoyeur. Sténon Sture réprima cet abus et exigea que les Suédois fussent nommés aux fonctions civiles.

Jean, roi de Danemark. Swante Sture et Sténon Sture le jeune, administrateurs de la Suède. Guerre entre les deux pays. — Sur ces entrefaites mourut Christian (1481), et le prince Jean, son fils, fut proclamé roi des trois royaumes, après avoir juré de donner les emplois à la noblesse et de maintenir les priviléges de l'Église. Les nobles de Suède, ennemis secrets de Sténon, appelèrent le roi Jean. Sténon prit les armes et alla au secours de Stockholm assiégé par ce prince. Mais cette fois la fortune trahit ses efforts : Jean, vainqueur, se fit ouvrir les portes de Stockholm, tandis que Sténon, pour éviter la captivité, se précipitait avec son cheval dans les fossés du rempart. Peu de jours après, il consentit à reconnaître le roi Jean et l'introduisit dans le château. Pour prix de cette condescendance, il fut nommé grand chambellan et l'un des quatre gouverneurs de la Suède. Swante Sture, le fils de Nils Sture, reçut le titre de grand maréchal.

Le départ du roi fut le signal de nouveaux troubles. Sténon Sture reprit les armes pour se remettre en possession de l'autorité et parvint à chasser les Danois de la Suède ; il sut conserver le pouvoir jusqu'à sa mort, arrivée en 1503. Son successeur

Swante Sture, maréchal du royaume, déjoua toutes les tentatives du roi de Danemark et gouverna la Suède pendant neuf ans. Il mérita la reconnaissance de ses concitoyens, et fut également regretté de l'armée et du peuple. Son fils, Sténon Sture le jeune, fut élu administrateur malgré l'opposition du conseil.

Christian II, roi de Danemark. Il s'empare de la Suède. Ses cruautés. — Quelques mois après, le roi Jean laissait le trône de Danemark à son fils Christiern ou Christian II, qui héritait en même temps des prétentions de son père à la couronne de Suède. Ce jeune prince, surnommé depuis le Néron du Nord, avait signalé ses premières années, comme le Néron romain, par des vertus et des bienfaits : il encourageait l'agriculture, et se montrait le père des sujets dont il allait bientôt devenir le tyran.

En Suède, Gustave Troll, archevêque d'Upsal, d'une famille qui avait toujours été hostile à celle des Sture, favorisa les vues de Christian en prenant les armes contre l'administrateur. Sténon Sture l'assiégea dans le château de Steke, dont il s'empara, et fit déposer l'archevêque par les états, qui le déclarèrent rebelle et traître à la patrie. Sténon, après avoir vaincu les Danois une première fois, fut blessé dans une autre rencontre ; obligé de s'enfuir, il mourut dans son traîneau sur les glaces du lac Mælar.

Dès lors les Danois n'eurent plus que de faibles obstacles à surmonter. Tandis qu'une partie de la nation se soumettait à Christian, Christine Gyllenstierna, renfermée dans Stockholm, ranima le courage des citoyens et se défendit avec courage ; mais enfin il fallut capituler, et Christian entra solennellement dans la capitale de la Suède. Ce prince, déguisant ses projets sanguinaires, se montra plus affable jusqu'à l'époque du couronnement. Mais deux jours après la cérémonie, Gustave Troll, l'ancien archevêque, entra au château et demanda réparation des injures que lui avait faites Sténon le jeune. Christine, indignée, représenta que la déposition de Troll n'avait eu lieu qu'en vertu d'un décret des états signé par les premiers de la nation. Christian ordonne aussitôt l'arrestation de toutes les personnes qui ont signé le décret. Une commission nommée pour juger les coupables désignés à la vengeance du roi les condamna à mort, et quatre-vingt-quatorze des plus illustres têtes de la Suède tombèrent sur l'échafaud. Tous ceux qui manifestèrent leur pitié subirent le même sort. Le corps de Sténon Sture fut exhumé et brûlé sur la place publique. Pour inspirer la terreur de son nom, Christian parcourut le royaume, suivi d'exécuteurs, mettant à mort tous les suspects. Six cents victimes furent immolées. Le carnage principal est resté connu dans l'histoire sous le nom de *bain du sang*.

Gustave Wasa. Sa captivité ; sa fuite ; ses périls, ses succès. — Ces crimes ne devaient pas rester impunis : ils amenèrent la ruine du pouvoir de Christian et la délivrance de la Suède. Le libérateur de cette contrée fut Gustave Wasa. Emmené en Danemark par une perfidie, Gustave était enfermé au château de Kalo, sous la surveillance d'un parent, lorsqu'il apprit la mort de Sténon Sture et

Hist. Moderne.

les succès des Danois. Dès lors sa captivité lui fut à charge ; il s'échappa et parvint jusqu'à Lubeck. Les magistrats de cette ville fournirent au fugitif les moyens de passer en Suède. Ce fut au mois de mai 1520 qu'il s'embarqua sur un navire de la république et aborda près de Calmar. Ses premières tentatives furent infructueuses : on mit sa tête à prix, et il ne dut son salut qu'aux nombreux déguisements qu'il prenait chaque jour. Il se retira en Sudermanie chez un paysan, ancien domestique de son père. Ce fut là qu'il apprit la nouvelle du massacre des quatre-vingt-quatorze sénateurs, au nombre desquels se trouvait son père ; il résolut de les venger. Il se dirigea vers la Dalécarlie, croyant y trouver des cœurs plus ennemis de la tyrannie. Volé par le guide qui l'avait accompagné, il fut obligé de gagner son pain par le travail et se mit au service d'un paysan. Les granges dans lesquelles il coupait du bois et battait le blé ont été religieusement conservées, et les paysans suédois montrent avec fierté dans la forêt de Marnas les sapins sous lesquels il se cacha pendant trente-six heures. Un jour, une paysanne le reconnut au collet brodé de sa chemise, et le maître qui l'avait accueilli ne voulut plus lui donner asile. Une autre fois, blotti dans une meule de foin, atteint par les lances des soldats qui le cherchaient, il échappa à la mort comme par miracle. Mais sa présence, son séjour, étaient connus. Gustave comprit qu'il était temps de se montrer.

La fête de Noël avait attiré à Mora, chef-lieu de la Dalécarlie, un grand concours d'habitants. Gustave se fit connaître, leur rappela leurs souffrances et les exhorta à secouer le joug. Les Dalécarliens, au nombre de deux cents, le suivirent, et bientôt il fut rejoint par les partisans de la liberté, qui accoururent en foule sous ses drapeaux. L'archevêque Gustave Troll et les favoris de Christian réunirent au printemps une armée de six mille hommes et s'avancèrent au-devant des rebelles. Un évêque danois s'informa du nombre des paysans : « La levée en masse de la Dalécarlie monte à vingt mille hommes, lui répondit-on. — Et de quoi vivent-ils ? — Ils boivent de l'eau et mangent du pain d'écorce. —Mes frères, s'écria l'évêque, le diable lui-même ne pourrait rien contre ceux qui se contentent de bois et d'eau pour nourriture ; quittons la partie. » Mais il était trop tard : Gustave et ses Dalécarliens attaquèrent l'ennemi et remportèrent la victoire. La prise de Westeras, suivie de celle d'Upsal, changea les dispositions de la noblesse, qui jusque-là avait tenu pour Christian : soixante et dix seigneurs offrirent la couronne à Gustave, qui se contenta du titre d'administrateur du royaume.

Gustave Wasa élu roi de Suède. Ses institutions. — Au commencement de 1522, trois villes seulement restaient aux Danois : Abo, Calmar et Stockholm. Cette dernière ville résista deux années, et se rendit enfin lorsqu'elle eut été séparée de la mer par un pont de bateaux. Alors seulement Gustave accepta le titre de roi de Suède, et s'occupa désormais de réparer les désordres causés par la guerre civile.

Cependant les crimes et les revers de Christian avaient fatigué les Danois eux-mêmes. Les deux ordres tout-puissants du clergé et de la noblesse se déclarèrent contre lui ; poussés en secret par Frédéric, duc de Holstein, ils signifièrent au roi l'acte de sa déposition. Christian n'essaya pas de résister; il se retira en Flandre dans les États de Charles-Quint, son beau-frère, abandonnant à Frédéric les couronnes de Danemark, de Norwége et de Suède.

Mais le titre de roi de Suède n'était qu'un vain nom : Gustave affermissait son autorité de jour en jour dans cette contrée. Il résolut d'abattre la puissance du clergé catholique. A la faveur des guerres civiles, les nouvelles opinions religieuses avaient pénétré en Suède et s'y étaient assez rapidement répandues. Gustave accueillit avec distinction deux disciples de Luther, dont les prédications commencèrent en Suède la réforme religieuse, qui fut définitivement réglée par la grande assemblée de Westeras en 1527. Les états reconnurent au roi le droit de réunir à la couronne les châteaux forts des évêques et de fixer les traitements du clergé.

Ces dispositions furent aussitôt mises en vigueur. Gustave, après avoir étouffé les murmures que soulevaient les innovations religieuses, s'occupa d'encourager le commerce dans son royaume, et le soin qu'il donna à cette branche importante du revenu public contribua puissamment à la décadence des villes anséatiques, qui jusqu'alors s'enrichissaient aux dépens de la Suède. Gustave créa une marine et fit respecter le pavillon suédois sur la Baltique. Enfin, c'est encore à lui que la Suède doit son organisation militaire et la création d'une armée permanente. Il fut récompensé de ses travaux par une déclaration des états assemblés à

Œrebro, qui rendirent la couronne héréditaire dans sa famille. Gustave Wasa mourut en 1560, âgé de soixante et dix ans, et eut pour successeur son fils Éric XIV.

Déposition de Christian II. Frédéric I***er*****. Christian III.**
— Christian, après un exil de dix années, essaya de remonter sur le trône de Danemark. Cette tentative ne fut pas heureuse : vaincu et contraint de se rendre, il fut emprisonné au château de Sunderbourg, dans l'île d'Alsen, où il languit vingt-sept années. Frédéric I*er*, débarrassé de ce rival, entra dans la ligue de Smalkalde, et assembla les états du royaume à Odensé pour établir les limites de la réforme religieuse en Danemark. La mort le surprit au milieu de ces innovations. La noblesse, devenue toute-puissante, refusa de proclamer roi le prince Christian III, fils aîné de Frédéric, et résolut de démembrer le royaume. Les Lubeckois, toujours prêts à profiter des troubles de leurs voisins, voulurent perpétuer cette anarchie, et ils chargèrent un illustre aventurier, le comte Christophe d'Oldenbourg, de faire la guerre. Le comte entra dans le Danemark en soulevant les paysans contre les nobles et les catholiques contre les réformés. Les désordres, les malheurs de cette révolution furent tels, que la *guerre du Comte* est restée une expression proverbiale dans le pays. Les sénateurs, fatigués de cet état de choses, rappelèrent Christian III, qui, après avoir chassé les ennemis, devint paisible possesseur du Danemark et de la Norwége.

Questionnaire.

L'union de Calmar dura-t-elle longtemps? — Quel roi se donnèrent les Suédois? — Qui fut élu roi de Danemark? — Quel fut le résultat de la guerre entre la Suède et le Danemark? — Par quelle mesure Christian signala-t-il le début de son règne? — A qui Charles laissa-t-il le pouvoir? — Sous quel nom Sténon Sture fut-il proclamé? — N'eut-il pas à combattre les Danois? — Quels abus réprima Sténon? — Qui succéda à Christian? — Par qui Jean fut-il appelé en Suède? — Que fit Sténon? — Ne fut-il pas obligé de reconnaître le roi Jean? — A quelle occasion Sténon Sture reprit-il les armes? — Quel fut son successeur? — Comment se conduisit Swante Sture? — Qui fut élu administrateur après lui? — Quel fut le successeur du roi Jean? — Comment Christian II commença-t-il son règne? — Quels furent les résultats de la guerre entre Sture et les Danois? — Par qui fut défendu Stockholm? — Racontez la conduite de Christian en Suède. — Qui délivra la Suède? — Racontez les aventures de Gustave Wasa jusqu'au moment où il prit les armes. — Quelle armée eut-il à combattre? — Quelle fut l'issue de la bataille? — Quelles villes se déclarèrent pour Gustave? — Quel titre reçut-il d'abord? — Ne fut-il pas ensuite élevé au trône? — Quel fut le sort de Christian? — Par qui fut-il remplacé sur le trône de Danemark et de Norwége? — Quels changements Gustave introduisit-il en Suède? — Quelles institutions lui sont dues? — Christian n'essaya-t-il pas de reprendre son trône? — Quel fut le résultat de cette tentative? — Le fils de Frédéric fut-il reconnu roi? — Comment se conduisirent les Lubeckois? — Par qui Christian III fut-il alors rappelé?

CHAPITRE XIII.

De l'Angleterre depuis l'avénement de Henri VIII jusqu'à Édouard VI (1509-1553). — De la réforme en Angleterre.

Henri VIII. Anne de Boleyn. Disgrâce de Wolsey. — Divorce et excommunication de Henri VIII. — Le schisme anglican ou la réforme en Angleterre. Révolte des comtés du Nord. — Cruautés de Henri VIII. Révolte de l'Irlande. Guerre avec l'Écosse. — Édouard VI. Sommerset régent. Bataille de Pinkey. — Warwick régent. Son ambition.

Henri VIII. Anne de Boleyn. Disgrâce de Wolsey. — Henri VIII succéda à Henri VII en 1509. Les dix premières années de son règne furent consacrées à son intervention dans les guerres d'Italie et dans les démêlés de François Ier et de Charles-Quint. Les faits de cette période nous sont déjà connus. Henri VIII avait épousé en 1502 Catherine d'Aragon, veuve de son frère Arthur, prince de Galles. De cette union il ne resta au roi qu'une fille, Marie Tudor, qui depuis fut reine. Ce fut après plus de vingt ans de mariage que le roi éprouva ou feignit d'éprouver quelques scrupules, et songea à rompre les liens qui l'unissaient à Catherine d'Aragon.

Il y avait alors à la cour une jeune fille pleine d'esprit et de grâces, dame d'honneur de la reine Catherine : elle se nommait Anne de Boleyn. Henri VIII résolut de l'élever au trône et au rang d'épouse, et sollicita du pape Clément VII une sentence de divorce. Le pape, qui était alors prisonnier des troupes de Charles-Quint, donna pleins pouvoirs au cardinal Wolsey pour examiner la question; puis, devenu libre, il révoqua ces pouvoirs et se réserva le droit de juger une question aussi grave. Ces délais irritèrent vivement Henri VIII : sa colère, ne pouvant atteindre le pape, frappa le premier ministre. Wolsey fut dépouillé de ses biens, de ses dignités, et relégué dans son archevêché d'York. La disgrâce du cardinal ne satisfit point ses nombreux ennemis : sur leurs accusations, Henri VIII le fit arrêter et conduire à la Tour pour être jugé; mais, arrivé à l'abbaye de Leicester, il mourut d'une maladie aggravée par les fatigues de la route.

Divorce et excommunication de Henri VIII. — Le crédit du cardinal Wolsey sur l'esprit de son maître avait contenu les passions fougueuses du roi : une fois affranchi de cette surveillance, Henri VIII se livra à tout l'emportement de ses caprices. Il appela près de lui un certain Thomas Cranmer, chapelain de la famille Boleyn, lui donna toute sa confiance et l'éleva à l'archevêché de Cantorbéry. Enhardi par ses conseils et par les réponses favorables des universités d'Europe, qu'il avait consultées sur la validité de son mariage, Henri VIII épousa Anne de Boleyn après avoir fait prononcer le divorce par l'archevêque de Cantorbéry. Anne de Boleyn fut reconnue publiquement et couronnée reine. A cette nouvelle, le pape cassa la sentence de Thomas Cranmer et menaça d'excommunier le roi, s'il ne reprenait sa première femme. Henri ne répondit point dans les délais fixés; le pape lança les foudres de l'Église.

Schisme anglican ou réforme en Angleterre. Révolte des comtés du Nord. — Dès lors Henri VIII ne garda plus de ménagements envers le saint-siége, et déclara sa volonté de faire communion à part. Le schisme était consommé et l'Angleterre n'était plus catholique, par un caprice de son roi. Le parlement, docile aux volontés du maître, cassa de nouveau le mariage de Catherine, légitima celui d'Anne de Boleyn, et déclara que la couronne appartiendrait aux enfants du dernier lit, au préjudice des droits de la princesse Marie. Anne de Boleyn venait de mettre au monde un enfant qui fut depuis Élisabeth, et qui reçut à sa naissance le titre de princesse de Galles. Tous ces changements excitèrent de vifs mécontentements, et, parmi les hommes qui firent éclater leur courage, il faut signaler le chancelier Thomas Morus, qui, pour ne point apposer les sceaux de l'État sur un acte illégitime, résigna sa dignité. Henri le fit poursuivre, ainsi que l'évêque de Rochester, Jean Fisher, qui s'était montré très-opposé au divorce. Ils furent jetés en prison; mais leur fermeté ne se démentit pas un seul instant, et deux ans après ils furent exécutés.

Bientôt Henri VIII supprima les monastères, s'appropria leurs biens, leurs revenus, et dissipa tous ces trésors en folles prodigalités. Il fit traduire la Bible en langue vulgaire, imitant ainsi la conduite des protestants, qu'il avait autrefois si fortement blâmée : des innovations s'introduisirent dans les rites et les dogmes de l'Église d'Angleterre. La noblesse et les grands propriétaires ne virent pas ces changements sans s'émouvoir. Les provinces du Nord se montraient fidèles à l'ancienne croyance, et il y eut un soulèvement considérable. Trente mille mécontents marchèrent sur Londres pour accomplir ce qu'ils appelaient le *pèlerinage de grâce*. Henri VIII, alors sans soldats, négocia et promit d'examiner les plaintes. Puis, quand il eut rassemblé des forces suffisantes, il mit cette multitude en déroute et livra au supplice tous ceux qui tombèrent entre ses mains.

Cruautés de Henri VIII. — Cependant la femme pour laquelle le roi avait foulé aux pieds tous les devoirs fut aussi victime de ses farouches caprices. Anne de Boleyn, sur de vagues accusations, fut condamnée à mort par Henri VIII. Dans l'horreur qui la saisit, elle tomba à genoux et s'écria : « O mon Dieu, mon créateur, vous la vérité et la vie, vous savez que je suis innocente! » Malgré ses protestations, elle fut exécutée; et le lendemain, une de ses dames d'honneur, Jeanne Seymour, épousa Henri VIII. Élisabeth, fille d'Anne de Boleyn, eut le sort de Marie, sa sœur aînée; elle fut exclue du trône par un acte du parlement, et on assura la succession à la postérité de Jeanne Seymour.

Henri VIII fit adopter par le parlement le *bill* ou ordonnance établissant les principaux dogmes de la réforme anglicane, qui s'éloignait sur plusieurs points de la réforme adoptée en Allemagne. Mais à ce bill était attachée la sanction qui lui a fait donner le nom de *statut de sang* : il défendait de nier certains articles sous peine d'être brûlé vif. Non moins tracassier que cruel, le roi disputait quelquefois en personne contre les docteurs. Un ancien maître d'école, nommé Lambert, ayant été poursuivi pour avoir discuté un des articles de foi de la religion nouvelle, Henri VIII argumenta pendant cinq heures contre lui. De guerre lasse, il lui laissa le choix de s'avouer vaincu ou de mourir : Lambert préféra la mort et fut conduit au supplice. Par un autre jugement non moins impie que bizarre, saint Thomas de Cantorbéry, mort en 1170, eut à se justifier d'un crime de trahison et fut condamné par défaut : les reliques furent jetées dans un bûcher, et la châsse qui les renfermait fut confisquée au profit du souverain.

En 1540, Henri VIII se maria pour la quatrième fois. Jeanne Seymour était morte en donnant le jour à un fils qui fut nommé Édouard. La nouvelle épouse du monarque fut Anne de Clèves, qu'il prit bientôt en aversion, et il fit tomber toute sa colère sur Cromwell, qui lui avait conseillé ce mariage. Cromwell était un homme d'une naissance obscure, que le roi avait élevé à la dignité de vicaire général pour les services personnels qu'il en avait reçus ; accusé d'hérésie et de trahison, il comparut devant la chambre des lords et celle des communes, et fut condamné à mort et exécuté. Le parlement cassa le mariage d'Anne de Clèves, et le roi prit une cinquième femme, Catherine Howard, qui périt sur l'échafaud comme l'infortunée Anne de Boleyn. Ainsi, à cette époque, l'histoire d'Angleterre n'est que l'histoire particulière d'un tyran farouche qui ne respecte aucun droit, aucun devoir. Catherine Parr remplaça Catherine Howard sur le trône d'Angleterre. Celle-ci du moins échappa à la tyrannie sanguinaire du roi, quoiqu'elle se fût hasardée à défendre devant lui les protestants; mais elle se rétracta et obtint sa grâce. Henri VIII exerçait les mêmes rigueurs et contre les catholiques qui méconnaissaient sa suprématie, et contre les protestants qui professaient des opinions contraires aux siennes.

Révolte de l'Irlande. Guerre avec l'Écosse. — Une révolte de l'Irlande et des hostilités avec l'Écosse occupèrent les dernières années du règne de Henri VIII. L'Irlande avait mal reçu les innovations religieuses; une insurrection éclata, ayant pour chef l'indigène O'Neal, qui fut battu par lord Grey, gouverneur anglais. Il se soumit et reçut le titre de comte de Tyron. Henri VIII employait ainsi la clémence contrairement à ses habitudes, mais elle réussit mieux que la rigueur. L'Irlande fut pacifiée et élevée au rang de royaume (1543). Henri VIII voulut forcer son neveu Jacques V, roi d'Écosse, à adopter ses opinions religieuses; mais le parti français qui dominait encore dans cette contrée était fortement attaché aux croyances catholiques, et le peuple écossais éprouvait une aversion invincible pour tout ce qui portait le nom anglais. Aussi Georges Douglas disait-il en parlant du roi d'Angleterre : « S'il venait ici, nos plus petits garçons lui jetteraient la pierre, et nos femmes briseraient contre lui leurs quenouilles; le peuple, les nobles, le clergé, tout est contre lui. » Jacques V refusa de changer sa croyance et de renoncer à l'alliance française. Henri VIII lui déclara la guerre; mais le roi d'Écosse mourut au commencement des hostilités, laissant pour héritière un enfant de quelques jours, Marie Stuart, qui fut placée sous la tutelle de sa mère, Marie de Lorraine, sœur des Guises. Le cardinal Beaton s'empara d'abord de la régence; mais il fut dépossédé par le comte d'Arran, dont les seigneurs écossais favorisèrent les prétentions.

En 1546, Henri VIII signa la paix d'Ardres, qui mit fin aux hostilités avec la France. L'Écosse fut comprise dans le traité, mais peut-être Henri VIII n'eut-il pas respecté cette clause, s'il ne fût mort en 1547; il était âgé de cinquante-sept ans et en avait régné trente-huit. Sous son règne, le pays de Galles, qui depuis longtemps était en proie aux désordres de la féodalité, fut incorporé au royaume d'Angleterre et soumis aux formes régulières de l'administration anglaise.

Édouard VI. Sommerset régent. Bataille de Pinkey.
— Édouard VI, fils de Jeanne Seymour, n'avait pas dix ans quand il succéda à son père. Sa majorité était fixée à dix-huit ans. Seymour, oncle maternel du jeune prince, reçut le titre de protecteur et fut créé duc de Sommerset. Partisan zélé de la réforme, il prit ses mesures pour abolir le catholicisme; il fit élever le roi son pupille dans ses doctrines, et continua les persécutions qui avaient signalé le dernier règne. Appelé en Écosse, où les prédications du réformateur Jean Knox avaient allumé la guerre civile, il se déclara pour les réformés, et vainquit les catholiques à la bataille de Pinkey; mais il fut rappelé à Londres et ne profita pas de ce succès.

Cependant le crédit de Sommerset était ébranlé par les attaques de ses ennemis, au nombre desquels se trouvait son propre frère, lord Seymour, qui aspirait au titre de régent. Sommerset, cédant aux perfides conseils du comte de Warwick, qui voulait perdre les deux frères l'un par l'autre pour s'élever par leur chute, surmonta l'horreur d'un fratricide, et déféra Seymour au parlement comme coupable de haute trahison : Seymour fut condamné à mort et exécuté. Alors Warwick, qui s'était fait de nombreux partisans, n'eut pas de peine à ruiner le crédit de Sommerset. Celui-ci, se voyant perdu, résigna ses fonctions et demanda sa grâce à genoux pour éviter le supplice. Warwick le dépouilla de ses honneurs, lui infligea une amende, et comme il n'avait plus rien à craindre d'un ennemi qui, par sa lâcheté, s'était fermé le chemin du pouvoir, il lui laissa une place subalterne dans le conseil.

Warwick régent. Son ambition. — Le premier acte du nouveau ministre fut un traité de paix avec la France. Il restitua Boulogne à Henri II, moyennant quatre cent mille écus, et poursuivit avec ardeur l'œuvre de la réforme. Le prélat Gardiner, détenu depuis deux ans à la Tour de Londres, et qui était opposé aux innovations, fut privé de son évêché; on inquiéta jusqu'à la princesse Marie elle-même, qui suivait la religion catholique.

Warwick, créé duc de Northumberland, portait ses vues plus haut. Édouard VI était d'une faible santé; ses deux sœurs avaient été exclues du trône par un acte du parlement, et, bien qu'elles eussent été ensuite réhabilitées et reconnues aptes à la succession, Warwick se prévalait de la première déclaration, et les représentait au roi comme indignes de lui succéder. La plus proche parente d'Édouard VI était la marquise de Dorset, et, après elle, Jeanne Gray, sa fille. Des lettres patentes du roi, en 1552, appelèrent au trône les héritiers de la marquise de Dorset, et aussitôt fut conclu un mariage entre Jeanne Gray et Guilford Dudley, quatrième fils de Warwick. Peu de temps après, Édouard VI mourut dans sa seizième année (1553).

Questionnaire.

Comment furent employées les premières années du règne de Henri VIII? — Quel motif l'engagea à rompre son mariage avec Catherine d'Aragon? — Le pape accorda-t-il la sentence de divorce? — Sur qui le roi fit-il tomber sa colère? — Comment fut traité le cardinal Wolsey? — A quel homme Henri VIII donna-t-il sa confiance? — Que fit le roi d'après les conseils de Cranmer? — Le parlement seconda-t-il ses projets? — Quels hommes se montrèrent opposés à ces innovations? — Quel fut leur sort? — Quelles mesures prit Henri VIII pour abolir le catholicisme? — Par quels moyens les révoltes furent-elles apaisées? — Quel fut le sort d'Anne de Boleyn? — Par qui fut-elle remplacée? — Quel nom reçut le bill adopté par le parlement pour la réforme? — Quelle fut l'épouse du roi après la mort de Jeanne Seymour? — Ne voulut-il pas faire casser ce mariage? — Sur qui fit-il tomber sa colère? — Quel fut le sort de Catherine Howard? — Par qui fut-elle remplacée? — Quels événements signalèrent les dernières années du règne de Henri VIII? — Quel âge avait son successeur? — Qui fut nommé régent? — Quelles étaient les opinions religieuses de Sommerset? — Quelle victoire remporta-t-il en Écosse? — Comment traita-t-il son frère? — Comment fut-il traité à son tour par Warwick? — Quelles mesures prit ce dernier pour assurer le trône à sa famille?

CHAPITRE XIV.

De l'Angleterre pendant les règnes de Marie et d'Élisabeth (1553-1603). — De la France sous Henri IV (1598-1610).

Angleterre. — Jeanne Gray. — Marie devient reine d'Angleterre. — Rétablissement de la religion catholique. — Avénement d'Élisabeth. — Rétablissement de la religion réformée. — Troubles en Écosse. — Établissement de l'Église presbytérienne. — Marie Stuart, reine d'Écosse. — Ses malheurs — Sa captivité en Angleterre. — Sa mort. — Déclaration de guerre de Philippe II, roi d'Espagne. — Destruction de sa flotte. — Révolte de l'Irlande. — Résultats du règne d'Élisabeth.
France. — Henri IV. — Édit de Nantes. — Traité de Vervins avec l'Espagne. — Administration et travaux de Henri IV.

Angleterre.—Jeanne Gray.—A peine Édouard VI était-il mort, que Northumberland se hâta de proclamer Jeanne Gray, qui accepta avec répugnance un titre qui ne devait lui apporter que des malheurs. « C'est un attentat, disait-elle, de bouleverser l'ordre dans la succession au trône. La couronne appartient d'abord à la princesse Marie, puis à la princesse Élisabeth; à moi après elles seulement; et me préserve le ciel de prévenir mon rang! » Marie n'avait point renoncé à ses prétentions ni fait le sacrifice de ses droits. Retirée dans le comté de Suffolk, elle réunit une armée et marcha contre Northumberland; celui-ci fut vaincu et fait prisonnier. On instruisit son procès avec celui de ses complices et on le condamna à mort. Guilford Dudley et Jeanne Gray, compris dans la sentence, furent conduits à la Tour de Londres, mais on différa leur exécution.

Marie devient reine d'Angleterre. Rétablissement de la religion catholique. — Marie voulut relever l'Église catholique : elle rétablit d'abord sur leurs siéges épiscopaux les prélats qui avaient été précédemment déposés ; les évêques du parti contraire furent persécutés. Pour faire triompher ses opinions religieuses, Marie chercha un appui dans la famille de sa mère et épousa Philippe II, roi d'Espagne et fils de Charles-Quint. Il fut stipulé dans le contrat que l'autorité resterait entre les mains de la reine, que nul étranger ne posséderait de charges dans le royaume, et que les enfants issus du mariage hériteraient de l'Angleterre, de la Bourgogne et des Pays-Bas. Malgré ces précautions et ces apparences favorables, malgré le voyage de Philippe II en Angleterre, malgré le verre de bière qu'il but solennellement à son débarquement pour s'attirer les sympathies de ses nouveaux sujets, les Anglais ne purent jamais s'attacher à ce prince, dont les mœurs n'étaient point en harmonie avec celles de la nation, et le mécontentement se manifesta par des révoltes. Marie prit le prétexte de ces révoltes pour immoler à sa haine et à sa sûreté l'infortunée Jeanne Gray et son mari. Jeanne Gray avait employé les longues heures de sa captivité à se préparer à la mort, et elle montra dans ses derniers moments une admirable résignation ; elle refusa la faveur qu'on lui avait accordée de dire un dernier adieu à son époux, disant qu'ils se rejoindraient bientôt dans un lieu où leurs cœurs seraient unis pour toujours au sein de Dieu.

Ces supplices étouffèrent la sédition, mais aliénèrent davantage les cœurs des Anglais. Marie et

Philippe II choisirent ce moment pour travailler avec un zèle trop ardent et peu éclairé au rétablissement de la religion catholique. Le parlement, toujours humble et docile, seconda leurs vues : il avait poursuivi les protestants sous Henri VIII, il les avait encouragés sous Édouard VI, il les envoya au supplice sous Marie. En vain le vertueux cardinal Pole, venu d'Italie avec pleins pouvoirs du saint-siége, recommandait l'indulgence et s'efforçait d'inspirer à Marie des sentiments d'humanité et de modération. Un autre prélat, admis également au conseil, Gardiner, homme sans caractère, qui avait souscrit à tous les projets de réforme sous les règnes précédents, combattait les mesures de tolérance et ne cessait d'exciter le ressentiment de la reine contre les hérétiques. Son avis prévalut : une sombre tyrannie enveloppa l'Angleterre. Un grand nombre de protestants périrent sur l'échafaud ou dans les flammes. Cranmer, archevêque de Cantorbéry, qui avait tant contribué à l'introduction du protestantisme en Angleterre, fut mis à la torture et abjura ses erreurs au milieu des tourments, croyant ainsi échapper au dernier supplice; mais quand il se vit attaché au bûcher et que le feu s'alluma, il étendit la main au milieu des flammes, en disant : « Cette main a péché, » et il la laissa brûler sans proférer une plainte.

Ces mesures impolitiques ne faisaient que rendre la reine de plus en plus odieuse : elle en conçut un profond chagrin, qui s'accrut encore par le départ de Philippe II. Pour occuper son esprit, elle déclara la guerre à la France en faveur de son époux, auquel elle envoya dix mille hommes qui prirent part, en 1557, à la bataille de Saint-Quentin. Mais le dernier résultat des hostilités fut la perte de Calais, que les Anglais possédaient depuis deux siècles, et que reprit le duc de Guise. Ce revers et la nouvelle du mariage de Marie Stuart, qui venait de s'unir au dauphin François II, portèrent le dernier coup à la santé déjà chancelante de la reine d'Angleterre. Elle mourut en 1558 dans les accès d'une noire mélancolie, et laissa la couronne à sa sœur Élisabeth, qu'elle détestait, et qui, longtemps gardée à vue et prisonnière, avait plus d'une fois tremblé pour ses jours.

Avénement d'Élisabeth. Rétablissement de la religion réformée. — Élisabeth, fille d'Anne de Boleyn, était protestante; elle prit, en montant sur le trône, des mesures pour détruire l'œuvre de Marie et rétablir la réforme en Angleterre. Elle convoqua un parlement qui établit la religion anglicane telle qu'elle est aujourd'hui; elle fit annuler les actes du règne précédent, et décréta qu'on adopterait les dogmes du calvinisme avec la hiérarchie catholique, le gouvernement des évêques nommés par elle. Élisabeth prit le titre de chef suprême de l'Église anglicane, dépouilla de leurs dignités et de leurs biens les prélats qui ne voulurent point abjurer leur foi, et fit publier contre les catholiques les édits les plus sévères.

Troubles en Écosse. Établissement de l'Église presbytérienne. — Pendant qu'Élisabeth était occupée de ces soins, les protestants s'agitaient en Écosse. Enflammés par les discours du fougueux Jean Knox, qui attisait sans cesse le feu de la discorde, ils s'étaient portés à de violents excès contre les catholiques. Menacés à leur tour par la régente, qui avait levé une armée pour les réduire, ils se réunirent et jurèrent une confédération ou *covenant* par lequel chaque membre s'engageait à défendre la religion réformée : ils sollicitèrent l'appui d'Élisabeth. Celle-ci saisit avec empressement l'occasion de nuire à Marie Stuart, qui avait pris le titre et les armoiries de reine d'Écosse et d'Angleterre. Elle envoya une armée en Écosse pour y affaiblir l'autorité de sa rivale. Marie Stuart, qui venait de perdre François II, son époux, et qui s'était réfugiée à Reims auprès du cardinal de Lorraine pour se soustraire à la haine de Catherine de Médicis, régente de France, assista de loin aux tristes dissensions de son royaume.

Les Écossais, à l'exemple du parlement britannique, donnèrent une constitution régulière à leur Église : alors fut établi le presbytériat ou gouvernement de simples ecclésiastiques, fondé sur une sorte d'égalité. Les évêques furent remplacés par des surintendants spirituels. En 1561, le parlement anéantit les abbayes, les cathédrales, les églises, les bibliothèques, les archives, en un mot tout ce qui appartenait au culte catholique en Écosse. Après ces actes de barbarie, les révoltés envoyèrent une députation à la reine pour la prier de revenir. Marie Stuart s'y détermina à regret, parce qu'elle aimait la France, et que sa piété s'indignait des excès des réformés. Elle demanda pour la traversée un sauf-conduit à la reine Élisabeth; celle-ci refusa, et Marie n'échappa aux vaisseaux ennemis qu'à la faveur du brouillard.

Marie Stuart, reine d'Écosse. Ses malheurs. — De nouvelles humiliations attendaient cette jeune reine qui quittait le *beau pays de France* pour aller régner sur un peuple ignorant, grossier et fanatique. Elle donna sa confiance au prieur de Saint-André, son frère, qu'elle fit comte de Murray. Elle se signala par sa modération, respecta la religion réformée; mais ses sujets ne montrèrent pas la même tolérance. Le lendemain de son arrivée, elle ne put entendre la messe dans son palais. Son aumônier faillit être tué, et le fougueux Jean Knox osa la désigner publiquement sous le nom de Jézabel. La reine, sans appui, presque sans ressources, entourée d'une noblesse factieuse, résolut de s'allier avec Élisabeth, et lui demanda seulement la grâce d'être reconnue pour son héritière. Cette demande fut rejetée.

La reine d'Écosse se fatigua de supplier sa rivale; elle épousa le jeune Henri Darnley, son cousin. Elle pensait se l'attacher par les liens de la reconnaissance, en lui donnant le titre de roi, et elle ne fut payée que par une noire ingratitude. Darnley, soupçonneux et cruel, se montra jaloux de la faveur d'un Piémontais, David Rizzio, dont Marie Stuart avait fait son secrétaire; il le fit assassiner sous les yeux mêmes de la reine, sans égard pour ses supplications et ses larmes. Marie, sauvée des mains des meurtriers par le comte de Bothwell, s'enfuit à Dumbar, et deux mois après elle mit au monde un fils qui fut Jacques Stuart, chef de la maison royale d'Angleterre de ce nom. Bothwell, homme violent et qui ne reculait devant aucun crime, avait remplacé Rizzio dans la faveur de la reine. Dans la nuit du 9 au 10 février 1567, il fit périr Darnley en minant la maison où se trouvait le roi d'Écosse; puis il enleva la reine et la conduisit prisonnière à Dumbar. A force d'obsessions, il obtint qu'elle lui accordât des lettres de grâce et qu'elle lui donnât sa main. Marie, en épousant ce misérable, fit soupçonner qu'elle était complice du crime qui avait coûté la vie à Darnley, et depuis ce temps elle n'éprouva que des malheurs.

A peine parvenu à son but, Bothwell voulut s'assurer du jeune prince; et peut-être songeait-il à abréger les jours de cet enfant pour que la couronne lui appartînt. La noblesse indignée prit les armes en faveur de l'héritier présomptif. Bothwell et Marie Stuart marchèrent contre les révoltés; mais ils furent abandonnés de leurs troupes. Bothwell s'enfuit dans les Orcades, où il se fit pirate jusqu'au moment où, chassé de cet asile, il alla continuer ses brigandages sur les côtes de la Norvège, et finit par périr d'une mort obscure au fond d'un cachot. Marie se rendit aux confédérés et fut conduite à Édimbourg. On l'enferma au château de Lochleven sous la garde de sa belle-mère; elle fut obligée de céder la couronne à son fils, alors âgé d'un an, et d'abandonner la régence au comte de Murray. Elle parvint cependant à s'échapper de sa prison, réunit six cents hommes et tenta la fortune des armes. Vaincue et réduite à fuir encore, elle ne voulut point se remettre aux mains de ses sujets, et se confia à la générosité d'Élisabeth. A peine arrivée en Angleterre, elle demanda à voir la reine, et ne put obtenir cette faveur. Élisabeth lui fit dire qu'elle était accusée du meurtre de son époux, qu'elle devait se justifier, et elle la retint prisonnière contre les lois de l'honneur et de l'humanité.

Captivité de Marie Stuart en Angleterre. Sa mort.
— Élisabeth, alors occupée de la gloire et de l'accroissement de la puissance anglaise, voyait sa main recherchée par plusieurs princes contemporains; mais elle ne pouvait se résoudre à choisir un époux et à sacrifier sa liberté. D'un autre côté, elle s'irritait de voir les seigneurs de sa cour s'intéresser au sort de Marie Stuart. Le duc de Norfolk, qui avait demandé des secours au roi d'Espagne et au pape pour la malheureuse princesse, fut condamné au dernier supplice et exécuté. Élisabeth redoubla de rigueur contre Marie, rendit sa captivité plus dure et la fit accabler de mauvais traitements; mais sa mort n'arrivait pas assez vite au gré de ses désirs. Aussi, une conspiration ayant éclaté en 1586, Élisabeth fit presser le jugement de Marie. Quarante-deux membres du parlement et cinq juges du royaume allèrent interroger la reine d'Écosse dans sa prison à Fotheringay. Jamais procédure ne fut plus irrégulière, jamais jugement ne fut plus inique. Marie, malgré ses protestations d'innocence, malgré les intercessions de l'ambassadeur français, fut condamnée à mort. On lui refusa son aumônier, et toutes ses demandes relatives à la sépulture catholique furent rejetées. En allant au supplice, elle baisait souvent un crucifix qu'elle tenait entre les mains. Le comte de Kent, préposé à l'exécution, lui dit d'un ton farouche : « C'est dans le cœur qu'il faut avoir le Christ et non dans les mains. — C'est là aussi que je le porte, répondit-elle avec douceur, mais son image me rappelle ses souffrances. » Lorsqu'il fallut quitter ses habits, elle refusa les services

du bourreau, disant qu'elle n'était point accoutumée aux offices de pareils gentilshommes. Elle s'agenouilla en répétant plusieurs fois d'une voix ferme : « O mon Dieu, je remets mon âme entre vos mains ! » et elle eut la tête tranchée au milieu des pleurs et des sanglots de tous les assistants. Ainsi périt, le 7 février 1587, à l'âge de quarante-quatre ans, cette reine infortunée, après dix-neuf ans de captivité.

Déclaration de guerre de Philippe II, roi d'Espagne. Destruction de sa flotte. — Élisabeth, joignant la dissimulation à la cruauté, versa des larmes et laissa éclater ses lamentations quand on lui apprit la mort de la reine d'Écosse : elle menaça de sa vengeance les ministres qui avaient, disait-elle, abusé de sa confiance; mais personne ne fut dupe de cette hypocrisie. L'Europe entière se souleva d'indignation à la nouvelle de cet assassinat juridique. Jacques, roi d'Écosse, se contenta de pleurer sa mère et abandonna lâchement le soin d'une vengeance légitime. Philippe II parut plus disposé à punir la reine d'Angleterre de l'outrage fait à la majesté des rois; il songea à conquérir les États de son ennemie et rassembla, dans cette vue, une flotte formidable nommée l'*invincible*. A l'approche du danger, Élisabeth déploya le plus énergique caractère; elle passa ses troupes en revue et exalta par ses paroles leur enthousiasme et leur valeur. Les vents et les écueils combattirent pour les Anglais : la flotte *invincible* périt presque tout entière par la tempête. L'Angleterre, victorieuse de l'Espagne, goûta pendant quelque temps les bienfaits de la paix. Le chevalier Drake, un des plus hardis marins de cette époque, et quelques autres capitaines, non moins heureux que lui firent de brillantes conquêtes en Amérique, enlevèrent aux Espagnols les trésors du Mexique et du Pérou et allèrent jusque dans Cadix attaquer leurs ennemis.

Révolte de l'Irlande. Résultats du règne d'Élisabeth. — La révolte des Irlandais, de tout temps irréconciliables ennemis de l'Angleterre, quoique soumis en apparence, causa de vives inquiétudes à la reine sur la fin de son règne. Le comte d'Essex, favori d'Élisabeth, envoyé dans ce pays en qualité de vice-roi, ne put comprimer les mécontents et perdit les bonnes grâces de sa souveraine. Le dépit qu'il en éprouva lui fit prêter l'oreille à de perfides conseils, et il entama une correspondance secrète avec le roi d'Écosse. Ses menées furent découvertes : Essex fut condamné à mort et exécuté en 1601; il était à peine âgé de trente-quatre ans. Depuis ce moment, la reine devint sombre et fut en proie à une profonde tristesse; elle fut prise d'une maladie de langueur, et mourut, le 24 mars 1603, à l'âge de soixante et dix ans.

Le règne d'Élisabeth avait jeté le plus vif éclat. La puissance royale s'était accrue et fortifiée entre ses mains. Elle protégea l'agriculture et le commerce, rétablit l'ordre dans les finances, acquitta les dettes publiques sans augmenter les impôts, et donna enfin à la marine anglaise ces développements et cette impulsion dont elle a profité depuis avec tant de succès. Mais si l'on doit louer dans Élisabeth quelques grandes qualités, on peut aussi lui reprocher, outre sa vanité et son esprit vindicatif, de n'avoir pas donné à ses États une base de justice régulière et de n'avoir pas compris la tolérance et la liberté.

France. — Henri IV. Édit de Nantes. Traité de Vervins avec l'Espagne. — Pendant que l'Angleterre voyait sa puissance s'augmenter, la France, sous Henri IV, se relevait des maux qu'elle avait soufferts au milieu des guerres civiles. Ce prince, à force de patience, de courage et de sacrifices, était parvenu à pacifier son royaume à l'intérieur et à l'extérieur : en 1598, il avait signé avec l'Espagne le traité de Vervins, dont les conditions furent avantageuses pour la France; la même année, il avait mis un terme aux guerres de religion, en promulguant l'édit de Nantes, qui accordait aux protestants l'exercice public de leur culte et l'admission aux emplois et aux charges de l'État.

Administration et travaux de Henri IV. — Dans les douze années qui s'écoulèrent depuis le traité de Vervins jusqu'à la fin de son règne, Henri IV put s'occuper du bonheur de ses sujets et porter remède à tous les maux. Il fut puissamment secondé dans ces glorieux travaux de la paix par Sully, son ministre et son ami le plus fidèle. Les finances étaient surtout dans un effroyable désordre : Sully, par sa sévérité et son économie, réforma les abus; en peu de temps, les revenus de l'État furent considérablement augmentés et les impôts diminués. L'agriculture fut principalement encouragée.

Grâce à cette sage administration, Henri IV put entreprendre de grands travaux. Les places fortes furent réparées, les magasins et les arsenaux remplis, les routes entretenues et plantées d'arbres. La marine fut rétablie, et deux colonies furent envoyées au Canada et à la Guyane, en Amérique. Henri IV fit creuser le canal de Briare, qui unit la Seine à la Loire, continua le Louvre, acheva le pont Neuf et fit construire l'hôpital Saint-Louis et l'école militaire de la Flèche. Le commerce et les arts reçurent des encouragements; les sciences et les lettres furent en honneur.

La France, tranquille et florissante au dedans, était respectée au dehors : sa médiation était recherchée par les nations étrangères. Depuis longtemps Henri IV s'occupait avec Sully des moyens de combattre et d'abaisser la maison d'Autriche, qui aspirait toujours à la domination universelle; il voulait affranchir les Pays-Bas et l'Italie du joug de cette puissance. Tout était prêt pour l'exécution de ces grands desseins; déjà une armée se mettait en marche, et Henri IV, après avoir confié la régence à la reine, Marie de Médicis, allait en prendre le commandement, lorsque, le 14 mai 1610, il périt sous les coups d'un assassin, appelé François Ravaillac.

Questionnaire.

Qui fut proclamée reine après la mort d'Édouard VI? — Que fit Marie? — Quel fut le sort de Northumberland? — De quels soins s'occupa Marie au commencement de son règne? — Qui épousa-t-elle? — Comment se manifesta le mécontentement? — Quelles victimes furent immolées à la sûreté de Marie? — Par qui cette reine fut-elle secondée pour détruire la réforme? — Comment périt Cranmer? — Quels événements signalèrent la fin du règne de Marie? —

A qui laissa-t-elle la couronne? — Quelles mesures prit d'abord Élisabeth? — Que se passait-il alors en Écosse? — Que fit Élisabeth? — Où était alors Marie Stuart? — Comment échappa-t-elle aux vaisseaux d'Élisabeth? — Put-elle pratiquer librement sa religion dans son royaume? — A qui donna-t-elle sa main? — Comment se conduisit Darnley? — Quel homme sauva Marie des mains des meurtriers? — Quelle fut la conduite de Bothwell? — Pourquoi la noblesse prit-elle les armes contre lui? — Quel fut le sort de cet homme? — Quelle résolution prit Marie Stuart? — Racontez la captivité, le procès et les derniers moments de cette reine. — Quel projet forma Philippe II? — Comment se conduisit Élisabeth dans ces circonstances? — Quel fut le sort de la flotte *invincible*? — A qui Élisabeth confia-t-elle la mission de soumettre l'Irlande? — Le comte d'Essex réussit-il? — Quel fut son sort? — Élisabeth lui survécut-elle longtemps? — Quelles améliorations sont dues au règne d'Élisabeth? — Quelles mesures prit Henri IV pour pacifier la France? — Par qui fut-il secondé dans ses travaux? — Quels étaient ses projets? — Comment périt ce bon prince?

CHAPITRE XV.

De l'Angleterre pendant le règne de Jacques Ier et les premières années du règne de Charles Ier (1603-1640).

Caractère du roi Jacques. — Conspiration des poudres. — Révolte de trois comtés. — Georges Villiers. — Pacification de l'Irlande. — Guerre extérieure. — Avénement de Charles Ier. — Opposition des parlements. — Assassinat de Buckingham. — Mesure violente prise par Charles Ier. — Révolte en Écosse. — Assemblée du long parlement.

Caractère du roi Jacques. — Jacques VI, roi d'Écosse et fils de Marie Stuart, succéda à Élisabeth sous le nom de Jacques Ier. En lui commence la dynastie des Stuarts. De son règne date la résistance des parlements à la couronne, et cette lutte qui devait finir par l'expulsion des Stuarts. La longue durée du règne précédent avait fatigué l'obéissance de la nation, et le caractère du nouveau monarque était peu fait pour ranimer l'enthousiasme éteint. Jacques 1er avait trente-sept ans. Timide à force de circonspection, prudent jusqu'à la lâcheté, il s'occupa plutôt de sciences et de disputes théologiques que de gouvernement. Ce roi, qui aurait eu besoin d'une fermeté énergique pour étouffer les semences de révolution qui germaient autour de lui et pour contenir le fanatisme des calvinistes puritains, ne montrait que de l'indécision et de la faiblesse et pâlissait devant une épée. Les Anglais virent de mauvais œil un roi qui ne s'entourait que d'Écossais, et qui prodiguait à ces derniers les dignités et les honneurs.

Conspiration des poudres. — Jacques, fils d'une mère catholique, signala son avènement au trône par des persécutions contre les catholiques. Un édit du 22 février 1605 condamna au bannissement tous les missionnaires. Un certain Catesby, qui se trouvait au nombre des victimes, forma un complot connu dans l'histoire sous le nom de *conjuration des poudres*. Son projet était d'exterminer d'un seul coup le roi, la famille royale, toute la cour et les deux chambres, celle des lords et celle des communes, c'est-à-dire tous ceux qui faisaient exécuter les lois pénales contre les catholiques. Catesby s'associa quelques amis, et loua près du palais de Westminster une maison vacante.

Ils parvinrent à déposer trente-six barils de poudre sous la salle où devaient se tenir les parlements : l'explosion eût fait sauter l'assemblée entière. Tout était prêt. Une lettre anonyme, écrite par l'un des conjurés à un de ses amis pour le détourner de se rendre au parlement, éveilla les soupçons. Toutes les caves furent visitées, et à l'entrée de celle qui était au-dessous de la chambre fut découvert un artificier qui, peu d'heures après, devait mettre le feu à la mine. Quelques paroles arrachées à cet homme dans les tortures mirent sur la trace des coupables. Catesby et ses complices quittèrent Londres. On envoya à leur poursuite. Ils furent atteints près d'un château où ils s'étaient donné rendez-vous, et se défendirent vaillamment ; quelques-uns furent faits prisonniers et exécutés.

Révolte de trois comtés. — Jacques Ier, depuis trois ans qu'il régnait, n'avait cessé de perdre dans l'opinion publique. La chasse et des combats de coqs se partageaient ses journées ; sa légèreté, ses folles dépenses, son goût pour les plaisirs de la table, ne lui attiraient que le mépris de ses sujets et excitaient le mécontentement. Une insurrection éclata au cœur du royaume. En 1607, de nombreux rassemblements d'hommes, de femmes et d'enfants se formèrent dans les comtés de Northampton, de Warwick et de Leicester, et devinrent menaçants. Jacques fit doubler les gardes du palais, appela les nobles sous les armes et les envoya contre les rebelles, avec ordre de les poursuivre et de les massacrer. L'insurrection fut noyée dans des flots de sang.

Georges Villiers. — Jacques se laissait dominer par ses favoris. Il avait distingué un jeune homme nommé Robert Carr, issu d'une famille qui avait souffert pour Marie Stuart. Son esprit et ses grâces extérieures lui gagnèrent promptement l'affection du roi; il fut fait vicomte de Rochester, puis comte de Sommerset et grand chambellan. Mais, à peine arrivé au comble du pouvoir, il en fut renversé : un nouveau favori le remplaça dans les bonnes grâces du monarque; ce fut Georges Villiers, si célèbre depuis sous le nom de Buckingham. La fortune de cet homme fut incroyable : il domina non-seulement Jacques Ier, mais encore Charles Ier, le fils et le successeur de Jacques. Créé successivement baron, comte, marquis, duc, grand écuyer, grand amiral, Buckingham posséda bientôt toutes les grandes charges du royaume, et Jacques, qui ne pouvait se séparer de lui, lui donna même l'intendance des plaisirs et des divertissements. Aussi les bals, les mascarades, les fêtes, se succédaient rapidement à la cour. Mais toutes ces folles prodigalités étaient peu faites pour rendre au roi l'affection de son peuple.

Pacification de l'Irlande. — Jacques mérita plus d'honneur quand il voulut soumettre l'Irlande à son gouvernement. Ce malheureux pays avait été, sous Élisabeth, déchiré par des guerres sanglantes. Malgré la loi qui avait aboli le catholicisme, les principaux citoyens et les magistrats étaient restés secrètement attachés au culte de leurs pères. Aussi, à la mort d'Élisabeth, le catholicisme fut rétabli publiquement, malgré les efforts du lord gouverneur de l'île. Les Irlandais, voyant qu'on se disposait à les réduire par les armes, se préparèrent à la résistance. Mais Jacques, qui espérait les soumettre par des moyens de douceur, aima mieux chercher à civiliser l'Irlande : il envoya un nouveau gouverneur, avec l'ordre de ne pas mécontenter les esprits, et celui-ci exécuta les intentions de son maître avec une telle prudence, que les Irlandais s'accoutumèrent peu à peu au frein des lois, et que, du vivant de Jacques, la paix ne fut plus troublée parmi eux.

Guerre extérieure. — Peu après Jacques fut engagé dans une guerre extérieure, et forcé, pour défendre la cause de son gendre, l'électeur palatin, de prendre part aux hostilités qui éclatèrent en Allemagne. L'électeur avait perdu la couronne de Bohême et ses États héréditaires, que lui avait enlevés l'empereur Ferdinand II. Malgré les liens qui l'attachaient au roi d'Angleterre, il n'eût peut-être pas trouvé un appui dans son beau-père si les Anglais n'eussent forcé Jacques Ier à lui envoyer quelques secours; mais ces secours furent insuffisants pour relever ses affaires.

Le roi Jacques était peu belliqueux, mais fort érudit, ou du moins il voulait passer pour savant : il aimait à parler latin, et s'amusait à publier des ouvrages de controverse bizarrement intitulés et bizarrement écrits. Cette manie et ces prétentions lui attiraient des critiques sévères : Henri IV, roi de France, l'appelait *maître Jacques*, et ses sujets ne lui donnèrent pas des titres plus flatteurs. Élisabeth avait mis sa gloire à élever la nation; Jacques sembla prendre à tâche de l'humilier, et mérita cette épigramme d'un auteur contemporain : *Rex fuit Elisabeth, nunc est regina Jacobus;* « Élisabeth fut un roi, Jacques n'est qu'une reine. » Jacques mourut en 1625, après avoir obtenu pour son fils Charles la main de la princesse Henriette de France, fille de Henri IV.

Avénement de Charles Ier. — Charles Ier, fils et successeur de Jacques Ier, monta sur le trône à l'âge de vingt-cinq ans. La politique anglaise resta la même, les ministres conservèrent leurs fonctions, et le favori de Jacques Ier fut aussi celui de Charles Ier, et jouit même sous ce prince d'un crédit plus illimité. Charles Ier se laissa aller aux conseils de Buckingham avec toute la confiance et la crédulité d'un jeune homme. L'un des premiers soins du nouveau roi fut de conclure son mariage avec la princesse Henriette, et Buckingham alla chercher en France la nouvelle reine d'Angleterre. Cette princesse fut accompagnée par sa mère, Marie de Médicis, et sa belle-sœur, Anne d'Autriche, jusqu'au bord de la mer; Charles alla recevoir à Douvres son épouse, et le lendemain il convoqua un parlement, auquel il demanda les subsides nécessaires pour célébrer les fêtes de son mariage et payer les dettes de son père.

Opposition des parlements. Assassinat de Buckingham. — Charles possédait mieux que Jacques Ier les qualités qui concilient à un souverain l'estime et l'affection des peuples. Mais l'autorité royale avait été fort affaiblie sous le règne précédent; des idées républicaines agitaient déjà toutes les têtes. Les communes anglaises avaient acquis une grande importance, et, enhardies par le sentiment de leur force, elles se montraient hostiles au gouvernement et commençaient à faire entendre une voix menaçante. Le jeune prince voulut s'arracher à une sujétion qu'il regardait comme humiliante : il rencontra une résistance aussi forte que son courage, et finit par succomber dans la lutte.

Le premier parlement qui fut assemblé laissa échapper quelques plaintes et demanda le redressement des griefs publics. Le second dirigea ses attaques contre le duc de Buckingham, qui venait d'échouer devant la Rochelle dans une expédition entreprise en faveur des protestants. Le troisième parlement, ajournant toute contestation particulière, fit entendre des cris séditieux de liberté et demanda, dans la célèbre *pétition des droits*, tous les priviléges qui devaient être reconnus soixante ans plus tard. Le roi se résigna à adopter la pétition des droits, en déclarant qu'il ne prenait pas sur lui la responsabilité des événements futurs. Cette première victoire enhardit les communes : elles déclarèrent, dans une remontrance adressée au roi, que la cause des calamités publiques était l'abus que Buckingham faisait de son pouvoir. Charles prorogea alors le parlement, et s'occupa d'un nouvel armement en faveur de la Rochelle. Buckingham devait aller réparer son précédent échec. Au moment du départ, Buckingham fut frappé dans son appartement d'un coup de couteau que le meurtrier laissa dans la plaie; le duc arracha le couteau, puis tomba mort contre une table de marbre. Pendant la confusion qui suivit cet assassinat, le meurtrier avait disparu ; mais il vint bientôt se livrer lui-même, en apprenant qu'on accusait des personnes innocentes. C'était un officier irlandais, un puritain fanatique, nommé Felton : il déclara qu'il n'avait assassiné Buckingham que pour servir son pays en délivrant l'Angleterre d'un tyran.

Mesure violente prise par Charles Ier. — Le roi, fatigué de la résistance des communes, et voyant qu'elles devenaient de plus en plus hostiles, eut recours à la violence : cinq des députés les plus fougueux furent arrêtés et transférés à la Tour de Londres. Convaincu que ses adversaires conspiraient contre ses prérogatives légitimes, il voulut détruire leur espoir en gouvernant sans les chambres. Parmi les membres du conseil ou ministres était alors Thomas Wentworth, plus connu depuis sous le nom de lord Strafford. Le roi nomma archevêque de Cantorbéry son ami Laud, homme ferme et rigide, que les puritains appelaient leur ennemi. Ces deux hommes devaient payer de leur sang leur attachement à la royauté.

Charles Ier signa la paix avec la France et avec l'Espagne, et la tranquillité parut un moment rétablie en Angleterre. Mais les germes de discorde et de haine subsistaient toujours, et il ne fallait qu'une occasion pour les faire éclater. En 1634, le roi ayant établi quelques taxes nouvelles, beaucoup de citoyens refusèrent de les payer; des mesures oppressives s'ensuivirent, et la tyrannie poussa une foule d'Anglais à émigrer en Amérique. Le gouvernement crut devoir s'opposer à ces émigrations, et la destinée de Charles Ier voulut que deux fois il fit arrêter dans le port un vaisseau sur lequel

Cromwell et sa famille allaient s'embarquer : c'est Cromwell qui devait, quelques années plus tard, faire périr le roi sur l'échafaud.

Révolte en Écosse. Assemblée du long parlement. — L'orage qui grondait depuis longtemps ne tarda pas à éclater. L'Écosse donna le signal de l'insurrection ; les Écossais, à qui le gouvernement voulait imposer le code ecclésiastique suivi en Angleterre, prirent les armes et jurèrent un *covenant* par lequel ils s'engagèrent à défendre, envers et contre tous, la religion, les lois et les libertés du pays ; ils s'emparèrent des revenus de la couronne, de ses magasins et de ses places fortes. Charles marcha sur l'Écosse avec une armée de vingt mille fantassins et de six mille chevaux ; des forces considérables devaient encore le seconder. Si l'on eût attaqué sur-le-champ les insurgés, la victoire était assurée ; mais le roi, entraîné par son affection pour les Écossais, se laissa fléchir aux premiers signes d'une feinte soumission : il conclut un traité en vertu duquel il y eut une suspension d'armes, et il licencia son armée. Revenu à Londres, et ses ressources se trouvant épuisées, il fut obligé de convoquer un cinquième parlement, où il ne trouva que des sujets factieux et rebelles : cette assemblée est connue dans l'histoire sous le nom de *long parlement*.

Questionnaire.

Qui succéda à Élisabeth ? — Quelle dynastie commence avec Jacques Ier ?—Quel était le caractère du nouveau roi ? — Comment signala-t-il son avénement au trône ? — Racontez la conspiration des poudres. — Quelles étaient les occupations favorites de Jacques Ier ? — Dans quels comtés éclata une insurrection ? — Comment fut-elle apaisée ? — Par qui le roi se laissait-il dominer ? — Quelle était alors la situation de l'Irlande ? — Quel moyen Jacques employa-t-il pour la soumettre ? — Envoya-t-il des secours suffisants à son gendre, l'électeur palatin ? — Jacques savait-il se faire respecter de ses sujets ? — En quelle année mourut-il ? — Quel âge avait le successeur de Jacques Ier ? — Quel fut le premier soin de Charles ? — Quelles étaient les dispositions des esprits au moment de son avénement au trône ? — Quelles furent les demandes des premières assemblées parlementaires ? — Racontez l'assassinat de Buckingham. —Que fit le roi pour vaincre la résistance des communes ? — Quel homme était alors au nombre des ministres du roi? — Pour quel motif une foule d'Anglais s'expatrièrent-ils ? — Qui donna le signal de l'insurrection ? — Pourquoi Charles ne poussa-t-il pas la guerre avec vigueur ?—Sous quel nom est connu le parlement qu'il convoqua alors ?

CHAPITRE XVI.

De l'Angleterre pendant les dernières années du règne de Charles Ier (1640-1649).

Procès et supplice de Strafford. — Massacre des Anglais en Irlande. — Coup d'État tenté par Charles Ier. — Commencement de la guerre civile. — Olivier Cromwell. — Bataille de Newbury. — Montrose en Écosse. — Les indépendants. — Bataille de Naseby. — Charles Ier trahi par les Écossais. — Bataille de Preston. — Procès et supplice de Charles Ier.

Procès et supplice de lord Strafford. — Il y avait dans l'assemblée du long parlement, convoqué en 1640, beaucoup d'hommes modérés et de bonne foi, qui ne voulaient que restreindre sagement la puissance royale; mais le but réel et caché des principaux chefs était de la renverser et de l'anéantir. Toutefois, avant d'aller jusqu'à la personne du roi, ils attaquèrent le premier ministre, le vertueux comte de Strafford, qu'ils appelaient le *grand apostat de la cause du peuple*, parce qu'il avait consacré son zèle et ses talents à la défense de la monarchie. Un membre de la chambre des communes, nommé Pym, orateur fougueux et véhément, animé d'une haine particulière, se chargea de diriger le complot contre le ministre. Après avoir dénoncé Strafford comme traître à la patrie, il l'accusa de haute trahison devant la chambre des lords, et demanda qu'il fût à l'instant même placé sous la garde de l'huissier de la chambre. On fit droit à sa demande. Strafford fut arrêté et emprisonné. On instruisit son procès, pendant lequel la haine et la mauvaise foi de ses ennemis se manifestèrent clairement, et il fut condamné à mort. Il ne restait plus qu'à arracher le consentement du roi. Une populace armée de piques, de pioches et de bâtons se rassembla autour du palais, demandant avec des cris de rage la tête du ministre. Charles ne voulait point consentir à signer la sentence; une lettre de Strafford l'y détermina. Ce généreux ministre, s'honorant par un noble dévouement, conjurait le roi de l'abandonner à ses ennemis pour sauver son trône et sa famille. « Mon consentement vous acquittera devant Dieu, disait-il; je pardonne à tout le monde, et vous supplie seulement de jeter un regard de bonté sur mon pauvre fils et ses trois sœurs. » Les larmes de la reine achevèrent de déterminer le roi; il autorisa une commission à signer pour lui, et le 12 mai 1641 la tête de Strafford tomba sur l'échafaud. En marchant au supplice, il avait obtenu que Laud le bénît de la fenêtre de sa prison; mais le malheureux archevêque n'eut pas la force de rendre ce dernier service à son ami: en apercevant Strafford au milieu des gardes, il tomba sans connaissance sur le pavé de sa prison.

Massacre des Anglais en Irlande. — Le supplice de Strafford était un acte menaçant pour la royauté; mais la lutte allait devenir plus vive encore. Les chambres, empiétant sur les prérogatives royales, réformèrent les jugements des tribunaux ou hautes cours, et décrétèrent qu'à l'avenir les parlements ne pourraient plus être dissous que de leur propre consentement. Au milieu de ces circonstances, on apprit que les Anglais avaient été massacrés en

Irlande, et cette nouvelle irrita l'humeur séditieuse des puritains, qui prétendirent que les catholiques irlandais s'étaient soulevés en invoquant le nom de la reine et celui de son époux. En vain Charles, pour se disculper, demanda au parlement la répression de cette révolte ; le parlement enleva au roi la conduite de la guerre, et se chargea de lever des hommes et de nommer des officiers. Bientôt même les communes, mécontentes de la chambre des lords, qu'elles accusaient de lenteur et d'indécision, déclarèrent qu'elles se passeraient de son concours et adopteraient les mesures nécessaires pour le salut public de concert avec ceux des pairs qui voudraient se joindre à elles.

Coup d'État tenté par Charles I er. Commencement de la guerre civile. — Le roi, poussé à bout par une remontrance menaçante des communes, sortit enfin de sa léthargie et voulut prendre des mesures vigoureuses. Il se rendit lui-même à la chambre pour y arrêter cinq membres des communes. Il était trop tard : il échoua dans ce coup d'État, et quitta Londres à la tête de la haute noblesse pour commencer la guerre civile. C'était ce que voulait le parlement ; il savait bien que la guerre était le seul moyen de parvenir à son but, c'est-à-dire à la souveraine puissance. Le parlement et le roi avaient également dépassé les limites de leur pouvoir ; mais le peuple, à qui l'on persuadait que le roi voulait le combattre pour l'asservir, montrait des dispositions plus hostiles à la royauté. Les ressources des deux parties belligérantes étaient loin d'être les mêmes : Charles avait pour lui une noblesse divisée d'intérêts politiques et d'opinions religieuses, qui craignait, en combattant pour la cause de la royauté, de travailler contre elle-même; dans l'armée du parlement, le fanatisme religieux et politique faisait tout entreprendre. Le roi manquait d'argent, tandis que le parlement avait à sa disposition tous les revenus et toutes les caisses du royaume. Le roi avait dans les Hollandais des alliés actifs et fidèles; mais le parlement, maître de la flotte et des ports, pouvait éloigner tout secours étranger.

Charles Ier donna le commandement de son armée à son neveu, le prince Rupert ou Robert, fils de l'électeur palatin Frédéric. C'était un jeune homme plein de courage, mais qui n'avait pas assez de sang-froid; et le roi, en le mettant à la tête de ses troupes, fit une double faute : il livrait au hasard le succès de sa cause et blessait l'orgueil des seigneurs anglais, qui obéissaient à regret à un étranger. Le comte d'Essex était le chef de l'armée parlementaire. Les royalistes, enhardis par le succès de quelques escarmouches, marchèrent sur Londres et livrèrent près de Kingston, au pied d'une colline nommée Edge-Hill, une bataille dont l'issue resta indécise. D'Essex alla prendre son quartier général à Warwick, tandis que Charles se retirait à Oxford, la ville du royaume la plus dévouée à sa cause.

Olivier Cromwell. Bataille de Newbury. — En 1643, pendant que le marquis de Newcastle rétablissait dans le nord de l'Angleterre l'autorité royale, le major Cromwell, qui servait le parlement, maintint dans l'obéissance plusieurs comtés importants. Olivier Cromwell, de simple capitaine, s'était élevé par des actions d'éclat au grade de colonel, et commandait un régiment de mille hommes appelé le *régiment des saints*, dont les soldats étaient des espèces de missionnaires soumis à une discipline très-rigoureuse. Le dernier service rendu par le colonel Cromwell lui valut du parlement le grade de lieutenant général. Les soldats parlementaires opposaient l'enthousiasme religieux aux sentiments d'honneur et de fidélité qui animaient les *cavaliers :* on appelait ainsi les partisans de Charles. Les hommes du parti contraire étaient désignés sous le nom de *têtes rondes*, parce qu'ils affectaient de porter les cheveux courts.

Le 20 septembre 1643, le roi livra la bataille de Newbury, où la fortune s'unit à la cause des parlementaires, et ceux-ci poussèrent la guerre avec une nouvelle vigueur. Le prince Rupert fut défait à Marston-Moor par l'invincible opiniâtreté des volontaires de Cromwell, qui reçurent sur le champ de bataille le surnom de *côtes de fer* et mirent en pièces les drapeaux ennemis pour en orner leurs bonnets et leurs bras. La ville d'York fut perdue pour le roi ; la reine se réfugia en France. Cette princesse, d'une activité infatigable, était récemment arrivée de la Hollande, d'où elle avait envoyé à son époux des armes, des munitions et de l'argent.

Montrose en Écosse. Les indépendants. Bataille de Naseby. — Les derniers revers des royalistes parurent un instant réparés: Le comte d'Essex, un des généraux du parlement, venait de capituler dans le comté de Cornouailles. Le marquis de Montrose, l'un des plus vaillants cavaliers, avait soulevé en faveur du roi les montagnards écossais et gagné deux batailles aux portes d'Édimbourg. De là les troupes royales marchaient sur Londres, où le peuple fermait les boutiques, priait et jeûnait, lorsqu'on apprit que Charles Ier avait été battu à Newbury pour la seconde fois, et que les parlementaires ramenaient en triomphe les batteries dont ils s'étaient emparés.

Charles s'était retiré dans Oxford. Pendant ce temps, Cromwell travaillait à établir sa fortune et son pouvoir sur les ruines du pouvoir royal. Il colorait son ambition des dehors de la dévotion et du patriotisme, mais il songeait à mettre l'armée sous son influence, et il parvint à faire nommer seul général le chevalier Fairfax, qui lui était entièrement dévoué : il devint par là le maître absolu de l'armée. changea l'organisation et la discipline militaires, et nomma à son gré des officiers choisis dans le parti des *indépendants*, dont il était le chef. Charles Ier avait entamé des négociations avec les parlementaires; il les rompit en apprenant que l'archevêque Laud avait été condamné à mort et exécuté. La bataille de Naseby, perdue par les royalistes le 14 juin 1645, ruina les dernières espérances de Charles Ier. En Écosse, l'intrépide Montrose, abandonné de ses montagnards et réduit à une poignée de braves, fut obligé de quitter sa patrie.

Charles Ier trahi par les Écossais. Bataille de Preston. — Pendant ce temps, Henriette de France, digne fille de Henri IV, se multipliait, passait et repassait les mers pour aller chercher des secours à son époux, renfermé dans Oxford et menacé d'un siége par Fairfax. Charles, cédant aux conseils de l'ambassadeur français, se jeta dans les bras des Écossais, croyant que ses malheurs et sa loyauté réveilleraient le respect et l'amour de ses anciens sujets. Ceux-ci se firent céder par lui la ville d'Oxford et plusieurs autres places, et ils eurent l'infamie de le livrer au parlement d'Angleterre moyennant 400,000 livres sterling. Le parlement était presbytérien, tandis que l'armée était peuplée d'indépendants : aussi vit-elle d'un œil jaloux le roi au pouvoir de la chambre. Cromwell le fit enlever du lieu où le gardaient les commissaires du parlement et le transféra au palais de Hampton-Court; puis, apprenant que les presbytériens nouaient des négociations avec le prince, Cromwell lui fit conseiller de s'enfuir et lui indiqua l'île de Wight comme l'asile le plus sûr. Charles Ier suivit ce perfide conseil, et ne fit que changer de prison. Ces indignes traitements lui donnaient chaque jour de nouveaux partisans. Le pays de Galles, quelques comtés et une partie de la flotte se révoltèrent en sa faveur. Les Écossais eux-mêmes, pour effacer la honte de leur trahison, prirent les armes; mais Cromwell les battit à Preston le 17 août 1648 et se décida à hâter la ruine du roi.

Procès et supplice de Charles Ier. — Apprenant qu'en son absence le parlement avait voulu traiter avec Charles Ier, Cromwell leva le masque, marcha sur Londres à la tête de son armée, fit arrêter ou exclure tous les membres presbytériens du parlement, et obtint des communes ainsi mutilées la nomination de trente-huit commissaires qui devaient instruire le procès du roi. Le 20 janvier, Charles comparut devant ce tribunal inique pour entendre l'acte d'accusation, dans lequel il était appelé tyran, traître et meurtrier. Il récusa la juridiction de ses ennemis, en disant : « Je ne vois pas ici de chambre des pairs, et d'ailleurs je fais moi-même partie du parlement : l'accusation n'est donc pas légale. » Ramené devant les commissaires le 22 et le 23 janvier, Charles méconnut leur autorité, et fut enfin jugé par contumace et condamné à mort. Il reparut une quatrième fois pour entendre prononcer l'arrêt. Sa fermeté ne se démentit pas un seul moment. En sortant de la salle de Westminster, se voyant poursuivi par les clameurs de soldats apostés : « Pauvres gens! dit-il; pour un peu d'or ils en feraient autant à leurs chefs. » Un de ces misérables lui ayant craché à la figure, il dit avec douceur que le Sauveur du monde avait souffert un pareil outrage.

Trois jours s'écoulèrent entre le jugement et l'exécution. Ni les instances des ambassadeurs de France et de Hollande, ni celles des commissaires écossais, ni le dévouement des lords Richmond, Hertford, Southampton et Lindsay, ses ministres, qui demandèrent à mourir pour le roi, ne purent fléchir ses implacables ennemis. Les derniers moments de Charles Ier furent sublimes : après avoir embrassé ses enfants, il marcha à l'échafaud avec une sainte résignation. L'instrument du supplice avait été dressé devant le palais de Whitehall : ce fut là que, le 30 janvier 1649, fut exécuté Charles Ier devant un immense concours de peuple, dont le silence et la douleur même désavouaient le crime de ceux qui prétendaient avoir agi en son nom.

Questionnaire.

De quels hommes était composé le long parlement? — Racontez les circonstances du procès et de la mort de Strafford. — Par quelles mesures les communes augmentèrent-elles leur pouvoir aux dépens du pouvoir royal? — Que fit le roi? — Réussit-il dans le coup d'État qu'il avait médité? — Quelle résolution prit-il alors? — Les ressources étaient-elles égales des deux côtés? — Qui combattait pour le roi? — De quelles forces disposait le parlement? — A qui le roi donna-t-il le commandement de son armée? — Où eut lieu le premier engagement entre les deux partis? — Donnez quelques détails sur Olivier Cromwell. — Comment s'appelaient les partisans de Charles? — Sous que nom étaient désignés ceux du parlement? — Quelle bataille perdit le roi? — Où fut défait le prince Rupert? — Quelle ville importante fut perdue pour la cause royale? — Que fit Montrose en Écosse? — Quel nouveau revers éprouvèrent les armes de Charles Ier? — Quelles mesures prit Cromwell pour devenir maître de l'armée? — Quelle bataille perdit Charles Ier? — Que faisait la reine d'Angleterre pour son époux? — Où était alors Charles Ier? — Quelle détermination prit-il? — Quelle fut la conduite des Écossais? — Où le roi fut-il transféré par ordre de Cromwell? — Où se réfugia-t-il ensuite? — N'y eut-il pas un mouvement en faveur de Charles Ier? — Que fit alors Cromwell? — Comment traita-t-il le parlement? — Comment fut composé le tribunal qui devait juger le roi? — Racontez le procès et les derniers moments de Charles Ier.

CHAPITRE XVII.

De l'Espagne, du Portugal et des Pays-Bas depuis la paix du Câteau-Cambrésis jusqu'au milieu du dix-septième siècle.

Philippe II. — Révolte des Pays-Bas. — Guillaume de Nassau. — Les gueux. — Le duc d'Albe. — Mort de don Carlos. — Guerre dans les Pays-Bas. — Les sept Provinces-Unies. — Conquête du Portugal. — Assassinat de Guillaume de Nassau. — Son fils Maurice est reconnu stathouder. — Philippe III. — Expulsion des Maures. — Philippe IV. — Les Provinces-Unies reconnues indépendantes — Révolte du Portugal.

Philippe II (1556-1598). — Charles-Quint avait laissé, en 1556, à Philippe II, son fils, les États héréditaires d'Espagne, le royaume de Naples, la Sicile, la Sardaigne, le duché de Milan, les Pays-Bas et une partie des États de Bourgogne. Les vastes colonies des deux Amériques lui payaient leurs tributs. Maître des plus belles provinces des deux mondes, il disait avec raison que le soleil ne se couchait jamais dans ses États. Pour maintenir dans l'obéissance tant de peuples différents, il disposait d'une armée aguerrie, disciplinée, orgueilleuse de ses victoires, prête à lutter contre l'Europe entière.

Philippe était un prince d'une humeur sombre, d'une volonté inflexible, dédaignant toute autre langue que la langue castillane, voulant imposer partout la gravité et la régularité des mœurs espagnoles. Par un des articles du traité du Câteau-Cambrésis, il avait épousé Élisabeth de France, fille de Henri II. Revenu dans ses États pour ne plus en sortir, il éleva en mémoire de la journée de Saint-Quentin le magnifique monastère de l'Escurial, qui devint la demeure des rois.

Indépendamment de son zèle pour le catholicisme, Philippe II était l'ennemi déclaré de toute réforme religieuse; car il savait que les idées nouvelles étaient contraires au despotisme absolu, et il résolut d'employer pour les étouffer en Espagne les rigueurs et les supplices. Il usa à cet effet de l'inquisition, à laquelle il livrait ceux qui étaient soupçonnés d'hérésie. Il voulut aussi étendre cette institution aux Pays-Bas; mais il y trouva une résistance plus forte que celle qu'il avait attendue. Depuis que les différents États féodaux de cette contrée avaient été réunis par la maison de Bourgogne, ils se composaient de dix-sept provinces. Chaque localité jouissait de ses lois et de ses privilèges : partout le commerce et l'industrie se trouvaient florissants.

Révolte des Pays-Bas. Guillaume de Nassau. Les gueux. Le duc d'Albe. — Les Pays-Bas étaient alors gouvernés par Marguerite d'Autriche, duchesse de Parme, ou plutôt par son ministre le cardinal de Granvelle. Entièrement dévoué à Philippe II et fidèle exécuteur des ordres de son maître, le ministre établit l'inquisition, foula aux pieds les privilèges des habitants et les poussa par son despotisme à secouer le joug espagnol. L'insurrection éclata bientôt. Guillaume de Nassau, prince d'Orange, gouverneur de Hollande, de Zélande et d'Utrecht, le comte d'Egmont, gouverneur de Flandre et d'Artois, l'amiral de Horn, Louis de

Nassau, frère de Guillaume, étaient à la tête des mécontents; ils se réunirent à Bréda et formèrent une ligue dont les membres s'engageaient à demander l'abolition des édits contre les protestants et la réunion générale des états des provinces. « Ne craignez pas cette bande de *gueux*, » disait à Marguerite un de ses ministres en regardant défiler le cortége des nobles. Mais les mécontents acceptèrent cette injure, et le surnom de *gueux* resta le titre de gloire des confédérés qui avaient signé le compromis de Bréda.

Marguerite suspendit provisoirement les édits; mais Philippe ne fut pas de cet avis, et chargea le duc d'Albe d'aller mettre à la raison les rebelles des Pays-Bas. La révolte était devenue sérieuse : les confédérés avaient pris pour insignes une écuelle de bois et une besace, et s'étaient partagés en *gueux de terre*, *gueux de mer* et *gueux des bois*. Le duc d'Albe arriva avec vingt mille hommes. A cette nouvelle, la gouvernante résigna ses pouvoirs, ne voulant ni prêter son nom à des ordres tyranniques ni être témoin des cruautés futures. Cent mille familles réformées émigrèrent. Le général espagnol créa un tribunal appelé *conseil des troubles*, et que les Flamands nommèrent *tribunal du sang*. Ce tribunal condamna dix-huit mille personnes à mort et confisqua les biens de trente mille autres. Les plus illustres victimes furent les comtes d'Egmont et de Horn, qui, le 5 juin 1568, furent exécutés après une captivité de sept mois. Le prince d'Orange avait fui le sort qui lui était réservé, et il attendit le moment de la vengeance.

Mort de don Carlos. Guerre dans les Pays-Bas. — Pendant que le duc d'Albe faisait tomber sous la hache du bourreau les têtes des comtes d'Egmont et de Horn, Philippe II condamnait à mort l'infant don Carlos, son fils. Trois mois après, la reine d'Espagne, qui avait été fiancée d'abord à ce jeune prince avant de devenir l'épouse de Philippe II, mourut emportée par la douleur ou peut-être empoisonnée par son mari. Le supplice de don Carlos aigrit le ressentiment des Pays-Bas, dont l'infant avait plaint la misère. Ce fut alors que Guillaume d'Orange crut l'occasion favorable pour se montrer. Il entra dans le Luxembourg et joignit ses troupes à celles de son frère Louis de Nassau. Leurs premières tentatives furent malheureuses. Le duc d'Albe, vainqueur en plusieurs rencontres, se fit ériger à Bruxelles une statue avec les canons ennemis : deux figures étendues à ses pieds représentaient le peuple et la noblesse. Le prince d'Orange, battu sur terre, essaya de créer une marine dans les Pays-Bas. Puissamment secondé par les gueux marins, il parvint à s'emparer de plusieurs ports de mer, et fut proclamé stathouder des quatre provinces de Hollande, Zélande, Frise et Utrecht.

Presque à la même époque, les **Maures d'Espagne**, redoutant la tyrannie de Philippe II, se soulevèrent et appelèrent à leur aide les Turcs et le roi de Maroc ; mais personne ne répondit à cet appel. Abandonnés à leurs propres forces, et après deux années d'une guerre acharnée, ils furent défaits par le frère de Philippe II, don Juan d'Autriche, qui les transféra dans la Castille, et qui gagna peu de temps après sur les Turcs la bataille navale de Lépante, où il détruisit leur flotte dans le golfe de ce nom (1571).

Les sept Provinces-Unies. — Requesens, qui avait remplacé le duc d'Albe dans les Pays-Bas, n'avait ni le courage ni les talents militaires de son prédécesseur : il ne sut pas contenir dans les bornes de la subordination les troupes espagnoles elles-mêmes, et céda la place au célèbre don Juan d'Autriche, qui, par des mesures adroites, calma d'abord les esprits. Mais bientôt les insurgés, jaloux de leur liberté, appelèrent l'archiduc Mathias, qu'ils proclamèrent gouverneur, pour l'opposer à don Juan. Guillaume de Nassau, sacrifiant son ambition personnelle, se réunit à Mathias pour combattre et vaincre don Juan, qui mourut quelque temps après, empoisonné, dit-on, par ordre de Philippe II. Alexandre Farnèse, duc de Parme, petit-fils de Charles-Quint par sa mère, prit alors le commandement des troupes espagnoles et ramena dans le devoir les provinces méridionales. Quant aux provinces du nord, séparées désormais de l'Espagne, elles formaient déjà un État indépendant, grâce à l'habileté de leur stathouder ; réunies au nombre de sept, sous le nom de Provinces-Unies, elles jurèrent dans Utrecht une union indissoluble (1579).

Conquête du Portugal. — Philippe II se dédommagea de la perte de sept provinces par la conquête d'un royaume. Le roi de Portugal, don Sébastien, était mort en Afrique (1578), où il était allé combattre les Maures. Son grand-oncle paternel, le cardinal dom Henri, monta sur le trône; il était âgé de soixante et dix ans, et mourut avant d'avoir réglé sa succession. Philippe II, substituant la force au droit, fit envahir le royaume par le duc d'Albe, et se rendit lui-même à Lisbonne (1581) pour recevoir les serments de ses nouveaux sujets. Il répandit des flots de sang en Portugal; des complots menaçaient sa vie, et il retourna en Espagne, laissant à des gouverneurs le soin d'appauvrir la terre conquise.

Assassinat de Guillaume de Nassau. Son fils Maurice est reconnu stathouder. — Philippe II se flattait de recouvrer aussi facilement les Pays-Bas, et les premiers succès d'Alexandre Farnèse purent lui faire concevoir la réalisation de ses espérances. Il voulut d'abord se débarrasser de Guillaume de Nassau, qu'il regardait comme le principal obstacle à ses projets, et il mit sa tête à prix. Un fanatique, nommé Balthazar Gérard, accomplit les vœux du roi d'Espagne, en tuant à Delft (1584) le fondateur de la nouvelle république. Cet assassinat fut inutile : Maurice de Nassau, fils du prince d'Orange, fut immédiatement reconnu stathouder par les états de Hollande, et bientôt après par les sept provinces. Gand, Bruxelles, Malines, Anvers, tombèrent au pouvoir des confédérés; en même temps la reine d'Angleterre, Élisabeth, leur envoya six mille hommes commandés par le comte de Leicester.

Ce fut alors que Philippe, pour se venger de la reine d'Angleterre, envoya contre elle cette flotte, surnommée l'*invincible*, qui fut détruite par la tempête, et dont la perte fut un malheur irréparable pour l'Espagne. Philippe II, engagé dans une guerre avec la France, ne fut pas plus heureux de ce côté. Henri IV entra dans Paris malgré les armes espagnoles, et s'allia solennellement aux Provinces-Unies; la puissance des Hollandais prit sous Maurice un tel accroissement, que lorsque la paix de Vervins eut réconcilié, en 1598, la France et l'Espagne, la privation de leurs alliés ne les fit pas retomber sous le joug. Philippe II lui-même sembla reconnaître l'inutilité de ses efforts, et se débarrassa de la souveraineté des Pays-Bas, qu'il transféra à sa fille Isabelle et à l'archiduc Albert d'Autriche, son époux. Toutefois, voulant ruiner le commerce des Hollandais, qui venaient s'approvisionner des denrées de l'Inde aux marchés de Lisbonne, il interdit à leurs vaisseaux l'entrée du port de cette ville. Mais il ne fit que préparer la ruine des colonies espagnoles en Asie; car les Hollandais envoyèrent chercher aux Indes orientales ce qu'ils ne pouvaient plus se procurer en Europe. Philippe II mourut en 1598, emportant dans la tombe le surnom de *démon du Midi* et l'exécration des peuples. Il léguait à son fils Philippe III un royaume épuisé par les efforts incroyables qu'il avait faits pour maintenir son pouvoir absolu.

Philippe III. Expulsion des Maures. —Philippe III ne gouverna point par lui-même; il abandonna le soin des affaires à son favori, le duc de Lerme, qui était lui-même gouverné par un intrigant nommé Rodrigue Caldérone. La guerre fut continuée dans les Pays-Bas. Le marquis Ambroise Spinola, chargé de soutenir l'honneur des armes espagnoles, s'immortalisa par la prise d'Ostende (1604) ; mais Maurice de Nassau, qui dirigeait les opérations des Hollandais, sut inspirer à ses soldats une énergie supérieure aux talents du général Spinola et déconcerta toutes les vues de la maison d'Autriche. Après avoir conquis leur indépendance, après s'être agrandis au dehors, et par la voie du commerce et par celle des armes, ces anciens *gueux* devinrent à leur tour les facteurs des nations et répandirent en Europe toutes les productions du globe. Une paix signée par Philippe III, et déguisée sous le nom de trêve (1609), permit aux Provinces-Unies de se livrer tranquillement à leur industrie. La maison de Nassau fut rétablie dans tous ses biens.

Philippe III profita de la paix pour expulser définitivement les Maures de l'Espagne. Il leur ordonna de sortir de ses États dans le délai de trente jours, sous peine de mort. On leur permit de vendre leurs biens, à condition de ne pas en emporter le prix en argent, mais en marchandises achetées dans le pays. Quarante mille Maures s'exilèrent : l'agriculture, le commerce, l'industrie et les arts disparurent de l'Espagne avec les derniers descendants des Arabes. La misère devint bientôt si grande, qu'en 1620 Philippe fut obligé d'encourager l'agriculture par des priviléges extraordinaires. Philippe III mourut en 1621, à l'âge de quarante-trois ans, et eut pour successeur Philippe IV, son fils. Ce prince, âgé de seize ans, se laissa gouverner par le duc d'Olivarès, comme son père l'avait été par le duc de Lerme.

Philippe IV. Les Provinces-Unies reconnues indépendantes. Révolte du Portugal qui se sépare de l'Espagne. — Les Provinces-Unies ne jouirent pas longtemps des avantages que leur promettait la trêve de 1609 : elles furent en proie à des dissensions religieuses, et une querelle théologique donna naissance à deux sectes, les arminiens et les gomaristes. Les premiers avaient pour chef le vertueux Barneveldt, qui, par sa prudence et ses lumières, avait rendu à sa patrie d'aussi grands services que les princes d'Orange ; les seconds obéissaient au stathouder Maurice de Nassau. Celui-ci, pour se venger de Barneveldt qui voulait limiter son pouvoir, fit assembler à Dordrecht un synode, qui se prononça pour les gomaristes. Sous prétexte de faire exécuter les ordres de l'assemblée, Maurice parcourut l'épée à la main les sept provinces, emprisonnant ou exilant tous ceux qu'il avait intérêt de trouver arminiens ; enfin il arrêta Barneveldt, l'accusa d'une prétendue conspiration contre la sûreté de l'État, et le fit condamner à mort et exécuter. Deux fils de Barneveldt, ayant formé le projet de venger leur malheureux père, entrèrent dans un complot qui fut découvert. L'un d'eux fut pris et condamné à mort ; son illustre mère demanda sa grâce au prince Maurice, qui répondit : « Il me semble étrange que vous demandiez pour votre fils ce que vous n'avez pas demandé pour votre mari. — Je n'ai pas demandé la grâce de mon mari, répondit-elle avec indignation, parce qu'il était innocent ; je demande celle de mon fils, parce qu'il est coupable. »

A l'expiration de la trêve, la guerre recommença avec l'Espagne. Le duc d'Olivarès, premier ministre de Philippe IV, avait formé le vaste projet de rendre à l'Espagne sa puissance extérieure; il commença par faire prendre à son maître le titre de *Grand,* pendant que Spinola, général des troupes espagnoles, déployait dans les Pays-Bas les plus grands talents militaires. Tous les avantages de cette guerre furent néanmoins pour la Hollande. L'Espagne éprouva en Italie, en France, aux Pays-Bas, en Allemagne, aux Indes même, une série de désastres dont elle ne put jamais se relever. Le 30 janvier 1648, Philippe IV signa le traité de Munster, en vertu duquel les Provinces-Unies furent reconnues indépendantes. Le port d'Anvers fut fermé et le commerce des Pays-Bas espagnols ruiné.

Ce ne fut pas tout. Le Portugal gémissait sous la plus dure tyrannie. Une conspiration habilement conduite enleva ce royaume à l'Espagne et le rendit à un descendant de l'ancienne famille royale, à Jean, duc de Bragance (1640). Un homme d'un esprit rare, d'un courage intrépide, nommé Pinto, intendant du duc de Bragance, devint l'âme de cette conspiration. Les conjurés étaient plus décidés que le prince lui-même à qui on voulait donner un trône; ils lui inspirèrent enfin une partie de leur audace, et la duchesse de Bragance acheva par ses paroles de convaincre son époux : « N'allez pas à Madrid, lui dit-elle; si le ministre vous y appelle, c'est pour vous faire mourir. Il est vrai que vous trouverez peut-être la mort à Lisbonne; mais vous avez le choix de finir comme un misérable prisonnier, ou de succomber couvert de gloire et comme un roi. » Un seul jour suffit pour accomplir cette étonnante révolution, et le Portugal se vit délivré de la domination espagnole. Le duc de Bragance fut reconnu roi sous le nom de Jean IV. Olivarès annonça en plaisantant cette nouvelle à son maître. Philippe IV prit la chose au sérieux : Olivarès fut disgracié et remplacé par don Louis de Haro, qui entreprit de porter remède aux maux dont l'Espagne était accablée.

Questionnaire.

De quoi se composaient les États laissés par Charles-Quint à Philippe II, son fils? — Quel était le caractère de Philippe? — Dans quel pays voulut-il établir l'inquisition? — Qui gouvernait les Pays-Bas? — Quels furent les chefs de la révolte? — Qui fut chargé par Philippe II de réprimer la révolte? — Quel titre prirent les confédérés? — Que fit le tribunal établi par le duc d'Albe? — Quelles furent les principales victimes? — Quelle occasion saisit le prince d'Orange pour se révolter? — Ses premières tentatives réussirent-elles? — Ne fut-il pas plus heureux ensuite? — De quelles provinces fut-il nommé stathouder? — Par qui les Maures furent-ils défaits? — Quelle autre bataille gagna don Juan d'Autriche? — A quel général succéda-t-il dans les Pays-Bas? — Comment périt-il? — Par qui les provinces du midi furent-elles ramenées à l'obéissance? — Que firent les provinces du nord? — Comment Philippe II s'empara-t-il du Portugal? — Par quel moyen parvint-il à se défaire de Guillaume de Nassau? — Qui fut ensuite reconnu stathouder? — Quelle reine lui envoya des secours? — Que fit le roi d'Espagne pour se venger d'Élisabeth? — A qui transféra-t-il la souveraineté des Pays-Bas? — Quel moyen prit-il pour ruiner le commerce des Hollandais? — Qui succéda à Philippe II? — Philippe III gouverna-t-il par lui-même ? — Quels furent les principaux événements de la guerre dans les Pays-Bas ? — Quelle mesure prit Philippe III contre les Maures ? — Quel fut son successeur ? — Quels événements se passèrent aux Pays-Bas ? — Quels étaient les projets d'Olivarès ? — Quel traité signa Philippe IV ? — Racontez comment le Portugal secoua le joug de l'Espagne.

CHAPITRE XVIII.

De l'empire d'Allemagne depuis l'abdication de Charles-Quint et le traité du Câteau-Cambrésis, jusqu'au commencement de la guerre de Trente ans.

Ferdinand Ier empereur. — Trêve avec les Turcs. — Partage des États de Ferdinand Ier entre ses trois fils. — Maximilien II. — Siége de Szigeth par Soliman II. — Rodolphe II. — Reprise des hostilités contre les Turcs. — Occupations de Rodolphe. — Révolte de Mathias. — Il est reconnu roi de Hongrie. — Désordres en Allemagne. — Succession de Clèves et de Juliers. — Mathias empereur. — Révolte de la Bohême. Défénestration de Prague. — Commencement de la guerre de Trente ans.

Ferdinand Ier, empereur. Trêve avec les Turcs. Partage des États de Ferdinand Ier entre ses trois fils. Caractère de ce prince. — Les chagrins, encore plus que les infirmités, avaient décidé Charles-Quint à résigner le sceptre de l'Espagne entre les mains de Philippe II, son fils. Il avait également cédé, en 1556, le sceptre impérial à son frère Ferdinand Ier. Ce dernier était en même temps roi de Bohême et de Hongrie et roi des Romains. Le 24 février 1558, il se fit couronner empereur d'Allemagne.

Ferdinand était doué d'une humeur conciliante et pacifique; il s'efforça de calmer les ressentiments des protestants et des catholiques, et de maintenir entre eux une bonne harmonie. La Bohême, jusqu'alors si remuante, obéit avec docilité à ce prudent souverain; il n'en fut pas de même de la Hongrie, à la fois déchirée par la guerre civile et attaquée par les Turcs. Ferdinand, à force d'adresse et de modération, réunit les divers partis pour les opposer aux Ottomans, qui menaçaient ses États héréditaires. Il conclut ensuite une trêve de huit ans avec les Turcs, et mourut en 1564, au moment où il songeait à faire de nouveaux efforts pour établir une paix durable entre les protestants et les catholiques. Son testament partageait ses États entre ses trois fils: il laissait à l'aîné, Maximilien II, la Hongrie, la Bohême et l'archiduché d'Autriche; au second, Ferdinand, le Tyrol, l'Alsace et la Souabe autrichienne; au troisième, Charles, les duchés de Styrie, de Carinthie et de Carniole. Maximilien II lui succédait en outre à l'empire.

Maximilien II. Siége de Szigeth par Soliman II.— Maximilien, doux, clément, charitable, prit son père pour modèle, et mit toute son ambition à assurer la tranquillité et le bonheur de ses peuples. « Ce n'est pas, disait-il aux catholiques, ce n'est pas en répandant le sang des hérétiques que nous devons honorer le père commun des hommes. » Cette tolérance, d'ailleurs si louable, était nécessaire à l'époque où les Turcs, conduits par le terrible Soliman II, envahissaient la Hongrie et venaient mettre le siége devant la ville de Szigeth. La réunion des catholiques et des réformés sauva l'Allemagne. Le comte Zrini se rendit célèbre par la belle défense de Szigeth. Après une résistance vigoureuse, se voyant dépourvu de munitions, il fit une sortie avec sa garnison, composée de six cents hommes, et trouva une mort glorieuse au milieu des rangs ennemis; la plupart de ses soldats eurent le même sort. La prise de Szigeth avait coûté vingt mille hommes à l'armée ottomane, et Soliman n'eut pas même la satisfaction de jouir de sa conquête : il mourut avant la fin du siége.

En 1575, Maximilien, que ses vertus rendaient recommandable aux yeux de tous les peuples, fut élu roi de Pologne; mais sa mort, arrivée peu après, l'empêcha d'accepter cette nouvelle couronne. La mémoire de ce prince resta toujours chère à l'Allemagne, qui fit revivre en sa faveur le surnom de *délices du genre humain*, surnom qu'avait autrefois mérité Titus, le meilleur des empereurs romains.

Rodolphe II. Reprise des hostilités contre les Turcs. Occupations de Rodolphe. — Rodolphe II, son successeur et son fils, tint d'une main peu assurée les rênes de l'empire. Sa faiblesse et son indolence réveillèrent toutes les haines et l'audace des Ottomans, qui envahirent la Hongrie sans qu'on leur opposât de résistance. Les revenus publics étaient si mal administrés, qu'on établit à la porte de toutes les églises des troncs pour subvenir aux frais de la guerre et pour secourir dans les hôpitaux les malades et les blessés. L'armée impériale n'arriva en Hongrie qu'après la prise d'Agram et de plusieurs autres places importantes. Cette armée, du reste, ainsi que toutes celles qui à cette époque combattirent les Turcs, était un composé de soldats de toutes les nations, sans discipline et sans subordination.

Rodolphe, qui possédait tous les talents nécessaires pour s'illustrer dans la carrière des sciences, mais qui n'avait aucune des qualités d'un grand roi, se renfermait dans le cercle de ses études et ne s'inquiétait nullement du bonheur de ses sujets. Chimiste, astronome, physicien, il passait son temps à distiller des eaux spiritueuses, à tailler des pierres fines, à observer le cours des astres. Cette conduite bizarre le fit mépriser de ses sujets et de sa famille. Les luthériens, depuis longtemps tranquilles, s'aperçurent que l'empereur, tout occupé de ses découvertes physiques, ne songeait ni à gouverner l'Allemagne ni à repousser les Turcs ; ils reprirent leurs premières idées d'ambition et fondèrent, en 1608, l'*union évangélique*, dont le chef, Frédéric, l'électeur palatin, se plaça sous la protection de la France. De leur côté, les catholiques s'assemblèrent à Wurtzbourg et établirent une ligue défensive qui reconnut pour chef Maximilien, duc de Bavière, et pour protecteurs le pape et Philippe II, roi d'Espagne.

Rodolphe, presque constamment enfermé avec l'astronome Tycho-Brahé, qu'il avait pris à son service, semblait ne pas comprendre les embarras de sa position. Tycho-Brahé, qui se mêlait de prédire l'avenir et qui croyait lire la destinée des hommes dans les mouvements des planètes, avait conseillé à l'empereur de se méfier de ses plus proches parents. Dès ce moment, Rodolphe, agité de terreurs continuelles, vécut dans l'intérieur de son palais, dont l'accès était interdit à tout le monde. Les étrangers qui voulaient le voir se déguisaient en palefreniers et l'attendaient dans ses écuries, où il entretenait un grand nombre de chevaux remarquables.

Révolte de Mathias; il est reconnu roi de Hongrie. Désordres en Allemagne. Succession de Clèves et de Juliers. — Les prédictions de Tycho-Brahé semblèrent se réaliser. L'archiduc Mathias, frère de Rodolphe, poussé à bout par les défiances de ce dernier, prit les armes contre lui; il convoqua à Presbourg, en 1608, les états de Hongrie, promit aux protestants des concessions, aux catholiques de nouveaux priviléges, et s'assura l'appui de l'Autriche méridionale et de la Bohême. Rodolphe était alors à Prague; il ordonna quelques levées à la hâte, mais déjà Mathias marchait sur la ville à la tête de vingt mille hommes. L'empereur se vit contraint de lui céder la Hongrie, l'Autriche et la Moravie, et de le reconnaître pour héritier du trône de Bohême.

Les diverses parties de l'Empire n'étaient pas moins agitées que les États héréditaires de la maison d'Autriche. Des désordres avaient éclaté à Aix-la-Chapelle. Les protestants de cette ville, ayant réclamé le libre exercice de leur culte et ne l'ayant pas obtenu, eurent recours à la violence. En vain l'empereur envoya des commissaires pour rétablir l'ordre, en vain il fit bloquer la ville; il lui fallut mettre Aix-la-Chapelle au ban de l'Empire, et les protestants furent chassés peu après. La ville de Donawerth fut traitée plus cruellement encore pour les mêmes motifs. Le duc Maximilien de Bavière, chargé par Rodolphe de faire une enquête sur les violences exercées par les protestants contre les catholiques, fit mettre la ville au ban de l'Empire, s'en empara, lui ôta tous ses priviléges, et la réduisit au rang de ville municipale de la Bavière. Dans le même temps, l'électeur archevêque de Cologne, qui avait embrassé la religion réformée pour séculariser ses États, fut dépossédé; méprisé des réformés eux-mêmes et des catholiques, abandonné de ses propres troupes, il alla traîner dans les pays étrangers une vie misérable et digne de son apostasie.

L'ouverture de la succession des duchés de Clèves et de Juliers compliqua encore la situation de l'Allemagne. L'électeur de Brandebourg, le duc de Deux-Ponts et plusieurs autres prétendants se présentèrent pour disputer cette riche succession que le dernier duc, mort sans enfants, venait de laisser vacante. Les catholiques et les protestants recommencèrent la lutte. L'union évangélique décida qu'on empêcherait la maison d'Autriche de s'emparer de la succession de Juliers, et forma alliance avec Henri IV, roi de France, qui promit un secours de dix mille hommes. Henri IV allait profiter des circonstances pour abaisser la maison d'Autriche, lorsqu'il mourut assassiné en 1610. L'empereur Rodolphe mourut lui-même en 1612, après avoir abdiqué la couronne de Bohême en faveur de son frère Mathias, qui hérita aussi de la couronne impériale.

Mathias, empereur. Révolte de la Bohême. Défénestration de Prague. Commencement de la guerre de Trente ans. — Mathias, dont la vie avait toujours été agitée, trouva moins de tranquillité encore en prenant possession de la couronne. Les Espagnols et les Hollandais venaient d'envahir les duchés de Clèves et de Juliers, dont l'investiture restait en litige. Dans ce moment, où une étincelle devait suffire pour tout embraser en Allemagne, la Bohême, croyant avoir à se plaindre d'une sentence rendue par l'empereur, se souleva. Le comte de Thurn se mit à la tête des révoltés, convoqua les états du royaume, puis alla demander justice à l'empereur. Mathias fit une réponse sévère, dont les états se montrèrent offensés. Le comte de Thurn se rendit au conseil de régence, assemblé à Prague, et fit jeter par les fenêtres dans les fossés du château les lieutenants de l'empereur, disant qu'il *obéissait à un antique usage de la nation;* toutefois ils n'eurent point de mal, parce qu'ils tombèrent sur des monceaux de papiers que le peuple irrité avait jetés dans les fossés. Cet événement est connu dans l'histoire sous le nom de *défénestration de Prague*. Les ménagements gardés par l'empereur augmentèrent l'audace des séditieux, auxquels se joignirent les mécontents de la Moravie et de la Silésie. Le comte de Mansfeld, un des capitaines les plus habiles, mais les plus cruels de l'Europe, se mit, comme le comte de Thurn, à la tête des révoltés et devint le plus dangereux ennemi de la maison d'Autriche, qui le surnommait l'*Attila de la chrétienté*. Les catholiques se rallièrent autour de l'empereur, et, dès ce moment, commença la guerre célèbre qui, durant trente années, embrasa toute l'Allemagne.

Le spectacle de ces malheurs affecta tellement l'âme de Mathias, qu'il en mourut de douleur (**1619**), après avoir désigné pour son successeur son cousin Ferdinand, roi de Hongrie et de Bohême.

Questionnaire.

Qui fut empereur d'Allemagne après Charles-Quint? — Quel était le caractère de Ferdinand Ier? — Comment partagea-t-il ses États par son testament? — Qui lui succéda à l'empire? — Quelle fut la conduite de Maximilien? — Par qui fut assiégée la ville de Szigeth? — Par qui fut-elle défendue? — Quelle guerre Rodolphe eut-il à soutenir? — Quels étaient les goûts de ce prince? — Que firent les protestants? — Quel était le chef de la ligue catholique? — A qui Rodolphe avait-il accordé sa confiance? — Quel conseil lui donna Tycho-Brahé? — Que fit Rodolphe? — Quel fut celui de ses frères qui se révolta contre lui? — Quels pays lui céda-t-il? — Comment furent traitées les villes d'Aix-la-Chapelle et de Donawerth? — Quelle fut la conduite de l'électeur archevêque de Cologne? — Quelle circonstance vint compliquer la situation de l'Allemagne? — Quels étaient les prétendants à la succession de Juliers? — Avec qui l'union évangélique forma-t-elle alliance? — En quelle année mourut Rodolphe? — Qui lui succéda à l'empire? — Quelle contrée se souleva? — Quel homme se mit à la tête des révoltés? — Qu'arriva-t-il à Prague? — Par qui était secondé le comte de Thurn? — Quelle guerre commença alors? — En quelle année mourut Mathias? — Qui avait-il désigné pour successeur?

Hist. moderne.

CHAPITRE XIX.

De l'empire d'Allemagne depuis le commencement de la guerre de Trente ans jusqu'à la fin de cette guerre ou jusqu'au traité de Westphalie (1619-1648).

Ferdinand II, empereur. — Frédéric V, roi de Bohême. — Premières hostilités. — Période palatine. — Bataille de Prague. — Soumission de la Bohême. — Mansfeld. — Période danoise. — Bataille de Lutter. — Walstein. — Édit de restitution. — Disgrâce de Walstein. — Période suédoise. — Gustave-Adolphe. — Bataille de Leipsick. — Tilly. — Rappel de Walstein. — Bataille de Lutzen. — Période française. — Intervention de la France. — Desseins de Richelieu. — Succès des armes françaises. Ferdinand III. — Suite des hostilités. — Batailles de Rocroy et de Lens. — Traité de Westphalie.

Ferdinand II, empereur. Frédéric V, roi de Bohême. — Les Bohémiens refusèrent de reconnaître Ferdinand II pour le successeur de Mathias et offrirent la couronne à Frédéric V, électeur palatin, surnommé *roi d'hiver*, parce qu'il ne régna que l'espace d'un hiver. Ce prince était gendre du roi d'Angleterre et neveu du stathouder de Hollande. Il hésita longtemps avant d'accepter une couronne qui devait lui être si funeste, et il n'avait pas d'ailleurs l'énergie nécessaire pour remplir le rôle qu'il était appelé à jouer. A peine reconnu roi de Bohême, il s'aliéna ses sujets par ses folles dépenses et par les violences qu'il laissa exercer contre les catholiques et contre les luthériens. Il était soutenu par les princes de l'union évangélique, et Ferdinand II comptait dans son parti la ligue catholique d'Allemagne.

Premières hostilités. — Ce fut alors qu'éclatèrent les premières hostilités d'une lutte terrible qui devait durer trente ans, et dans laquelle l'électeur palatin, le Danemark, la Suède et la France joueront successivement le principal rôle. Cette longue guerre, indéterminée dans sa marche et dans son objet, comprend ainsi quatre périodes, ou, en d'autres termes, se compose de quatre guerres distinctes.

Période palatine (1619-1623). Bataille de Prague. Soumission de la Bohême. Mansfeld. — Après avoir pris Presbourg, Frédéric V se joignit en Autriche au comte de Thurn, et ils marchèrent ensemble sur Vienne avec soixante mille hommes. Ferdinand montra dans le péril qui le menaçait une constance et une intrépidité remarquables. Les rigueurs de la saison et la disette combattirent pour lui et forcèrent les Bohémiens à la retraite : en quelques semaines tout changea de face. Tandis que Frédéric V ruinait ses affaires par ses fausses mesures, Ferdinand II relevait les siennes par sa politique habile ; il sut se faire de nouveaux alliés, et détacha du parti de l'électeur palatin l'union évangélique ou luthérienne. L'armée autrichienne envahit la Bohême et alla camper près de Prague, en face de l'armée ennemie. L'action eut lieu sur la montagne Blanche, le 16 novembre 1620, et en une heure elle fut terminée par la défaite des Bohémiens. L'indolent Frédéric dînait tranquillement au château avec l'ambassadeur d'Angleterre, tandis que ses soldats mouraient pour lui. Cette bataille décida de son sort. Frédéric V, fugitif, fut mis au ban de l'Empire, dégradé de sa dignité d'électeur, qui fut transférée au duc de Bavière, et contraint de se réfugier en Hollande. « Je sais à présent ce que je suis, disait-il au fond de son exil ; il est des vertus qui ne s'acquièrent que par le malheur, et les princes ne se connaissent bien qu'après avoir éprouvé les disgrâces de la fortune. »

Ferdinand II usa de la victoire avec une excessive sévérité et montra dans le triomphe la même arrogance que Charles-Quint : quarante-huit rebelles furent arrêtés, et vingt-trois furent décapités. Le comte de Thurn échappa au supplice par la fuite et eut ses biens confisqués. La Bohême redevint province autrichienne : Ferdinand la traita en pays conquis, abolit les priviléges et bannit les ministres luthériens. Bientôt il prétendit traiter les électeurs eux-mêmes comme de simples sujets, et fit envahir par ses troupes le Palatinat, que désolait encore le comte de Mansfeld, dont la mort est assez singulière pour être rapportée. Tombé malade dans un village, et ne voulant pas mourir dans son lit, il revêtit ses plus beaux habits, ceignit l'épée, et expira debout appuyé sur deux domestiques. Jamais capitaine ne fut plus patient, plus infatigable, plus endurci aux veilles, au froid et à la faim ; il levait une armée et ravageait une province avec une rapidité incroyable.

Sur ces entrefaites, le duc de Brunswick, surnommé *l'ennemi des prêtres*, et le margrave de Bade se déclarèrent en faveur de l'ancien électeur palatin. Le duc de Bavière leur opposa une armée commandée par le comte de Tilly, qui avait porté l'habit de jésuite avant de prendre le parti des armes. Ce général battit complètement le duc Christian de Brunswick à Stadlau, dans le pays de Munster : il fallut qu'il ordonnât plusieurs fois de faire cesser le carnage. Quatre mille hommes restèrent sur la place; cinq mille prisonniers furent traînés jusqu'aux portes de Munster comme des troupeaux de bétail. Les soldats échappés à la mort et à l'esclavage se retirèrent en Lorraine; rencontrés une seconde fois, ils furent encore défaits, et précipitèrent leur course jusqu'en Hollande, où ils attendirent une autre occasion de signaler leur féroce courage.

Période danoise (1625-1629). Bataille de Lutter. Walstein. — Cependant une nouvelle ligue s'était formée contre l'empereur Ferdinand II : Christian IV, roi de Danemark, était à la tête de cette ligue, qui comptait aussi dans ses rangs le duc de Brunswick. A l'approche de la guerre qui le menaçait, Ferdinand, pour ne pas dépendre de la ligue catholique, dont le duc de Bavière était le chef et dont le comte de Tilly commandait les troupes, accepta les offres de l'un de ses officiers, le comte de Walstein ou Wallenstein, qui se chargeait de réunir cinquante mille hommes, pourvu qu'il lui fût permis d'en être le chef. Il tint parole: tous les aventuriers, tous les gens sans aveu, se rangèrent sous les drapeaux de Walstein, qui reprit la Silésie, conquit l'archevêché de Brême et se rendit maître de tout le pays compris entre l'Océan, la mer Baltique et l'Elbe, pendant que le comte de Tilly écrasait l'armée danoise à la journée de Lutter (1626). L'empereur accorda au Danemark une paix humiliante; Walstein reçut pour récompense les États des deux ducs de Mecklembourg et le titre de *général de la Baltique*. Mais l'armée de ce général, oubliée dans le partage, occupa militairement une moitié de l'Allemagne et frappa plusieurs États de contributions énormes. La détresse fut portée au comble dans les villes et dans les campagnes : la faim poussait les habitants à arracher les herbes qu'ils trouvaient et à les dévorer toutes crues.

Édit de restitution. Disgrâce de Walstein. — Ferdinand II, par le fameux *édit de restitution*, qui ordonnait aux protestants de rendre tous les biens sécularisés depuis 1555, acheva d'exaspérer les esprits, déjà vivement irrités par les ravages qu'exerçaient les troupes allemandes. Les protestants, assemblés à Leipsick (1630) et conseillés par le cardinal de Richelieu, appelèrent à leur secours Gustave-Adolphe, roi de Suède, qui venait de s'illustrer contre les Danois, les Polonais et les Russes. Walstein fut sacrifié au ressentiment de l'Allemagne et remplacé dans le commandement de l'armée par le comte de Tilly.

Période suédoise (1630-1635). Gustave-Adolphe. — L'empereur s'effraya peu d'abord de l'approche de Gustave. Walstein avait dit de ce prince : « Que cet écolier ose entrer en Allemagne, je l'en chasserai avec des verges. » On plaisantait sur cette *Majesté de neige, qui se fondrait devant le soleil du Midi*. On ne connaissait pas encore cette nation pauvre, mais héroïque et pieuse, ces troupes suédoises composées de vieux soldats endurcis aux fatigues de la guerre, soumis à une discipline de fer, et n'oubliant pas cependant toutes les pratiques d'une scrupuleuse dévotion. Les prières se faisaient en commun dans l'armée. Gustave-Adolphe montra bientôt qu'on l'avait mal jugé, et que la maison d'Autriche avait en lui un terrible ennemi. Il commença ses exploits par la prise des îles de Rugen, Usedom et Wollin, afin de s'assurer la communication avec la Suède; puis il marcha en avant, entra dans Stettin, capitale de la Poméranie, et, peu de jours après, il fut maître de tout ce duché. Il défendit sévèrement de faire le moindre mal aux habitants, distribua même du pain aux pauvres. « Pour s'emparer d'une ville, disait-il, la clémence vaut mieux que la force. » En deux ans et demi, le jeune conquérant parcourut les deux tiers de l'Allemagne, depuis la Vistule jusqu'au Danube et au Rhin.

Bataille de Leipsick. Tilly. — Tilly, qui avait pris le commandement général des troupes de l'Empire, fut opposé aux Suédois; après avoir secouru Francfort-sur-l'Oder, il prit Brandebourg d'assaut, puis il vint assiéger Magdebourg, dont il avait juré de faire un terrible exemple. Le roi de Suède, mal secondé ou trahi par ses alliés, ne put arriver à temps pour sauver Magdebourg. « Nous laisserons donc périr cette malheureuse ville! » disait-il avec douleur. En effet, dans la nuit du 9 au 10 mai 1631, Tilly s'empara de Magdebourg, passa les habitants au fil de l'épée et incendia les maisons. Après cette cruelle exécution, il entra dans la ville et y fit chanter un *Te Deum* solennel. Là parurent s'arrêter les succès du comte de Tilly : complétement battu par Gustave-Adolphe à la bataille de Leipsick (1631), il fut blessé mortellement en défendant le passage du Lech, et mourut à Ingolstadt, emportant les regrets de l'empereur et des catholiques. Les vieux régiments surtout conservèrent longtemps la mémoire de celui qui montrait ses soldats quand on lui parlait de mariage, et disait : « N'ai-je donc pas assez d'enfants? » Un peu avant la mort de ce guerrier, Gustave avait entraîné dans son alliance la Saxe et le Brandebourg, pénétré jusqu'en Alsace, et soumis les électorats de Trèves, de Mayence et du Rhin; puis, emporté par la rapidité de ses succès, il avait envahi la Bavière en même temps que la Bohême.

Rappel de Walstein. Bataille de Lutzen. — Ferdinand alarmé se trouva dans la dure nécessité de rappeler Walstein, qui, pour humilier l'empereur, se fit longtemps prier avant d'accepter ses offres. Il feignit de vouloir rester dans la solitude qui lui plaisait tant, disait-il, et laisser à l'empereur le soin de choisir un autre général. Mais on ne pouvait pas songer à un autre que Walstein, et il fallut les instances les plus humbles pour vaincre ces répugnances affectées. Il consentit enfin à se charger du commandement des armées, à condition qu'il aurait un pouvoir égal à celui de son maître. A ce prix, il sauva la Bohême et s'avança au-devant des Suédois. L'Europe, les yeux fixés sur les deux illustres champions, resta trois années dans l'attente. Walstein, vainqueur à Altemberg, se porta sur la Saxe et réduisit aux abois l'électeur, qui appela à son secours le roi de Suède.

Les deux armées se trouvèrent en présence dans les plaines de Lutzen. Le 16 novembre 1632, la bataille se livra. L'infanterie suédoise commençait à plier, lorsque Gustave-Adolphe, qui avait enfoncé l'aile gauche des Impériaux et l'avait poursuivie assez loin, revint pour soutenir ses soldats qui faiblissaient. Le temps était sombre et couvert. Tandis que le roi de Suède était emporté par son ardeur, il donna dans un parti de cavalerie impériale. Il fut atteint d'une balle au bras, et bientôt après il reçut dans la poitrine un coup mortel. Il tomba en criant : « Mon Dieu! mon Dieu! » Cette fatale nouvelle irrita le courage des Suédois : commandés par le vaillant Bernard de Saxe-Weimar, ils forcèrent les ennemis à plier. Walstein ordonna la retraite; abandonnant son artillerie et le champ de bataille. On découvrit le corps de Gustave-Adolphe sous un monceau de cadavres, et ses soldats le firent passer en Suède, où il reçut la sépulture royale. Gustave était âgé de trente-huit ans. Sa mort fut un grand malheur pour la Suède, et ses alliés et les ennemis mêmes le regrettèrent.

L'union évangélique, privée des talents militaires de son héros, tomba dans le découragement. Les protestants allaient se désunir, lorsque le Suédois Oxenstiern, chancelier de Gustave, se mit à leur tête et prolongea les malheurs de l'Allemagne en continuant la guerre. Walstein, devenu le bouclier de la maison d'Autriche, répara les échecs essuyés par les troupes impériales, battit l'électeur de Saxe à Steilau, sur l'Oder, et rétablit la balance entre les deux partis. Se retirant ensuite en Bohême, il y resta dans une formidable inaction, et inspira de nouvelles craintes à l'empereur Ferdinand II. Enfermé dans son palais de Prague, suivi d'un train royal, entouré d'une foule de courtisans, cet homme terrible, qui ne riait jamais, qui ne parlait à ses soldats que pour prononcer sur leur mort ou sur leur fortune, se laissait appeler *cousin* par le roi de France et roi de Bohême par le cardinal de Richelieu. Ferdinand, alarmé des rapports qui lui venaient de toutes parts, résolut de prévenir les desseins d'un traître; il fit assassiner Walstein à Égra par trois hommes que ce général avait comblés de bienfaits.

Période française (1635-1648). Intervention de la France. — Les Suédois étaient délivrés par cet assassinat de leur plus redoutable ennemi; mais ils ne furent pas plus heureux. Piccolomini, général de l'empereur, fit essuyer près de Nordlingue (1634) une défaite complète au duc de Saxe-Weimar. Le faible Jean-Georges, électeur de Saxe, s'empressa de faire sa paix avec Ferdinand, et sa défection amena la dissolution de l'union évangélique. La Suède ne comptait plus pour allié que le landgrave de Hesse-Cassel. Ferdinand II triomphait, lorsque la France, que gouvernait alors le cardinal de Richelieu sous le faible Louis XIII, déclara la guerre à la maison d'Autriche.

Desseins de Richelieu. — Pendant la minorité de Louis XIII et les premières années du règne de ce prince, l'administration intérieure du royaume avait été livrée à d'indignes favoris, et au dehors la glorieuse politique de Henri IV avait été abandonnée. Mais en 1624 le cardinal de Richelieu fut appelé au poste de premier ministre, et dès lors tout changea de face. En prenant la direction des affaires, Richelieu apportait trois desseins bien arrêtés : ruiner le parti protestant comme parti politique, abattre la noblesse, autre puissance qui menaçait sans cesse l'autorité royale; enfin abaisser la maison d'Autriche pour placer la France au premier rang parmi les nations européennes. Richelieu accomplit ces trois desseins. Il fait perdre aux protestants toute leur importance politique en s'emparant de la Rochelle, leur place d'armes la plus considérable; il atteint la noblesse par l'exil et les supplices, et réprime avec une inflexible sévérité toutes les révoltes contre l'autorité royale. A l'extérieur, il appuie les Hollandais contre la branche espagnole de la maison d'Autriche; il encourage, contre la branche allemande, d'abord Christian IV, roi de Danemark, ensuite Gustave-Adolphe, roi de Suède. Enfin, en 1635, il déclare la guerre à l'Espagne, de concert avec la Hollande, soutient en Allemagne les princes protestants, que la Suède ne suffit plus à protéger. C'est la dernière période de la guerre de Trente ans.

Succès des armes françaises. — En 1636, la France attaqua avec cinq armées à la fois et avec des succès divers en Allemagne, en Italie, en Flandre, en Franche-Comté et sur les frontières d'Espagne. Les troupes étrangères qui la secondaient dans cette lutte et combattaient contre les Impériaux étaient commandées par d'habiles généraux, Bernard de Weimar, le meilleur élève de Gustave-

Adolphe, Banner, Torstenson et Wrangel. L'empereur Ferdinand leur opposa Piccolomini et Merci, et mourut au milieu du bouleversement général (1637).

Ferdinand III. Suite des hostilités. Batailles de Rocroy et de Lens. Traité de Westphalie. — Sous Ferdinand III, son fils et son successeur, la guerre continua partout avec une égale vivacité. Bernard de Weimar secondé par les généraux français Guébriant et Turenne, remporta quatre victoires consécutives, et mourut au moment où il voulait se former une souveraineté indépendante : la France acheta son armée. Banner osa assiéger la ville de Ratisbonne, où l'empereur tenait sa diète, et la foudroya de son artillerie, et Torstenson, qui était alors paralytique, étonna l'Europe par la rapidité de ses manœuvres et renouvela à Leipsick la gloire que Gustave-Adolphe avait acquise.

Après la mort de Richelieu et de Louis XIII (1643), Mazarin exerça le pouvoir comme premier ministre pendant la minorité de Louis XIV. La politique extérieure ne fut point changée. La guerre contre la maison d'Autriche fut continuée et marquée par d'éclatantes victoires. Le duc d'Enghien, si célèbre depuis sous le nom de grand Condé, battit les Espagnols à Rocroy et anéantit leur redoutable infanterie (1643) : la prise de Thionville fut le prix de cette victoire. En 1644, il défait les Impériaux à Fribourg et s'empare de Philipsbourg et de Mayence. L'année suivante, il bat encore les Impériaux à Nordlingue, et achève de les écraser dans les plaines de Lens en 1648.

Ferdinand III, fatigué de tant de revers, conclut enfin la paix de Westphalie (1648). Les traités signés, l'un à Osnabruck, l'autre à Munster, furent longtemps le code politique et la première loi fondamentale de l'empire germanique. Les principaux articles du traité de Westphalie garantissaient : les avantages de la paix d'Augsbourg étendus aux calvinistes ; l'indépendance des Provinces-Unies et de la Suisse ; la cession à la France de l'Alsace, des Trois-Évêchés (Metz, Toul et Verdun), de Philipsbourg et de Pignerol ; à la Suède, la plus belle partie de la Poméranie ; enfin le but principal du traité de Westphalie était d'empêcher à l'avenir les conquêtes des princes ambitieux, en établissant en Europe un système connu sous le nom de *système d'équilibre,* et d'après lequel les diverses puissances devaient s'unir contre celle d'entre elles qui voudrait dominer les autres. Telle fut l'issue de cette guerre de Trente ans, si fertile en grands événements, et durant laquelle s'illustrèrent tant d'habiles généraux.

Questionnaire.

Les Bohémiens voulurent-ils reconnaître Ferdinand II pour roi ? — A qui offrirent-ils la couronne ? — Par qui Frédéric V était-il soutenu ? — Avec qui marcha-t-il sur Vienne ? — Quel fut le résultat de cette tentative ? — Comment Ferdinand sut-il faire face au péril ? — Où livra-t-il bataille ? — Comment se conduisit Frédéric ? — Que fit Ferdinand après la victoire ? — Comment mourut le comte de Mansfeld ? — Quels princes se déclarèrent en faveur de l'électeur palatin ? — Par qui furent-ils battus ? — Quelle ligue nouvelle se forma contre l'empereur ? —

De qui celui-ci accepta-t-il les services? — Quels furent les succès de Walstein? — Comment en fut-il récompensé? — Quel édit publia Ferdinand II? — Que firent les protestants? — Par qui fut remplacé Walstein? — Quelle idée se faisait-on du roi de Suède? — Quelle était la discipline des soldats suédois? — Quels furent les premiers exploits de Gustave-Adolphe? — Comment Tilly traita-t-il Magdebourg? — Quelle victoire remporta le roi de Suède? — Quelles conquêtes fit-il? — Quel homme fut appelé par Ferdinand au commandement de ses troupes? — Racontez la bataille de Lutzen et la mort de Gustave-Adolphe. — Qui se mit à la tête des protestants? — Comment périt Walstein? — A qui fut donné le commandement des armées impériales? — Quelle puissance déclara alors la guerre à l'Autriche? — Quels étaient les desseins de Richelieu? — Comment les accomplit-il? — Racontez les principaux événements de la dernière période de la guerre de Trente ans. — Quel traité mit fin à cette guerre? — Quelles en furent les conditions?

CHAPITRE XX.

De l'Angleterre depuis la mort de Charles Ier et l'établissement de la république jusqu'à l'avénement de Georges Ier de Brunswick (1649-1714).

Établissement de la république. — Olivier Cromwell. — Charles II en Écosse. — Batailles de Dumbar et de Worcester. — Dissolution du long parlement. — Cromwell nommé protecteur. — Richard Cromwell. — Rétablissement des Stuarts. — Monck. — Règne de Charles II. — Jacques II. — Usurpation de Guillaume de Nassau. — Règne de Guillaume III. — La reine Anne. — Guerre avec la France. — Réunion de l'Écosse à l'Angleterre.

Établissement de la république. Olivier Cromwell. — Charles Ier n'était plus, et la royauté avait été abolie ; un décret des communes du 17 mars 1649 érigea l'Angleterre en république. Les emblèmes de la royauté furent détruits, et le sceau royal fut remplacé par un autre qui portait pour exergue : *l'an premier de la liberté restaurée par la bénédiction du ciel.* La chambre des lords fut supprimée ; trente-huit membres formèrent un conseil privé, composé des officiers de l'armée, au nombre desquels étaient Olivier Cromwell et ses amis les plus dévoués.

Charles II en Écosse. — L'Irlande était toujours agitée par des troubles : Cromwell fut chargé de la soumettre, et quelques mois lui suffirent pour accomplir cette mission. Rappelé bientôt en Angleterre, il laissa le commandement de l'armée à son gendre Ireton et au chevalier Ludlow, dont il redoutait le patriotisme. Pendant ce temps, les Écossais avaient reconnu Charles II, fils de Charles Ier. L'intrépide marquis de Montrose avait reparu en Écosse à la tête de quinze mille hommes, et s'était rendu maître des Orcades au nom de Charles II ; mais ayant été défait, il fut obligé de se déguiser en paysan et de se cacher dans un marais. La faim le contraignit de se découvrir à un Écossais qui avait autrefois servi sous lui, et qui eut l'infamie de le trahir ; Montrose, traîné à Édimbourg, fut condamné à être pendu. La sentence portait que ses quatre membres seraient placés aux portes de quatre villes. Ce fidèle serviteur souffrit la mort avec le sublime courage d'un héros.

Batailles de Dumbar et de Worcester. — Le parlement anglais envoya une armée contre Charles II, et Cromwell en prit le commandement. Ce général, toujours heureux, battit à Dumbar, le 3 septembre 1650, l'armée ennemie, forte de 32,000 hommes. Charles II, couronné à Scone le 1er janvier 1651, prit le commandement de ses troupes et, par un mouvement hardi, entra en Angleterre. Il comptait sur une révolte générale des royalistes; mais Cromwell le prévint et l'atteignit à Worcester. La bataille se livra le 3 septembre 1651, jour anniversaire de la bataille de Dumbar, et l'armée royale fut encore défaite. Charles II, fugitif, fut réduit à se cacher, prenant tous les jours de nouveaux déguisements pour échapper à ses ennemis; enfin, après avoir erré pendant sept semaines, en butte à des dangers incroyables, tourmenté par la faim et par la douleur, il s'embarqua au comté de Sussex et aborda sur les côtes de France.

La bataille de Worcester avait été pour Cromwell le couronnement de ses victoires : ce fut alors qu'il laissa percer toute son ambition, méprisant plusieurs de ceux qu'il flattait naguère, et se rendant familier avec ceux qu'il haïssait auparavant. En 1651 eut lieu la publication de *l'acte de navigation*, en vertu duquel les bâtiments anglais purent seuls introduire dans les ports nationaux les productions et les marchandises étrangères. Cet acte, regardé comme une des sources de la prospérité actuelle de la marine anglaise, n'était qu'une vengeance de Cromwell contre les Hollandais, qui n'avaient pas voulu refuser des secours aux Stuarts. La guerre éclata entre les deux républiques, et les Anglais, sous les ordres de l'amiral Black, eurent généralement l'avantage.

Dissolution du long parlement. Cromwell nommé protecteur. — Mais la république, triomphante au dehors, était agitée au dedans. Les officiers de l'armée, gagnés par Cromwell, ayant inutilement invité le parlement à céder la place à de nouveaux pouvoirs, se décidèrent à employer la force. Cromwell, dont cette assemblée pouvait contrarier les desseins, prit trois cents soldats avec lui, se rendit à Westminster, entra dans la salle et prit sa place accoutumée ; puis, se levant tout à coup, il frappa du pied. Les satellites pénétrèrent dans l'assemblée : « Retirez-vous, dit-il alors aux députés, et faites place à de plus dignes : le Seigneur s'est éloigné de vous. » Les soldats exécutèrent ses ordres : à mesure que les membres sortaient, Cromwell les apostrophait grossièrement. Il couvrit ce coup d'État du masque de la religion, déclarant qu'il avait demandé nuit et jour à Dieu de le dispenser de cette mission. Quand la salle fut vide, il ferma la porte mit la clef dans sa poche et se retira au palais de Whitehall. Ainsi finit le long parlement. Un autre parlement, assemblé peu de temps après, fut dissous de la même manière, et Cromwell, après avoir déconsidéré à dessein la représentation nationale, se fit nommer *protecteur* de la république d'Angleterre, d'Écosse et d'Irlande. Le 16 décembre 1653, il alla à la chancellerie avec les juges, le lord maire de Londres et les aldermen ; là il fut proclamé solennellement, et le sujet des Stuarts, devenu monarque absolu des trois royaumes, alla coucher dans le palais du roi qu'il avait assassiné.

Les nations étrangères, et surtout la France

et l'Espagne, recherchèrent à l'envi l'alliance de Cromwell. Le protecteur s'allia avec la France, qui l'aida à conquérir la ville de Dunkerque. Les offres de l'Espagne furent repoussées, et les flottes anglaises désolèrent le commerce de cette puissance et lui prirent la Jamaïque. La Hollande, humiliée par ses défaites, demanda la paix et signa un traité favorable à l'Angleterre. Cromwell était un despote absolu; mais, en compensation de la liberté qu'il enlevait à son pays, il lui donna un grand repos et releva sa considération au dehors.

Cromwell, arrivé au comble du pouvoir, ne fut pas heureux. Tourmenté par une continuelle méfiance, effrayé des nombreux complots qui menaçaient sa vie, il ne sortait plus qu'avec des gardes. Il portait sous ses vêtements une cuirasse, des pistolets, un poignard. Il couchait toujours seul, et changeait de chambre toutes les nuits. Ces tourments usèrent ses forces, et il mourut à l'âge de cinquante-huit ans, le 3 septembre 1658.

Richard Cromwell. — Richard Cromwell, qui succéda au protectorat de son père, n'avait ni l'ambition ni les talents de son prédécesseur. Son invincible éloignement des affaires, son caractère modéré, qui l'avait porté à intercéder en faveur de Charles I*er*, ne pouvaient le faire craindre ni de l'armée, ni des partis qui divisaient l'Angleterre; Richard renonça bientôt au pouvoir, et vécut ignoré dans le pays qu'il avait gouverné pendant quelques mois.

Rétablissement des Stuarts. Monck. — Après l'abdication de Richard, le général Lambert, héritier de l'audace et de la politique d'Olivier Cromwell, contint les partisans de la monarchie; les républicains rappelèrent l'ancien parlement, nommé *rump* ou *croupion* par dérision. Mais ces succès furent de courte durée. Monck, gouverneur de l'Écosse, jaloux de l'autorité de Lambert, conçut le dessein de replacer les Stuarts sur le trône d'Angleterre et y réussit. Après avoir dissimulé quelque temps, il se mit à la tête d'une armée fidèle, entra en Angleterre et dissipa les restes du parti de Cromwell. Arrivé à Londres, il cassa le parlement factieux et en assembla un autre auquel il communiqua son dessein. Il fut accueilli avec enthousiasme : la capitale se déclara en faveur de Charles II, son légitime souverain. Monck le fit proclamer roi et alla le recevoir à Douvres. Pas une goutte de sang ne fut versée pour accomplir cette révolution.

Règne de Charles II. — Charles II fit son entrée à Londres au milieu des acclamations de la multitude. Il ne fut pas maître de son émotion : « Je crois en vérité, dit-il, que c'est notre faute si nous ne nous sommes pas revus plus tôt. » Charles II était naturellement affable et d'un extérieur prévenant ; mais, léger par caractère, il préférait les plaisirs aux affaires. Toutefois il signala les débuts de son règne par des actes honorables. Il conféra à Monck le titre de duc d'Albemarle : guidé par les conseils de Clarendon, chancelier et premier ministre, il publia une amnistie dont les juges régicides furent seuls exceptés.

Bientôt le roi s'aliéna les esprits par des mesures impolitiques. Les presbytériens furent violemment persécutés, et ces persécutions rallumèrent le feu mal éteint du fanatisme. Charles II, qui dissipait tous ses revenus en prodigalités, n'eut pas honte de céder Dunkerque à Louis XIV pour cinq millions de florins. Une guerre malheureuse avec la Hollande ajouta encore au mécontentement du peuple. Dans le même temps, la ville de Londres, récemment désolée par une peste qui avait enlevé près de 50,000 habitants, fut presque entièrement détruite par un incendie. En 1670, Charles II signa un traité d'union avec la France, renonçant ainsi à la triple alliance qu'il avait conclue deux ans auparavant pour mettre un frein à l'ambition de Louis XIV. Il déclara la guerre à la Hollande, et malgré les talents que déploya le duc d'York, son frère, l'avantage resta aux Hollandais.

A l'intérieur, la sévérité que Charles II mettait à poursuivre ses ennemis lui suscita des complots vers la fin de son règne : d'un côté, c'était le duc de Monmouth, qui aspirait à la couronne; de l'autre, lord Russel, qui cherchait à faire exclure le duc d'York de la succession au trône; enfin Sidney voulait le rétablissement de la république. Tous échouèrent : Russel et Sidney périrent sur l'échafaud; Monmouth obtint sa grâce et sortit du royaume. En 1685, Charles II mourut, et le duc d'York, son frère, fut reconnu roi sous le nom de Jacques II.

Jacques II. Usurpation de Guillaume de Nassau. — Les commencements du nouveau règne furent marqués par la révolte du duc de Monmouth, qui fut vaincu et obligé de fuir. Deux jours après la bataille, on le trouva caché dans des broussailles;

conduit à Londres, il trouva Jacques II inflexible et périt sur l'échafaud. La plupart de ses complices furent punis, grâce à l'activité du prévôt Jefferies, qui se fit le ministre des implacables vengeances du roi. Tous ceux qu'il put arrêter furent mis à mort. Ces cruautés rendirent le monarque odieux, et il augmenta encore le nombre des mécontents en voulant rétablir la religion catholique.

Dans ces circonstances, Guillaume de Nassau, prince d'Orange, stathouder de Hollande et gendre de Jacques II, appelé en Angleterre par un puissant parti, vint détrôner son beau-père en 1688. Abandonné de ses soldats, de ses amis, de ceux même qu'il avait comblés de bienfaits, Jacques dit à ses serviteurs : « Je veux bien accorder des passe-ports à ceux qui désirent aller trouver le prince d'Orange, afin de leur épargner la honte d'une trahison. » Obligé de fuir, il s'embarqua et se réfugia en France à la cour de Louis XIV. La révolution de 1688 fut plus soudaine et plus rapide encore que n'avait été la restauration des Stuarts.

Règne de Guillaume III. — Le parlement ayant été assemblé, Guillaume III et Marie, sa femme, reçurent la couronne et signèrent la *déclaration des droits*, qui déterminait les droits du souverain et ceux de la nation. En vain l'Écosse et l'Irlande se prononcèrent en faveur du roi déchu; en vain Jacques II descendit en Irlande avec les secours que lui fournit Louis XIV; il fut vaincu à la bataille de la Boyne, prit la fuite, et la soumission de l'Irlande fut définitivement assurée par la victoire de Kilconnell (1691). Jacques II passa le reste de ses jours à Saint-Germain-en-Laye, trouvant des consolations dans la religion et l'étude. Louis XIV, par le traité de Ryswick, reconnut enfin Guillaume III comme roi d'Angleterre.

Depuis ce moment Guillaume III régna tranquillement ; mais il lutta en vain contre les communes, qui cherchaient à restreindre les prérogatives royales. Il mourut en 1702 : la reine Marie l'avait précédé de quatre ans dans la tombe. Anne Stuart, seconde fille de Jacques II, monta sur le trône.

La reine Anne. Guerre avec la France. Réunion de l'Écosse à l'Angleterre. — Le règne de cette princesse fut marqué par la rivalité de deux partis puissants, les *whigs* et les *torys*, qui voulaient également le maintien de la constitution ; mais les whigs étaient plus disposés à défendre les libertés du peuple, et les torys, les droits de la royauté. Ce règne fut encore rempli presque tout entier par la guerre contre la France, dans laquelle s'illustra le fameux Churchill, duc de Marlborough. Cette guerre, fatale à Louis XIV, fut terminée par la paix d'Utrecht en 1713. Ce fut sous le règne de la reine Anne que s'opéra la réunion définitive de l'Écosse et de l'Angleterre. Cette princesse mourut en 1714, laissant la couronne à Georges de Brunswick, électeur de Hanovre, arrière-petit-fils de Jacques Ier.

Questionnaire.

Quelle forme de gouvernement fut établie en Angleterre après la mort de Charles I"? — Par qui l'Irlande fut-elle soumise? — Quel fut le sort de Montrose en Écosse? — Quelles victoires remporta Cromwell? — Comment Charles II échappa-t-il à ses ennemis? — Quel acte parut en 1651? — Comment fut dissous le long parlement? — Quel titre se fit donner Cromwell? — Fut-il reconnu des nations étrangères? — A qui déclara-t-il la guerre? — Quel en fut le résultat? — Comment Cromwell passa-t-il les dernières années de sa vie? — Qui lui succéda comme protecteur? — Richard conserva-t-il longtemps le pouvoir? — Par qui la famille des Stuarts fut-elle rétablie sur le trône? — Quels furent les premiers actes de Charles II? — Quel était le caractère de ce prince? — Comment s'aliéna-t-il les esprits? — Quels sont les principaux événements de son règne? — N'eut-il pas à réprimer quelques complots? — Qui succéda à Charles II? — Par quel événement fut signalé le commencement du règne de Jacques II? — Par quel prince Jacques II fut-il détrôné? — Jacques ne chercha-t-il pas à remonter sur le trône? — Où fut-il vaincu? — Où se retira-t-il? — Qui succéda à Guillaume III? — Qu'était-ce que les whigs et les torys? — Quelle guerre signala le règne de la reine Anne? — A qui laissa-t-elle la couronne?

CHAPITRE XXI.

De la France depuis la paix de Westphalie jusqu'à la fin du règne de Louis XIV (1648-1715).

Minorité de Louis XIV. — Mazarin et la Fronde. — Guerre avec l'Espagne. — Traité des Pyrénées. — Louis XIV gouverne par lui-même. — Ses premiers actes. — Conquête de la Flandre et de la Franche-Comté. — Traité d'Aix-la-Chapelle. — Guerre contre la Hollande. — Paix de Nimègue. — Révocation de l'édit de Nantes. — Ligue d'Augsbourg. — Paix de Ryswick. — Le duc d'Anjou, roi d'Espagne. — Guerre générale. — Revers de la France. — Traités d'Utrecht et de Rastadt. — Gouvernement de Louis XIV.

Minorité de Louis XIV. Mazarin et la Fronde. — La paix de Westphalie avait été glorieuse pour la France, et les victoires du duc d'Enghien avaient dignement inauguré l'avénement du jeune roi Louis XIV. Mais pendant que les armées françaises se couvraient de gloire au dehors, l'intérieur du royaume était agité par des dissensions funestes. L'Italien Jules Mazarin, qui exerçait le souverain pouvoir au nom de la régente Anne d'Autriche, s'était attiré par son avarice le mépris général; les finances publiques étaient dans un effroyable désordre et livrées au plus honteux gaspillage. Mazarin voulut établir de nouveaux impôts; mais ces mesures impolitiques excitèrent partout le mécontentement. Le parlement de Paris montra la plus vive opposition, et alors éclata la guerre civile de la Fronde, dans laquelle le duc de Beaufort, surnommé le roi des halles à cause de son éloquence populaire, le prince de Conti, les ducs de Bouillon et de Longueville, et surtout Paul de Gondi, si fameux sous le nom de cardinal de Retz, jouèrent le principal rôle comme frondeurs. Turenne et Condé y furent aussi plus d'une fois opposés l'un à l'autre, et combattirent tantôt pour la cour, tantôt pour la Fronde. Le ridicule se mêla aux divers événements de cette guerre, qui fut plus comique que sanglante, et qui, entreprise pour renverser un ministre étranger, ne fit que le consolider au pouvoir. En effet, Mazarin, après avoir été obligé de sortir plusieurs fois du royaume, rentra à Paris en 1653, plus puissant qu'il ne l'avait jamais été.

Guerre avec l'Espagne. Traité des Pyrénées. — Louis XIV avait atteint sa majorité. Tous les chefs du parti de la Fronde se soumirent. Condé seul, mécontent de la cour, persista dans sa révolte et se joignit aux ennemis de la France pour lui faire la guerre. Il envahit la Picardie avec une armée espagnole et vint assiéger Arras; repoussé par Turenne, il fut encore vaincu à la bataille des Dunes (1658). L'Espagne sentit la nécessité de faire la paix, et en 1659 Mazarin signa le traité des Pyrénées, qui donnait à la France l'Artois, le Roussillon et plusieurs villes de la Flandre et du Hainaut. Ce traité, qui plaçait la France au premier rang en Europe, fut le dernier acte politique de Mazarin et prépara, comme le traité de Westphalie, la grandeur du règne de Louis XIV.

Louis XIV gouverne par lui-même. Ses premiers actes. — Après la mort de Mazarin (1661), Louis XIV résolut de gouverner par lui-même et de s'affranchir de la tutelle d'un premier ministre. Colbert fut chargé de l'administration des finances sous le titre de contrôleur général, et justifia complétement la confiance du monarque; Louvois, qui était doué d'un esprit d'organisation très-remarquable, fut ministre de la guerre, et Lionne, habile diplomate, ministre des affaires étrangères. Au dehors, Louis XIV sut faire craindre et respecter son nom par une politique ferme et généreuse. Il racheta Dunkerque, qui était au pouvoir des Anglais, aida le Portugal à secouer le joug de l'Espagne, envoya six mille hommes au secours de l'empereur Léopold contre les Turcs, et purgea la Méditerranée des corsaires barbaresques qui venaient piller les côtes de France.

Conquête de la Flandre et de la Franche-Comté. Traité d'Aix-la-Chapelle. — Le roi d'Espagne, Philippe IV, étant mort en 1665, Louis XIV réclama, du chef de sa femme Marie-Thérèse, la Franche-Comté et une partie de la Flandre. L'Espagne ne voulut point faire droit à ces réclamations, et la guerre éclata. La Flandre fut conquise en deux mois et la Franche-Comté en trois semaines. La Hollande, effrayée de ces rapides succès, se ligua avec l'Angleterre et la Suède pour forcer le roi de France à déposer les armes. La paix fut signée à Aix-la-Chapelle (1668). La France rendit la Franche-Comté et garda la Flandre.

Guerre contre la Hollande. Paix de Nimègue. — Louis XIV, profondément irrité contre la Hollande, lui déclara la guerre. Après avoir franchi le Rhin à la tête d'une puissante armée, il s'empare, en trois mois, de presque toutes les forteresses hollandaises et menace Amsterdam. Les Hollandais se résignent à demander la paix; mais Louis XIV leur impose des conditions si dures, que, ne prenant conseil que de leur désespoir, ils rompent les digues qui retenaient les eaux de la mer et inondent leur territoire. Obligé d'évacuer la Hollande pour faire face à l'Europe presque entière, qui venait de se déclarer contre lui, Louis XIV envahit pour la seconde fois la Franche-Comté, qui fut conquise en six semaines et réunie pour toujours à la France. Pendant ce temps, le grand Condé tenait tête au prince d'Orange en Flandre, et Turenne, par ses savantes manœuvres, protégeait la frontière de l'Alsace. Ce fut pendant le cours de cette brillante campagne que Turenne fut tué d'un coup de canon : Condé le remplaça et força les Impériaux à repasser le Rhin. Sur mer, les armes françaises n'étaient pas moins glorieuses : dans un combat naval livré près de Palerme en 1676, Duquesne détruisit les flottes espagnole et hollandaise. Enfin, la paix fut signée à Nimègue en 1678 : Louis XIV en dicta les conditions à l'Europe, et la France garda ses conquêtes.

Révocation de l'édit de Nantes. — Arrivé au comble de la puissance, Louis XIV ne sut pas mettre des bornes à son ambition, et se crut assez fort pour faire des conquêtes en temps de paix. Strasbourg, qui avait sa liberté et ses priviléges, fut réunie à la France, et la ville d'Avignon enlevée au pape. En même temps, Louis XIV prenait une mesure désastreuse, qui lui fut conseillée par Louvois. En 1686, il prononça la révocation de l'édit de Nantes et défendit l'exercice de la religion réformée. Un grand nombre de familles protestantes s'exilèrent et portèrent à l'étranger leur industrie et leurs richesses.

Ligue d'Augsbourg. Paix de Ryswick. — L'Europe forma contre la France une nouvelle coalition, connue sous le nom de ligue d'Augsbourg (1687). Louis XIV prévint ses ennemis et s'empara de plusieurs places importantes d'Allemagne. Pendant ce temps Jacques II, de la famille des Stuarts, était renversé du trône d'Angleterre par Guillaume, prince d'Orange. Louis XIV accueillit le prince fugitif, le traita en souverain et lui fournit, mais inutilement, des secours pour l'aider à reconquérir son royaume. La guerre n'en devint que plus acharnée. Le Palatinat est mis à feu et à sang par les ordres de Louvois. En Italie, le maréchal Catinat défait le duc de Savoie dans deux batailles, à Staffarde et à la Marsaille. En Flandre, le maréchal de Luxembourg, chargé de combattre Guillaume d'Orange, se couvre de gloire à Fleurus, à Steinkerque et à Nerwinde. Sur mer, Tourville, Duguay-Trouin et Jean Bart soutenaient dignement l'honneur des armes françaises. Cependant, notre marine éprouva un terrible échec à la bataille navale de la Hogue. Toutes les ressources de la France s'épuisaient dans cette longue lutte : la paix devenait nécessaire aux deux partis : elle fut signée à Ryswick[1] en 1697, et Louis XIV se vit contraint de reconnaître Guillaume III comme roi d'Angleterre.

1. Près de la Haye, en Hollande.

Le duc d'Anjou, roi d'Espagne. Guerre générale. — Le roi d'Espagne Charles II mourut en 1700, après avoir désigné pour son héritier Philippe, duc d'Anjou, petit-fils de Louis XIV. Le jeune prince, proclamé roi sous le nom de Philippe V, fit son entrée à Madrid en 1701. L'Empereur ne voulut point reconnaître le nouveau roi d'Espagne, et, décidé à faire la guerre, il confia le commandement de ses armées au prince Eugène de Savoie. L'Angleterre ne s'était pas encore déclarée : une imprudence de Louis XIV l'irrita profondément. Jacques II étant mort à Saint-Germain, Louis XIV reconnut pour roi d'Angleterre le fils de ce prince, sous le nom de Jacques III. Guillaume III ne put supporter cette injure et prit parti contre la France. Anne Stuart, sa belle-sœur, qui lui succéda, poursuivit ses projets de vengeance et fut bien secondée par son général Marlborough, l'un des plus grands capitaines de ce temps. Ainsi se forma contre la France cette coalition redoutable connue sous le nom de *grande alliance* (1701), et dans laquelle entrèrent les principales puissances de l'Europe.

Revers de la France. Traités d'Utrecht et de Rastadt. — Les hostilités commencèrent en Italie, où le prince Eugène vainquit le maréchal de Villeroi. Dans les Pays-Bas, Villars battit les confédérés à Hochstedt ; mais, l'année suivante, le prince Eugène et Marlborough défirent complètement l'armée française dans ces mêmes plaines d'Hochstedt. Les Anglais s'emparent de Gibraltar. En Flandre, Villeroi perd la funeste bataille de Ramillies, et le prince Eugène, après avoir délivré Turin, chasse les Français de toutes les positions qu'ils occupaient en Italie. Après de nouveaux revers, Louis XIV se décida à demander la paix. Les alliés exigèrent qu'il allât lui-même détrôner son petit-fils. Le grand roi, plutôt que de se soumettre à ce déshonneur, fit un appel à la nation, qui, oubliant ses longues souffrances, se résigna à un dernier effort. En Espagne, Philippe V s'était vu obligé de sortir deux fois de Madrid et de fuir devant l'archiduc Charles, qui lui disputait la couronne; mais le duc de Vendôme rétablit en peu de temps ses affaires par la victoire de Villaviciosa et le ramena triomphant dans sa capitale.

Cependant l'Angleterre, fatiguée d'une lutte désastreuse, se montrait disposée à négocier la paix; mais l'Empereur restait inflexible, et le prince Eugène faisait chaque jour de nouveaux progrès. Villars, à la tête des débris de l'armée, dernière ressource de la France, atteint l'ennemi à Denain et le détruit complétement. Ce mémorable événement hâta la conclusion de la paix. Elle fut signée à Utrecht, en 1713, avec l'Angleterre et la Hollande, et à Rastadt, l'année suivante, avec l'Empereur. Philippe V fut reconnu roi d'Espagne par toute l'Europe, mais il renonça à ses droits éventuels sur la couronne de France.

Louis XIV mourut en 1715. Il était âgé de soixante-dix-sept ans et il en avait régné soixante-douze. Les revers de la guerre et les humiliations n'étaient pas les seules douleurs qui eussent affligé la vieillesse de Louis XIV. Des malheurs domestiques l'avaient cruellement frappé : il avait perdu son fils, dit le grand Dauphin, son petit-fils, le duc de Bourgogne, et, de toute sa famille, il ne restait plus auprès de lui qu'un enfant de quatre ans, son seul héritier direct : c'était le duc d'Anjou, son arrière-petit-fils, qui fut Louis XV.

Gouvernement de Louis XIV. — Louis XIV aima trop la guerre, et compromit par son ambition les conquêtes légitimes qu'il avait faites au commencement de son règne ; néanmoins il laissa la France plus grande qu'il ne l'avait reçue. Jamais roi ne fut plus absolu dans ses volontés. Il avait coutume de dire : « L'État, c'est moi. » Ses dépenses furent excessives, et souvent il déploya un luxe effréné dans des fêtes magnifiques, pendant que la misère publique était à son comble. Mais si l'histoire, qui ne flatte personne, a de graves reproches à faire à Louis XIV, elle doit dire aussi que ce prince avait un sentiment très-vif de la grandeur de la France, et que c'est lui qui l'a placée au premier rang parmi les nations de l'Europe. Avant lui, toutes les parties de l'administration étaient languissantes. Puissamment secondé par des ministres habiles et surtout par Colbert, il établit cette organisation vigoureuse qui développa rapidement les ressources et les prospérités du royaume : finances, industrie, commerce, marine, art militaire, législation, tout fut réformé ou créé. Des colonies nouvelles furent envoyées au Canada, à Cayenne, à Madagascar. La marine marchande était protégée par une puissante marine militaire, qui comptait, en 1683, deux cent soixante vaisseaux de guerre. Des arsenaux maritimes furent construits à Toulon, à Brest, à Rochefort, à Dunkerque, et des écoles d'artillerie fondées à Douai, à Metz, à Strasbourg. Les villes étaient fortifiées par de savants ingénieurs, et surtout par Vauban, le plus célèbre de tous. Enfin, Louis XIV se recommande à la postérité par la protection qu'il accorda aux sciences, aux lettres et aux arts. Il fonda l'académie des inscriptions et belles-lettres, celle des sciences, l'académie de peinture et de sculpture, celle d'architecture. Jamais peut-être, dans aucun temps, on ne vit une réunion si étonnante d'hommes illustres et de grands écrivains [1].

Questionnaire.

Quelle fut la cause de la guerre civile de la Fronde? — Que se passa-t-il dans cette guerre? — Comment se termina-t-elle? — Que fit Condé? — Quelles furent les conditions du traité des Pyrénées? — Quelle résolution prit Louis XIV après la mort de Mazarin? — Quels hommes choisit-il pour ministres? — Quels furent les premiers actes de sa politique extérieure? — Pourquoi déclara-t-il la guerre à l'Espagne? — Quelles provinces furent conquises? — Que fit la Hollande? — Où fut signée la paix? — A quelle puissance Louis XIV déclara-t-il ensuite la guerre? — Quelle résolution prirent les Hollandais? — Contre qui Louis XIV eut-il alors à combattre? — Quelle province fut réunie à la France? — Où combattaient Condé et Turenne? — Quelle victoire fut gagnée par Duquesne? — Quel traité mit fin à la guerre? — Par quels actes Louis XIV alarma-t-il les autres puissances de l'Europe? — Quelle mesure lui fut conseillée par Louvois? — Quelle coalition se forma contre la France? — Que se passait-il alors en Angleterre? — Racontez les succès de Catinat et de Luxembourg. — Quel échec éprouva la marine française? — Où fut signée la paix? — Racontez

1. Voir le chapitre XXXII.

les circonstances qui donnèrent lieu à une dernière coalition de l'Europe contre la France. — Quels événements se passèrent en Italie, dans les Pays-Bas et en Espagne? — Quels revers éprouva la France? — Par quelle victoire fut-elle sauvée? — Quels traités mirent fin à la guerre? — Quelles douleurs avaient affligé la vieillesse de Louis XIV? — Quel jugement doit-on porter sur ce prince? — Donnez quelques détails sur son administration et ses institutions. — Dites ce qu'il a fait pour les sciences, les lettres et les arts.

CHAPITRE XXII.

De la Suède, du Danemark et de la Norwége depuis le milieu du seizième siècle jusqu'à la fin du dix-septième siècle.

Suède. Éric XIV. Il est déposé. — Jean III. — Sigismond et Charles IX. Guerre entre la Suède et la Pologne. — Gustave-Adolphe. Ses victoires. — Christine. Son abdication. Ses voyages. — *Danemark et Norwége.* Christian IV. — Frédéric III. Révolution dans le gouvernement. — Christian V. — *Suède.* Charles X. Guerre contre la Pologne. — Charles XI. Révolution dans le gouvernement.

Suède. — **Éric XIV (1560).** — Éric XIV, fils et successeur de Gustave Wasa dans le royaume de Suède, en 1560, ne marcha point sur les traces de son illustre père. Capricieux et irrésolu, il rechercha la main d'Élisabeth d'Angleterre et de plusieurs autres princesses, envoyant de tous côtés des ambassadeurs et des présents; puis, quand il eut ainsi dissipé les trésors amassés par son père, il poussa l'oubli de sa dignité jusqu'au point d'épouser la fille d'un caporal de sa garde. Ensuite, à l'instigation d'un favori, il fit arrêter Jean, son frère, et le retint en prison durant cinq années. Ce prince, ayant recouvré sa liberté, n'eut pas de peine à exciter une révolte; Éric, assiégé dans Stockholm, fut obligé de renoncer à la couronne, enfermé à son tour et traîné de prison en prison. En vain réclama-t-il en sa faveur les lois qu'il n'avait pas écoutées lui-même : il mourut après dix ans de captivité.

Jean III (1568). — Jean III, voulant d'abord rétablir la tranquillité publique, conclut la paix avec le Danemark, et, à la sollicitation de sa femme Catherine, fille du roi de Pologne, il essaya de rendre à la Suède la religion catholique, que son père en avait bannie. Un caractère faible et indécis, les remontrances des grands, et surtout la mort de la reine, le rappelèrent au luthéranisme qu'il venait d'abjurer, et cet exemple du souverain ne contribua pas peu à affermir ses sujets dans la religion nouvelle.

Sigismond et Charles IX. Guerre entre la Suède et la Pologne. — A la mort de Jean III (1592), le duc Charles, son frère, fut investi de la régence, en attendant l'arrivée de Sigismond, héritier du trône de Suède, et qui était alors en Pologne, dont il avait été élu roi en 1587. Le prince Sigismond, fils de Jean III, appelé à gouverner les Suédois, était entièrement dévoué au parti catholique. Le régent de Suède exploita habilement cette circonstance; il inspira une secrète jalousie contre un monarque qui serait, disait-il, toujours éloigné du pays et disposé à persécuter les luthériens. Il se fit donner la couronne et prit le nom de Charles IX (1604). Cette usurpation amena entre la Pologne et la Suède une guerre longue et désastreuse, marquée des deux côtés par des succès et des revers et suspendue plusieurs fois par des trêves diverses. Charles IX gouverna la Suède avec sagesse et fermeté, et mourut en 1611, laissant la couronne à son fils Gustave-Adolphe, à peine âgé de dix-sept ans.

Gustave-Adolphe (1611-1632). Ses victoires. — Gustave-Adolphe, tout jeune encore, avait accompagné son père dans ses guerres et dans ses voyages. Son esprit et son caractère s'étaient mûris de bonne heure, et la vie rude des camps avait donné à son âme une fermeté peu commune. Il signala sa valeur et son activité dès le commencement de son règne : les Russes, les Danois et les Polonais l'avaient attaqué en même temps; il fit la paix avec les deux premiers et força les derniers à quitter la Livonie. Après avoir mis fin à cette guerre, il fit alliance avec les protestants d'Allemagne contre l'Empereur et les princes catholiques, et on sait déjà quelle part active il prit à la fameuse guerre de Trente ans. La victoire termina les glorieuses mais courtes destinées de ce héros dans les plaines de Lutzen. Ses amis ne lui reprochaient que deux défauts, l'emportement et la témérité. Gustave croyait se justifier en leur répondant : « Puisque je supporte les travers de mes sujets, ne peuvent-ils excuser la vivacité de mon tempérament? Un roi, ajoutait-il, est indigne de sa couronne lorsque, dans un engagement, il fait difficulté de se battre comme un simple soldat. » Gustave-Adolphe était luthérien de bonne foi; il composa lui-même des prières pour son armée, et il disait que les meilleurs chrétiens étaient les meilleurs soldats. Sous sa tente, au milieu des armes, il donnait tous les jours quelques instants à la parole de Dieu.

Christine (1632 - 1654). Son abdication. Ses voyages. — Christine succéda à son père Gustave-Adolphe. Cette princesse se fit remarquer dès son enfance par la pénétration de son esprit. Elle apprit plusieurs langues étrangères et montra un goût passionné pour les lettres et les arts. Elle aimait à se voir entourée des savants les plus distingués de toutes les contrées de l'Europe. Douée d'une vive éloquence, d'une aptitude remarquable pour les affaires, elle gouverna avec sagesse et affermit la paix dans son royaume, habilement secondée par son ministre Oxenstiern; mais elle refusa de se marier, malgré les vives représentations des états à ce sujet. L'amour de l'étude et de la liberté lui inspira bientôt le dessein d'abandonner un peuple qui ne savait que combattre; toutefois, elle laissa mûrir ce projet pendant sept années, et contribua en 1648 au traité de Westphalie, par lequel la Suède gagnait la Poméranie et d'autres avantages. Après avoir rendu quelques édits en faveur de l'industrie, elle se fit couronner en 1650, et abdiqua définitivement quatre ans après, désignant pour son successeur Charles-Gustave, son cousin germain.

Le dégoût pour les affaires et les embarras de la royauté contribuèrent sans doute à ce sacrifice. Christine quitta la Suède quelques jours après son abdication et parcourut les pays étrangers : elle vint à Bruxelles, où elle embrassa le catholicisme, à Inspruck, à Rome, à Paris, à Fontainebleau, se signalant par la bizarrerie de ses manières et de ses costumes, et attirant l'attention par son esprit et l'étendue de son savoir. Un moment elle regretta le trône, et noua quelques intrigues pour y remonter; mais demeurée seule avec son ambition déçue, elle se rendit de nouveau à Rome, où elle vécut dans le commerce des lettres et des arts.

Danemark et Norwége. — Christian IV (1588). Ses institutions. — Le Danemark, dans la période que nous venons de parcourir, offre peu d'événements remarquables. La révolution religieuse, c'est-à-dire la réforme, s'était accomplie; mais les finances de ce petit royaume s'étaient épuisées au milieu des guerres civiles, et les nobles, dont le clergé romain avait jusqu'alors réprimé le despotisme, soulevèrent contre eux les bourgeois et les paysans par leur orgueil et leurs insultes. Sous Christian III, sous Frédéric II, le Danemark, qui soutint des guerres maritimes contre les Suédois, s'affaiblit encore davantage. Christian IV fut un des chefs de la ligue protestante contre l'Empereur, et combattit pour le rétablissement de l'électeur palatin : on a déjà vu ailleurs les événements de la période danoise de la guerre de Trente ans. Christian IV fut défait plusieurs fois par les armées de Ferdinand II, et, après avoir traité à Lubeck avec ce prince, en 1629, il retourna dans ses États, où il s'occupa d'améliorations utiles. Il établit des manufactures, fonda les villes de Christianophe et de Gothembourg sur la frontière de Suède, celle de Christiania en Norwége, accorda sa protection au commerce, encouragea les découvertes maritimes, et tenta des essais de colonisation aux Indes orientales, au port de Tranquebar. Comme son père Frédéric II, il protégea les lettres, les sciences et les arts, et dota Copenhague d'un jardin de botanique, d'un observatoire et d'une bibliothèque. Ses généreux efforts furent entravés par l'influence jalouse de la noblesse, et il faut regarder cette opposition comme une des causes qui rendirent la royauté chère au peuple et préparèrent la ruine des nobles. Christian IV conclut avec la Suède le traité de Bromsebro, qui mit fin aux hostilités entre les deux pays, et il mourut en 1640, laissant la couronne à son fils Frédéric III.

Frédéric III (1640). Révolution dans le gouvernement. — Frédéric III s'occupait à compléter les améliorations intérieures commencées par son père, lorsqu'il fut obligé de prendre les armes pour se défendre. Les Suédois, commandés par leur roi Charles-Gustave, vinrent assiéger Copenhague. Les bourgeois, à qui Frédéric avait inspiré son courage et son activité, repoussèrent toutes les attaques avec vigueur; une flotte hollandaise venue à leur secours jeta des troupes et des vivres dans la ville, et le roi de Suède dut renoncer à l'espoir de s'en emparer. Peu après, une révolution importante s'opéra dans le gouvernement du Danemark. Frédéric III ayant convoqué à Copenhague les états généraux, en 1660, pour aviser aux réformes nécessaires, la bourgeoisie et le clergé se réunirent contre les nobles, et sous la conduite de deux vieillards respectables, Suane, évêque de Seeland, et Namsen, bourgmestre de Copenhague, ils dépouillèrent la noblesse de son autorité. La direction souveraine des affaires, qui jusqu'alors avait été concentrée entre ses mains, fut transférée au roi. L'élection imposée à chaque souverain lors de son avènement fut abolie, et la couronne fut déclarée héréditaire dans la famille de Frédéric III. En 1665 parut la loi royale qui consacra ces changements, et devint en quelque sorte la charte constitutionnelle des royaumes unis de Danemark et de Norwége. Maître absolu dans le royaume, Frédéric, loin d'abuser de la puissance suprême, gouverna ses peuples avec une douceur paternelle et mourut en 1670.

Christian V (1670). — Sous le règne de son successeur, Christian V, la guerre se ralluma entre le Danemark et la Suède. Les Danois, battus à la journée de Lund, laissèrent plus de sept mille hommes sur le champ de bataille (1675). Un traité fut conclu alors, qui mit fin aux hostilités, et Christian V put se livrer aux soins du gouvernement. Il donna un code civil à la Norwége, créa une nouvelle compagnie des Indes, encouragea le commerce et embellit Copenhague. Son règne fut encore marqué par l'établissement d'une noblesse titrée et la création de comtes et de barons, titres jusqu'alors inconnus en Danemark. Il mourut en 1699, et eut pour successeur son fils Frédéric IV.

Suède.— Charles X (1654). Guerre contre la Pologne. — En Suède, Charles-Gustave, qui avait remplacé Christine sous le nom de Charles X, en 1654, était un prince guerrier, plein d'ardeur et d'activité. Son caractère devait plaire aux Suédois, et, quoiqu'ils fussent épuisés par les efforts de la guerre de Trente ans, ils se laissèrent entraîner à de nouveaux combats. Ils tournèrent d'abord leurs armes contre le roi de Pologne, Jean-Casimir, qui, n'étant pas assez fort pour repousser cette invasion, se retira en Silésie : là, après avoir traité avec les Cosaques et obtenu un secours des Tartares, il reparut en Pologne et livra sous les murs de Varsovie une bataille qui dura trois jours (1656); il fut vaincu par Charles-Gustave. Mais la puissance du roi de Suède alarma bientôt ses voisins, qui se liguèrent contre lui. La noblesse polonaise s'arma en faveur de Jean-Casimir, et ce prince recouvra peu après les États qu'il avait perdus. Charles-Gustave mourut en 1660.

Charles XI (1660). Révolution dans le gouvernement. — Charles XI, fils et successeur de Charles-Gustave, n'avait que cinq ans lorsqu'il succéda à son père, et ne prit les rênes du gouvernement qu'en 1672. Les premières années de son règne furent marquées par une guerre contre les Danois; il leur fit essuyer deux défaites sanglantes. Il perdit cependant plusieurs places importantes, et ne recouvra ces possessions qu'à la paix de Nimègue (1679). A la même époque, une révolution semblable à celle du Danemark s'opéra dans le gouvernement de la Suède. Les états de Stockholm investirent le roi d'un pouvoir suprême, et Charles XI n'usa de ce pouvoir que pour faire le bien de son pays : il réforma l'administration publique, organisa l'armée, protégea l'industrie, encouragea la marine et les lettres. Il mourut en 1697, au moment où les puissances de l'Europe venaient de le choisir pour médiateur de la paix de Ryswick. Son fils, le fameux Charles XII, lui succéda.

Questionnaire.

Quel fut le successeur de Gustave Wasa? — Quel était le caractère du nouveau roi, Éric XIV? — Comment traita-t-il son frère Jean? — Comment fut-il traité à son tour? — Quelle tentative fit Jean III? — Qui fut régent après lui? — A qui appartenait la couronne? — Par qui fut-elle usurpée? — Quelle guerre amena cette usurpation? — Qui succéda à Charles IX? — Quelle avait été l'éducation de Gustave-Adolphe? — Comment signala-t-il son règne? — Quels défauts reprochait-on à ce prince? — Qui lui succéda? — Par quelles qualités se distinguait Christine? — Quel projet conçut-elle? — Quel pays parcourut-elle? — Où se retira-t-elle définitivement? — Quel était l'état du Danemark à cette époque? — Quelles institutions sont dues à Christian IV? — Quel fut son successeur? — Par qui Frédéric III fut-il attaqué? — Par qui fut-il secouru? — Quelle révolution s'opéra dans le gouvernement du Danemark? — Comment Frédéric usa-t-il de la souveraine puissance? — Quels événements signalèrent le règne de Christian V? — Qui lui succéda? — Quel était le caractère de Charles X, successeur de Christine? — Quelle guerre entreprit-il? — Quelle victoire remporta-t-il? — Qui succéda à ce prince? — Quelle révolution s'opéra en Suède? — Quels bienfaits la Suède doit-elle à Charles XI?

CHAPITRE XXIII.

De la Pologne et de la Russie depuis le milieu du quinzième siècle jusqu'à la fin du dix-septième siècle.

Pologne. Casimir IV. Jean-Albert et Alexandre ses fils. — Sigismond I*er*. Guerre contre la Prusse. Sigismond II Auguste. — *Russie.* Iwan III, grand-duc de Moscovie. Ses conquêtes; il prend le titre de czar. — Basile IV. Iwan IV le Terrible. Ses guerres. — *Pologne.* Fin de la dynastie des Jagellons. — Étienne Bathori, élu roi de Pologne. Guerre avec la Russie. — Sigismond III, élu roi de Pologne. Guerre avec la Suède. — *Russie.* Troubles et anarchie. — Michel Fédorowitch, fondateur de la dynastie de Romanoff. — Alexis et Fédor III. Leurs réformes. Avénement de Pierre le Grand. — *Pologne.* Jean Casimir. Son abdication. — Désordres en Pologne. Jean Sobieski. — Ses grands exploits.

Pologne. — Casimir IV (1445). Jean-Albert et Alexandre, ses fils. — La Pologne, réunie à la Lithuanie en 1382 par Ladislas Jagellon, était devenue la puissance prépondérante dans le Nord. Casimir IV, second fils de Ladislas, qui monta sur le trône de Pologne en 1445, abaissa les chevaliers de l'ordre Teutonique, et se fit céder par le traité de Thorn la Poméranie et la partie orientale de la Prusse, appelée depuis Prusse royale. On lui reprocha de sacrifier presque toujours les intérêts des Polonais à ceux des Lithuaniens, qui étaient l'objet de son affection : « Il passe l'hiver, le printemps et l'automne en Lithuanie, » disaient les Polonais.

Casimir mourut en 1492, après un règne de

quarante-sept ans, laissant le trône à son second fils, Jean-Albert, dont le frère aîné Ladislas avait été élu roi de Bohême et de Hongrie. Jean-Albert ne régna que quelques années, et fut lui-même remplacé (1501) par son frère, le grand-duc Alexandre, prince éclairé, mais libéral jusqu'à la profusion : il fallut lui interdire le droit d'aliéner les revenus royaux sans la permission des états, pour l'empêcher de se ruiner. Les Tartares ayant menacé la Pologne d'une invasion, le roi envoya contre eux le gouverneur de Lithuanie. Lui-même, quoique atteint d'une paralysie et presque mourant, se fit porter au milieu de son armée, et il expira en rendant grâce de la victoire au Seigneur.

Sigismond Ier (1506). Guerre contre la Prusse. Sigismond II Auguste. — Sigismond Ier lui succéda en 1506. Le comte Glinski, gouverneur de Lithuanie, choisit ce moment pour se déclarer indépendant. Dénoncé au sénat de Pologne, le farouche gouverneur assassina son accusateur et se réfugia en Russie. Sigismond réclama en vain le meurtrier, et engagea une lutte désastreuse avec le czar Basile IV. Plus heureux dans la guerre qu'il eut à soutenir contre Albert de Brandebourg, grand maître de l'ordre Teutonique, qui venait d'embrasser le luthéranisme et de séculariser la Prusse, il força ce dernier à se reconnaître vassal de la Pologne. On convint de part et d'autre, par le traité de Cracovie, que le duché de Prusse passerait aux héritiers mâles d'Albert de Brandebourg, et qu'à défaut d'héritiers dans cette famille, il retournerait à la Pologne.

Le règne de Sigismond II Auguste, fils et successeur de Sigismond Ier (1548), vit en Livonie une révolution semblable à celle qui venait de s'accomplir en Prusse. Cette province, gouvernée depuis plusieurs siècles par les chevaliers Porte-glaive, sous la dépendance de l'ordre Teutonique, avait été affranchie de cette tutelle par l'adresse et le courage du grand maître Walter de Plettenberg (1521). Walter, reconnu comme duc de Livonie pour lui et ses successeurs, créé prince de l'empire germanique, introduisit le luthéranisme en Livonie, et fut remplacé à sa mort par Gothard Kettler, sous lequel éclata, en 1558, la guerre entre la Russie et la Pologne.

Russie.—**Iwan III, grand-duc de Moscovie (1462). Ses conquêtes. Il prend le titre de czar.**— La Russie ne commence à paraître sur la scène politique parmi les puissances indépendantes que dans la seconde moitié du quinzième siècle. Iwan III, proclamé grand-duc de Moscou en 1462, signala son avénement par la conquête de la puissante Novogorod, dont un proverbe menteur avait dit : « Qui oserait résister à Dieu et à Novogorod la Grande ? » Cette ville perdit ses magistrats, son rang, ses priviléges. La ville de Pskof, surnommée la *sœur cadette* de Novogorod, se soumit volontairement au vainqueur. Fort de l'alliance du khan de Crimée, Iwan osa refuser aux Tartares le tribut que payaient ses prédécesseurs; il réunit sous sa domination les principautés de Twer, Rostof, Iaroslaw, et, ayant obtenu du pape la main de Sophie Paléologue, réfugiée à Rome, il mit dans ses armes l'aigle double de l'empire grec. Il prit le premier le titre de *czar*, et assigna des fiefs aux *enfants boyards* ou nobles, sous la condition d'un service militaire.

Iwan III, que l'on peut considérer comme le fondateur de l'empire de Russie, introduisit dans ses États une foule d'importantes améliorations. En 1482, il envoya des ambassadeurs à son allié Mathias Corvin pour lui demander des ingénieurs et des fondeurs de canons; plus tard, attirant à Moscou des artistes grecs et italiens, il bâtit l'église de l'Assomption et le palais ou forteresse du Kremlin. Il établit dans les villes une police assez rigoureuse, et sur les routes des stations ou caravansérails où les voyageurs trouvaient des chevaux et même de la nourriture, dont on n'exigeait pas le payement si cela était spécifié sur leur passe-port. Enfin il éleva la forteresse d'Iwangorod au lieu même où devait être construite la ville de Saint-Pétersbourg, et réunit les anciennes lois de la Russie en un seul code qui fut publié en 1497.

Basile IV (1505). Iwan IV le Terrible. Ses guerres — Basile IV, son fils et son successeur (1505), fit la guerre aux Polonais pendant la plus grande partie de son règne et leur enleva la ville de Smolensk en 1514. Il s'allia ensuite avec l'ordre Teutonique, sans pouvoir empêcher la Prusse de se soumettre à la Pologne, et mourut en 1534, laissant le trône à un enfant de quatre ans et la régence à la princesse Hélène, mère du jeune Iwan IV. Une lutte sanglante s'engagea entre la reine mère et les boyards; plusieurs conspirateurs furent punis du dernier supplice, et la Russie paraissait pour longtemps livrée aux désordres de l'anarchie, quand le jeune Iwan, âgé de quatorze ans, déclara qu'il voulait régner, et montra dès lors cette dureté de caractère qui lui a valu dans l'histoire le surnom de *Terrible*.

Après avoir apaisé les troubles intérieurs et châtié cruellement l'insolence des seigneurs russes, il établit une milice permanente et réglée dont les soldats furent appelés *strélitz*, c'est-à-dire *tireurs*, parce qu'ils étaient armés de mousquets. Quand cette milice lui parut assez disciplinée, il la conduisit devant les Tartares de Kazan, qui avaient secoué le joug, et, après avoir pris leur capitale, il anéantit leur empire (1551). Le prince d'Astrakhan fut également soumis. Le khan de Crimée, qui était resté spectateur impassible de la ruine de ses compatriotes, voulut prévenir la sienne et attaqua Iwan. Battu complètement, il fut heureux que l'attention du czar fût appelée ailleurs. Gustave Wasa venait de prendre les armes pour défendre les Livoniens et de déclarer la guerre aux Russes. Il fut vaincu près de Wibourg, en Finlande, et signa une paix de quarante ans (1557). Alors Iwan IV tourna toutes ses forces contre la Livonie : Guillaume de Furstemberg, grand maître des chevaliers Porte-glaive, fut fait prisonnier, et son successeur Gothard Kettler, en se mettant sous la protection de la Pologne, suscita un ennemi redoutable aux Russes.

Pologne. — Fin de la dynastie des Jagellons. — Sigismond II Auguste, héritier des droits de l'ordre des chevaliers Porte-glaive, rassembla une armée que le palatin de Wilna, Nicolas Radziwil, conduisit contre les Russes, qui furent complétement vaincus et laissèrent vingt-cinq mille morts sur le champ de bataille (1564). Sigismond, dans les dernières années de son règne, réunit définitivement le grand-duché de Lithuanie à la couronne et montra quelque penchant pour le luthéranisme. A sa mort, arrivée en 1572, s'éteignit avec lui la dynastie des Jagellons, qui depuis deux siècles occupait le trône. Le bonheur de la Pologne s'évanouit aussi avec cette illustre famille. La couronne fut déclarée élective, d'héréditaire qu'elle était auparavant, et le pays, en adoptant cette mesure, se condamna à toutes les horreurs de l'anarchie qui devaient se renouveler à l'avénement de chaque souverain.

Étienne Bathori, élu roi de Pologne. Guerre avec la Russie. — Une foule de concurrents se présentèrent pour se disputer le sceptre de Sigismond. Henri de Valois, duc d'Anjou, frère du roi de France Charles IX, fut élu; mais ce prince, ne pouvant s'habituer au climat et aux usages de la Pologne, s'enfuit précipitamment en France à la première nouvelle de la mort de son frère. Les Polonais choisirent, pour le remplacer, Étienne Bathori, intrépide guerrier et prince de Transylvanie.

Iwan IV, à la faveur des troubles survenus en Pologne, avait repris la Livonie et battu les Tartares de Crimée, pendant que le Cosaque Iermak faisait la conquête du vaste pays connu sous le nom de Sibérie. Bathori, ligué avec les Suédois et les Turcs, se vengea de l'invasion russe par d'affreux ravages. Le farouche Iwan signa la paix et céda définitivement la Livonie à la Pologne par le traité de Kiewerowa-Horka (1582). Ces revers, joints à la perte d'une épouse chérie, dérangèrent l'esprit du czar, qui devint réellement *terrible* et s'abandonna à tous les caprices d'une humeur sanguinaire. Iwan mourut en 1584, après avoir attaché son nom à d'utiles innovations : il fit fleurir le commerce, établit l'imprimerie à Moscou et fonda la ville d'Arkhangel; enfin les Russes lui doivent un code législatif. Il eut pour successeur son fils Fédor, dernier prince de la dynastie de Rurik.

Sigismond III, élu roi de Pologne (1586). Guerre avec la Suède. — Étienne Bathori profitait de quelques instants de paix pour adoucir les mœurs sauvages des Cosaques; il eut la gloire de fixer ces peuples dans des bourgades, de leur inspirer le goût du commerce et de l'agriculture. Il aurait voulu donner une nouvelle face à la Pologne; mais il vécut trop peu pour remédier aux abus qui s'étaient introduits dans le gouvernement de ce royaume. A sa mort (1586), les Polonais choisirent pour roi Sigismond III, fils du roi de Suède Jean III. Maximilien d'Autriche disputa vainement la couronne à ce prince; vaincu et fait prisonnier après des hostilités de peu de durée, il renonça à ses prétentions pour recouvrer sa liberté. Sigismond soutint une guerre longue et malheureuse contre son oncle, le duc de Sudermanie, qui avait usurpé la couronne de Suède. Trahi par le sort, il essaya vainement de recouvrer le trône de ses ancêtres et mourut, en 1632, après avoir conclu une trêve avec Gustave-Adolphe, fils du duc de Sudermanie.

Russie. — Troubles et anarchie. — D'affreuses tragédies se jouaient alors dans l'empire russe. Boris Godounow, grand écuyer de Moscovie et beau-frère de la czarine, s'était emparé de la confiance de Fédor, prince faible et sans caractère. Il voulut se frayer le chemin au trône en assassinant Démétrius, frère unique du czar, à peine âgé de sept ans. Pour cacher ce meurtre, il ôta la vie au gentilhomme qui avait été chargé de l'exécuter et fit raser le château d'Uglitz, où il avait eu lieu. Sur ces entrefaites mourut Fédor (1598), et Godounow s'empara du trône. Cet événement produisit une anarchie de quinze années qui bouleversa la Russie. Plusieurs concurrents s'élevèrent pour disputer le pouvoir à Godounow. Le premier qui se déclara contre lui fut un moine russe nommé Grégory Otrepief, qui, prétendant que Démétrius vivait encore, se présenta comme le frère de Fédor. Les Polonais saisirent l'occasion de troubler la Russie et soutinrent le faux Démétrius, pour lequel se déclarèrent aussi les Cosaques du Don, que Boris Godounow voulait discipliner.

Godounow alarmé fit des préparatifs de défense; mais il mourut avant la bataille, et presque toutes les provinces de l'empire reconnurent le faux Démétrius. Moscou seule resta fidèle à Godounow et proclama son fils Fédor. Le jeune prince et sa mère furent livrés par un traître à Otrepief, qui les fit étouffer en prison. Mais il jouit peu de son crime : il fut détrôné en 1606 par Basile Schouiski, qui le tua d'un coup de pistolet au milieu des préparatifs d'une fête. Un second faux Démétrius parut en 1607 contre l'assassin d'Otrepief, et, soutenu par les Polonais et les Cosaques, il eut d'abord quelques succès ; mais il périt peu après sous les coups des Tartares. Basile Schouiski fut déposé lui-même en 1610, enfermé dans un monastère, puis envoyé en Pologne, où il mourut.

Michel Fédorowitch, fondateur de la dynastie des Romanoff (1613). — L'anarchie fut alors à son comble en Russie. Les Suédois, profitant de ces désordres, s'emparèrent de l'Ingrie, sur le golfe de Finlande, et de Novogorod, sur le lac Ilmen, tandis que les Polonais prenaient Smolensk et ses dépendances. Les conquêtes des étrangers réveillèrent la nationalité russe ; les haines cessèrent devant l'ennemi commun, et la nation appela au trône une famille alliée par les femmes à la race de Rurik. Michel Fédorowitch, fondateur de la dynastie de Romanoff, fut proclamé en 1613. Ce prince, après avoir obtenu la paix de ses ennemis au prix de quelques concessions nécessaires, rétablit la tranquillité intérieure par le supplice d'un nouvel imposteur qui avait pris le nom de Démétrius.

Alexis et Fédor III. Leurs réformes. Avénement de Pierre le Grand. — Alexis, qui succéda à son père Michel en 1643, est beaucoup plus célèbre pour avoir donné le jour à Pierre le Grand que par ses propres actions ; néanmoins le règne de ce czar ne fut pas sans éclat. Alexis, après avoir apaisé des troubles sérieux, s'occupa de réformer les mœurs de la nation et de civiliser son empire. Il protégea le commerce, veilla à la discipline de ses armées, établit les premières relations entre la Russie et la Chine, augmenta ses États par la conquête de Smolensk et d'une partie de l'Ukraine, et laissa la couronne à son fils Fédor III (1676).

Ce jeune prince signala son avénement par des victoires sur les Turcs et par des innovations dans la discipline militaire Mécontent de la noblesse, qui résistait à ses projets, il brûla publiquement les livres qui constataient les prérogatives des nobles, et ne consulta plus que le mérite pour accorder les premiers emplois de l'État. Il mourut en 1682, après avoir tenté les plus grands efforts pour tirer ses sujets de l'ignorance dans laquelle ils étaient encore plongés. Fédor ne laissait point d'enfant; il avait désigné pour successeur son plus jeune frère Pierre, âgé de dix ans, à l'exclusion d'Iwan, l'aîné, qui était incapable de régner. Mais les strélitz mécontents, et stimulés par Sophie, sœur du czar, soulevèrent le peuple, massacrèrent les ennemis d'Iwan, proclamèrent les deux jeunes princes souverains en même temps et décernèrent la régence à la princesse Sophie. Pierre, impatient de régner, relégua sa sœur dans un monastère en 1689, et, six ans après, la mort de son frère Iwan lui permit de porter seul le titre de czar de toutes les Russies.

Pologne. — Jean-Casimir. Son abdication. — En Pologne, Sigismond III, ardent défenseur de la foi catholique, avait su pendant les dernières années de son règne contenir les protestants sans se montrer cruel; son fils Ladislas battit plusieurs fois les Turcs et les Russes, et succéda à son père en 1632. Le règne de ce prince et celui de Jean-Casimir, son frère, furent malheureux : les Cosaques de l'Ukraine rejetèrent la domination de la

Pologne pour se donner à la Russie. Jean-Casimir venait de monter sur le trône de Pologne, en 1648, lorsque Charles X de Suède envahit la Lithuanie à la tête d'une armée de trente mille hommes. Jean-Casimir, battu près de Varsovie, ne fut sauvé que par la ligue des souverains qui se déclarèrent contre les Suédois; mais il ne fut pas moins obligé de renoncer à ses prétentions sur le trône de Suède, et bientôt, fatigué des contrariétés qu'il éprouvait dans son royaume, il abdiqua en 1668 et se retira en France.

Désordres en Pologne. Jean Sobieski. Ses grands exploits. — Cette abdication fut suivie d'un interrègne de sept mois, après lesquels les Polonais élurent un simple gentilhomme issu du sang des Jagellons, Michel Wiesnowieski, qui n'accepta qu'à regret une couronne qu'il ne se sentait pas capable de porter. En effet, les quatre années de son règne furent remplies de calamités. Les Cosaques, les Tartares et les Turcs, toujours prêts à renouveler la guerre, attaquèrent son royaume. Ces derniers prirent la ville de Kaminieck et réduisirent Michel à demander une paix honteuse. Le sénat refusa de la ratifier, et le grand maréchal Jean Sobieski, justifiant cet acte d'audace, remporta sur les Turcs une victoire complète à Choczim. Michel Wiesnowieski était mort la veille de cette bataille; le vainqueur qui avait effacé la honte nationale fut proclamé roi, et continua de mériter par des succès éclatants la confiance des Polonais. En 1683, il eut la gloire de sauver l'Empire en délivrant Vienne assiégée par le grand visir Kara-Mustapha. De retour en Pologne, il essuya de la part des nobles les contrariétés les plus injustes et succomba à l'excès de ses chagrins domestiques (1696) : en lui s'éteignait le plus grand monarque des Polonais. Mais la Pologne, s'affaiblissant de plus en plus, avait cessé d'être la puissance dominante du Nord ; ce rôle était passé à la Suède du temps de Gustave-Adolphe, et c'est la Russie qui allait s'en emparer sous le règne glorieux de Pierre le Grand.

Questionnaire.

Quelles acquisitions fit Casimir IV, roi de Pologne ? — Quels sont les principaux événements qui eurent lieu pendant les règnes de Jean-Albert, d'Alexandre, de Sigismond Ier et de Sigismond II Auguste ? — A quelle époque la Russie commence-t-elle à paraître sur la scène politique ? — Par quelles conquêtes Ivan III signala-t-il son avénement ? — Quel titre prit-il ? — Quelles améliorations sont dues à ce prince ? — Que fit Basile IV ? — Qui laissa-t-il pour successeur ? — Que fit Iwan IV au commencement de son règne ? — Quels peuples soumit-il ensuite ? — Quels furent les résultats de la guerre contre la Pologne ? — A quelle époque s'éteignit la dynastie des Jagellons ? — Quelle mesure devait susciter des troubles en Pologne ? — Qui fut nommé roi de Pologne après Sigismond ? — Quelle province Iwan céda-t-il à la Pologne ? — Quel fut son successeur ? — De quels soins s'occupa Étienne Bathori ? — Quel prince fut élu roi de Pologne après lui ? — Par quels troubles la Russie était-elle alors agitée ? — Quels sont les principaux événements du règne de Michel et de celui d'Alexis ? — A qui ce dernier laissa-t-il la couronne ? — Comment Fédor III signala-t-il son règne ? — Qui désigna-t-il pour son successeur ? — Racontez les événements qui se passaient alors en Pologne. — Quels furent les succès de Sobieski ?

CHAPITRE XXIV.

De l'empire ottoman depuis l'avénement de Soliman II (1520) jusqu'à la fin du dix-huitième siècle [1].

Soliman II. — Siége de Rhodes. — Guerre avec la Hongrie et la Perse. — Sélim II. Bataille navale de Lépante. — Amurat III. Révolte des janissaires. — Mahomet III. Ses cruautés. Il envahit la Hongrie. — Achmet Ier. Anarchie. — Amurat IV. Prise de Bagdad. — Mahomet IV. Guerre avec la Pologne. — Siége de Vienne. — Soliman III. — Succès de Kouprogli. — Mustapha II. — Ses premiers succès. — Ses revers. — Achmet III. — Conquête de la Morée. — Mahmoud Ier. — Guerre avec la Perse. — Succès de Nadir. — Mustapha III. — Ses successeurs. — Premières conquêtes des Russes.

Soliman II (1520). — Soliman II, successeur de Sélim, fut surnommé tout à la fois le *magnifique*, le *législateur* et le *conquérant*. Par sa vigilance, son habileté et son courage, par son amour de la justice et sa sollicitude pour le bonheur de son peuple, Soliman peut être regardé comme un des plus grands princes de son siècle. Religieux observateur de sa parole envers les chrétiens, il montra les vertus qui distinguent les nations civilisées; mais, il faut le dire aussi, toutes ces éminentes qualités furent souvent ternies par une cruauté dont les souverains de la Turquie don-

---

1. Voir les événements précédents au chapitre Ier.

nent de si tristes et de si fréquents exemples dans l'histoire.

Soliman était à peine monté sur le trône que le gouverneur de Syrie se révolta, essayant de relever l'empire des Mameloucks que Sélim avait détruit. Soliman envoya contre lui une puissante armée. Le gouverneur de Syrie, vaincu, se fit tuer pour ne pas tomber vivant entre les mains de ses ennemis, et la révolte fut aussitôt étouffée.

Siége de Rhodes. — Après avoir conclu une trêve avec Ismaël, sophi ou souverain de la Perse, Soliman songea à tourner ses armes contre les chrétiens. La prise de Belgrade (1521) lui inspira le dessein d'assiéger l'île de Rhodes, possédée depuis deux siècles par les chevaliers de Saint-Jean de Jérusalem. Villiers de l'Ile-Adam était grand maître de l'ordre lorsque les Turcs, au nombre de deux cent mille, se présentèrent devant l'île. Le grand maître, secondé par ses compagnons, fit une résistance héroïque. Mais quand il eut épuisé toutes ses ressources, il céda aux larmes des habitants et signa une capitulation honorable. En quittant Rhodes, il se transporta à Viterbe avec le reste des chevaliers et y résida jusqu'en 1530, époque à laquelle Charles-Quint leur donna l'île de Malte. De retour à Constantinople, Soliman, qui avait établi dans cette ville une sévère organisation pour la justice, punit plusieurs cadis ou juges prévaricateurs. Il donna de nouvelles lois aux Turcs, et ces lois, tout imparfaites qu'elles étaient, lui ont valu le surnom de *législateur*.

Guerre avec la Hongrie et la Perse. — Le sultan attaqua ensuite la Hongrie, où il gagna (1525) la funeste bataille de Mohacz : les Hongrois y perdirent leur jeune roi Louis. Le conquérant turc prit Bude en 1529, et fut abandonné de la fortune sous les murs de Vienne, dont il fut forcé, après vingt assauts, de lever précipitamment le siège. Pour effacer la honte de ce revers, il passa en Asie, prit Tauris sur les Persans, ravagea une grande étendue de pays, et dicta la paix à ses ennemis après une alternative de défaites et de victoires. Ce grand homme eut le malheur de se laisser tromper par les artifices de la sultane Roxelane et de faire mourir son fils Mustapha. Un autre de ses fils, nommé Bajazet, à qui Roxelane voulait faire donner le trône, après avoir tenté vainement d'empoisonner son frère Sélim, essaya la voie des armes. Vaincu près d'Iconium, il s'enfuit à la cour du roi de Perse, où il fut étranglé avec ses quatre enfants. Une victoire éclatante consola Soliman des malheurs de sa vieillesse : l'amiral Dragut vainquit une flotte chrétienne dans les parages de Malte, mais il ne put prendre l'île elle-même, vaillamment défendue par les chevaliers et leur grand maître Jean de la Valette. Cet intrépide vieillard, grièvement blessé sur la brèche, ne voulait point se retirer, malgré les instantes prières de ceux qui l'entouraient : « A soixante et onze ans, répondit-il, puis-je finir plus glorieusement mes jours qu'au milieu de mes frères ? »

Le sultan, toujours prêt à recommencer la lutte contre les chrétiens, entra en Hongrie et assiégea la ville de Szigeth avec cent cinquante mille hommes. Le gouverneur de la ville avait juré de se faire tuer plutôt que de se rendre : il tint parole. Soliman avait déjà perdu vingt mille hommes, lorsque ses troupes, redoublant d'ardeur, s'emparèrent de Szigeth. Deux cents braves guerriers qui restaient dans la place ne voulurent point capituler : aussi résolus que les Spartiates des Thermopyles, ils montrèrent une gaieté héroïque avant le sacrifice de leur vie et périrent tous les armes à la main. Soliman ne jouit pas de son triomphe : il était mort dans sa tente des suites d'une blessure.

Sélim II (1566). Bataille navale de Lépante. — Sélim II remplaça Soliman son père; la mort de ses frères Mustapha et Bajazet lui assurait la libre possession du trône. Le nouveau sultan conclut une trêve avec l'empereur Maximilien, et fit la conquête de l'île de Chypre sur les Vénitiens. Mais ce brillant succès fut compensé par un revers terrible. L'Espagne et l'Italie avaient préparé une flotte de trois cents voiles contre les Turcs et choisi pour généralissime le célèbre don Juan d'Autriche, fils de Charles-Quint. Les musulmans et les chrétiens s'attaquèrent avec un acharnement sans exemple dans le golfe de Lépante, près de ces mêmes lieux où Antoine et Octave s'étaient disputé l'empire du monde. Les Turcs furent défaits, et cette bataille leur coûta 30,000 hommes, deux cents navires et six cents canons. Quinze mille esclaves chrétiens furent délivrés.

Amurat III (1574). Révolte des janissaires. — Amurat III, fils et successeur de Sélim II, s'affermit sur le trône par la mort de ses cinq frères. Il augmenta l'étendue de ses États, prit Raab en Hongrie et Tauris en Perse; mais il eut à réprimer les dangereuses révoltes des janissaires. Un jour, ces furieux vinrent lui demander à grands cris la tête du grand trésorier. Amurat s'élança sur les rebelles le cimeterre à la main, en tua plusieurs et fit trembler les autres : les chefs de l'insurrection furent jetés dans le Bosphore. Le sultan mourut à l'âge de cinquante ans, détesté de ses sujets pour ses cruautés.

Mahomet III (1595). Ses cruautés. Il envahit la Hongrie. — Mahomet III se montra plus cruel encore que son père Amurat, et commença son règne par le massacre de ses dix-neuf frères. Il envahit ensuite la Hongrie à la tête de deux cent mille hommes, s'empara de la ville d'Agram, et remporta une grande victoire sur l'archiduc Maximilien, frère de l'empereur Rodolphe. Les années suivantes furent moins heureuses pour lui; chassé successivement de la Hongrie, de la Valachie et de la Transylvanie, il fit aux chrétiens des offres de paix qui furent rejetées, et, pour se consoler de ses revers, il s'ensevelit au fond de son palais, où il trouva la mort.

Achmet Ier (1603). Anarchie. — Achmet Ier, son fils, à peine âgé de dix ans, fut élevé sur le trône. Il respecta les jours de Mustapha son frère, se fit aimer de ses sujets et construisit une superbe mosquée à Constantinople. Plus politique que guerrier, Achmet fut vaincu par Chab-Abbas, sophi de Perse, à qui il céda les villes de Tauris et de Bagdad. Sa mort, arrivée en 1617, fut suivie d'une longue anarchie. Mustapha son frère, qu'il avait désigné pour lui succéder, fut déposé après quatre mois de règne, à cause de sa folie, et enfermé au château des Sept-Tours. Othman II fut élu à sa place. Il envahit la Pologne avec trois cent mille hommes, et, n'ayant pas réussi, il signa la paix; mais il attribua la cause de ses revers aux janissaires, et songea à détruire cette milice insolente. Ceux-ci, informés de ses projets, se hâtèrent de le déposer, tirèrent Mustapha de sa prison et lui rendirent la couronne. Ils enfermèrent dans le même château le malheureux Othman, qui y fut bientôt assassiné. Au bout d'un an, l'indigne Mustapha fut déposé pour la seconde fois, et, après avoir été exposé aux outrages du peuple, il fut étranglé dans sa prison par ordre d'Amurat IV, second fils d'Achmet Ier, que les janissaires venaient de proclamer.

Amurat IV (1623). Prise de Bagdad. — Amurat IV, surnommé *l'intrépide* ou le *vaillant*, sentant qu'une guerre extérieure était nécessaire à la tranquillité de l'empire, tourna ses armes contre les Persans et s'empara de Bagdad : il monta lui-même à l'assaut, tua sur la brèche son visir qui avait échoué dans une première attaque, et fit égorger en sa présence un grand nombre de prisonniers persans. Il revint triomphant à Constantinople, après avoir fait mettre à mort Bajazet, l'aîné de deux frères qui lui restaient. Il mourut en 1640, et eut pour successeur son second frère Ibrahim, qui languissait depuis longtemps en prison et qui était incapable de régner. Cependant ses armes prospérèrent au dehors, grâce à la valeur et à l'habileté du grand visir

Kouprogli, qui débarqua dans l'île de Candie à la tête de quatre-vingt mille hommes. L'île entière, hors la capitale, était en son pouvoir quand Ibrahim mourut en 1648.

Mahomet IV (1648). Guerre avec la Pologne. — Mahomet IV, fils d'Ibrahim, continua la guerre avec vigueur, et le grand visir s'empara de la capitale de Candie, malgré la résistance opiniâtre de ses habitants. Après cette conquête, Mahomet marcha contre les Polonais pour défendre les Cosaques qui s'étaient soumis à la Porte; il prit la ville de Kaminieck et força les ennemis à lui demander la paix. Ce fut là le terme de ses prospérités. Sobieski, grand maréchal de Pologne, vengea sa nation par la victoire de Choczim. Les Ottomans, battus à diverses reprises, furent contraints d'accorder la paix à des conditions plus avantageuses pour leurs ennemis.

Siége de Vienne. — A peu près vers la même époque, la Hongrie s'étant soulevée contre l'empereur d'Allemagne, le sultan favorisa cette révolte et leva une armée de cent quarante mille hommes, dont le commandement fut donné au grand visir Kara-Mustapha. Ce général vint mettre le siége devant Vienne; mais Sobieski sauva la capitale de l'Autriche, et Mustapha paya de sa tête le malheur d'avoir été vaincu. En 1687, les Turcs éprouvèrent une nouvelle défaite dans la plaine de Mohacz, et les janissaires, qui attribuaient tant de calamités à l'indolence de leur maître, le déposèrent et placèrent sur le trône son frère Soliman III.

Soliman III (1687). Succès de Kouprogli. — Le nouveau sultan était pieux et timide, et les janissaires, qui ne cherchaient qu'à se rendre redoutables, remplirent Constantinople de troubles et de meurtres. Les Autrichiens, habiles à profiter de ces désordres, s'emparèrent d'Agram, de Belgrade, des villes les plus fortes de la Hongrie et de la Servie entière; presqu'en même temps, les Vénitiens poussaient leurs conquêtes en Morée et ravageaient ce pays. Le grand vizir Kouprogli répara ces désastres. Tout prit une face nouvelle sous la direction de ce grand homme, qui, pour un moment, vivifia l'empire ottoman. Les Turcs, dociles à ses ordres, s'enrôlèrent de toutes parts sous les drapeaux de leur vizir. La Servie et Belgrade reconquises furent le prix de cette expédition, qui signala glorieusement les derniers jours de Soliman III.

Kouprogli plaça sur le trône Achmet II, fils d'Ibrahim et frère du dernier sultan. La mort du grand vizir, tué en Hongrie à la bataille de Szalankemen, le changement perpétuel des ministres, les révoltes, la peste, les incendies, jetèrent une telle confusion dans les affaires du sultan Achmet, qu'il ne réussit dans aucune de ses entreprises. Il mourut de chagrin (1695) après quatre ans de règne.

Mustapha II (1695). Ses premiers succès. Ses revers. — Mustapha II, son successeur, était fils de Mahomet IV. Jeune, infatigable, plein d'ardeur et de courage, il avait les qualités d'un grand souverain. Les premières années de son règne furent heureuses : le sultan défit les Impériaux à Témeswar en 1696, et fit la guerre avec succès contre les Vénitiens, les Polonais et les Moscovites. La fortune ne tarda pas à changer. Les Autrichiens, commandés par le prince Eugène, détruisirent la moitié de l'armée turque sur les bords de la Theiss, non loin de Waradin (1697). La paix conclue entre la Porte et la cour de Vienne acheva de perdre Mustapha dans l'esprit du peuple, qui passa promptement des murmures à la révolte. Cent cinquante mille rebelles entourèrent le sérail et ordonnèrent à leur souverain de se choisir un successeur. Le sultan alla trouver son frère Achmet, l'embrassa tendrement, l'exhorta à régner plus sagement que lui-même, et se retira au fond de son palais, où il mourut quelques mois après sa déposition.

Achmet III (1703). Conquête de la Morée. — Achmet III signala les premières années de son règne par la conquête des îles de l'Archipel et de la Morée. Moins heureux dans sa guerre contre l'Autriche, il avait cédé à l'Empereur, par le traité de Passarowitz, la ville de Belgrade, une partie de la Servie, de la Bosnie et de la Valachie. Ce traité excita des mécontentements. De plus, l'indolence d'Achmet inspirait le mépris à ses sujets, et ce mépris se changea en haine quand, un incendie ayant ravagé Constantinople, le sultan se montra insensible aux plaintes des victimes de cette catastrophe. Achmet allait prendre le commandement de son armée pour combattre la Perse, lorsque trois janissaires soulevèrent Constantinople et forcèrent le sultan d'abdiquer en faveur de son neveu, Mahmoud Ier. Achmet fut emprisonné et mourut quelques années après.

Mahmoud Ier (1730). Guerre avec la Perse. Succès de Nadir. — Les trois conspirateurs exercèrent un pouvoir absolu; mais leur despotisme fatigua Mahmoud, qui les fit massacrer dans la salle du divan. Le nouveau sultan continua la guerre de Perse, et le grand visir Rustan remporta d'abord quelques succès.

Une révolution venait aussi d'éclater en Perse où le fameux aventurier Nadir, surnommé Thamas-Kouli-khan, après avoir déposé son souverain, Thamas, proclama un enfant au berceau, Abbas-Mirza. Ce jeune roi, ceint du diadème, apporté en présence des grands pour recevoir leurs hommages, se mit à pousser des cris aigus. « Il réclame les provinces cédées aux Turcs, s'écria Nadir; elles lui seront bientôt rendues. » En effet, Nadir vainquit les Turcs dans une bataille sanglante où périt le grand vizir, et soumit la Géorgie et l'Arménie (1735). Ensuite le redoutable conquérant, proclamé souverain de la Perse après la mort d'Abbas, ravagea l'Hindoustan et porta ses armes contre les Tartares et les peuples du Caucase. Ses principaux officiers l'assassinèrent en 1747. Ce fut le signal des plus horribles désordres; la Perse, livrée à l'anarchie, compta autant de souverains que de provinces, et la guerre civile, éteinte pendant quelques années, devait se rallumer avec une nouvelle fureur et se perpétuer jusqu'à la fin du dix-huitième siècle.

Les Turcs, à qui le farouche Nadir avait fait éprouver de si grands revers, se défendirent avec plus de succès contre la Russie et l'Allemagne, et Mahmoud, après avoir effacé la honte du traité de Passarowitz, vécut en paix jusqu'à la fin de sa vie (1754). Son frère, Othman III, ne régna que trois ans, et le règne de ce prince n'est marqué dans l'histoire que par un affreux incendie qui consuma les deux tiers de Constantinople.

Mustapha III (1757). Ses successeurs. Premières conquêtes des Russes. — Mustapha III, successeur d'Othman III, réforma de nombreux abus, remit l'ordre dans les finances et s'efforça d'améliorer les mœurs publiques. Cependant son règne fut loin d'être paisible; des émeutes agitèrent Constantinople, le pacha de Bagdad se révolta, des fanatiques bouleversèrent l'Égypte et l'Arabie. En 1768, la guerre fut déclarée à la Russie. Le sultan fit de grands efforts, mais il n'éprouva que des revers. Quand il mourut en 1774, la guerre n'était pas terminée.

Son frère Abdul-Hamid, qui lui succéda, signa la même année le honteux traité de Kaïnardji, par lequel la Crimée était déclarée indépendante de la Turquie; les Russes obtinrent en outre la libre navigation de la mer Noire et du Bosphore. Abdul-Hamid, dans la prévision d'une nouvelle guerre avec la Russie, fit d'immenses préparatifs, réorganisa l'armée, créa une marine, fit fondre des canons et des bombes et appela des ingénieurs français. Malgré cela, il fut vaincu dans la guerre de 1786 et mourut en 1789. Son neveu, Sélim III, fils de Mustapha, lui succéda. Il continua les réformes de ses prédécesseurs; mais il fut déposé en 1807 par les janissaires, jaloux de ces innovations. Son successeur, Mahmoud II, devait façonner les Turcs à la tactique et à la civilisation européennes.

Questionnaire.

Quelles étaient les qualités de Soliman II? — Quels surnoms mérita-t-il? — Quel événement marqua le commencement de son règne? — Comment cette révolte fut-elle apaisée? — Racontez le siége de Rhodes. — Quels sont les autres événements les plus remarquables du règne de Soliman II? — Qui succéda à ce prince? — Quelle conquête fit Sélim? — Qui occupa le trône après lui? — Par quel moyen Amurat III affermit-il son pouvoir? — De quel crime Mahomet III se souilla-t-il? — Sur quel prince remporta-t-il une grande victoire? — Quels revers éprouva-t-il sur la fin de son règne? — Quels furent ses successeurs? — Que firent-ils? — Quelle guerre entreprit Amurat IV? — Quelles cruautés commit-il? — Qui régna après lui? — Quelle conquête fit le grand vizir? — Quel peuple Mahomet IV attaqua-t-il ensuite? — Par qui fut-il arrêté dans ses succès? — Qui le remplaça sur le trône? — Quelles conquêtes perdirent les Turcs? — Par qui furent-elles reprises? — Qui succéda à Soliman III? — Le règne d'Achmet II fut-il heureux? — Racontez les principaux événements du règne de Mustapha II. — Comment Achmet III signala-t-il les premières années de son règne? — Pourquoi fut-il forcé d'abdiquer? — Que fit Mahmoud Ier? — Quels événements se passaient en Perse? — Racontez les conquêtes de Nadir. — Quels furent les successeurs de Mahmoud Ier? — Que firent-ils?

CHAPITRE XXV.

De la Russie et de la Suède sous Pierre le Grand et Charles XII
(1689-1725).

Éducation de Pierre le Grand. — Conspiration contre sa vie. — Ses premiers travaux et ses premiers succès. — Ses voyages en Europe. — Révolte et punition des strélitz. — Guerre entre la Russie et la Suède. — Charles XII. — Victoire de Charles XII à Narva. — Le roi de Pologne, Auguste II, détrôné. — La guerre continue entre la Suède et la Russie. — Triomphe de Pierre le Grand à Pultava. — Guerre de la Russie avec la Turquie. — Charles XII à Bender. — Son retour; sa mort. — Derniers événements du règne de Pierre le Grand. — Ses institutions. — Traité de paix avec la Suède.

Éducation de Pierre le Grand. Conspiration contre sa vie. — A l'avénement de Pierre le Grand, en 1689, la Russie ne possédait que deux ports, Astrahan, sur la mer Caspienne, et Arkhangel, sur la mer Glaciale. Les Suédois occupaient encore les côtes de la mer Baltique; les Turcs, celles de la mer Noire et de la mer d'Azof. Il était réservé à Pierre de changer cet état de choses, et de donner à son pays la grandeur et la puissance des plus vastes empires. L'éducation du jeune prince avait été négligée à dessein; la princesse Sophie, sa sœur, l'avait laissé dans l'abrutissement de l'ignorance afin de régner plus longtemps elle-même. Mais ni le vin ni les liqueurs fortes qu'elle lui faisait boire avec excès ne parvinrent à étouffer cette vigoureuse intelligence. Un Français nommé Lefort devint le confident de toutes les pensées du prince, et ce fut d'après ses conseils que Pierre songea à se créer une milice redoutable et dévouée. Il forma un corps de jeunes boyards disciplinés à la manière allemande, et cette petite troupe, insensiblement grossie, devint bientôt un régiment, puis une véritable armée, dont Lefort et un Écossais nommé Gordon se partagèrent le commandement.

Pierre touchait à sa dix-septième année, et déjà on remarquait en lui des qualités supérieures. Il aimait beaucoup les étrangers, se faisait le compagnon, l'admirateur, le disciple des artistes, interrogeait les voyageurs sur les lois, les mœurs, le gouvernement de leur pays. Cette ardeur de s'instruire inquiéta la régente, qui concerta, dit-on, la mort du jeune prince et poussa les strélitz à la révolte. Pierre, averti à temps, se retira au couvent de la Trinité et fit appel à la fidélité de ses troupes régulières. La nation se déclara en sa faveur; les chefs des strélitz furent punis par le supplice, et Sophie fut enfermée dans un monastère. Dès ce moment Pierre régna seul; son frère Iwan, qui traîna encore pendant sept ans une vie languissante, n'eut d'autre part au gouvernement que de voir son nom figurer dans les actes publics.

Premiers travaux et premiers succès de Pierre le Grand. — Pierre devait à son éducation négligée des penchants vicieux: il était d'une intempérance excessive, qui dégénérait quelquefois en brutalité. Ses défauts n'annonçaient guère un réformateur, et on ne pouvait s'attendre à ce qu'un prince qui frissonnait lorsqu'il fallait traverser un ruisseau deviendrait un jour le meilleur marin de son empire. Mais la force de la volonté devait triompher chez lui de tous les obstacles. Il entreprit d'abord de donner une marine à son royaume. Une vieille chaloupe radoubée servit de modèle : Lefort, nommé amiral, compta bientôt sous ses ordres cinq petits bâtiments et un vaisseau qui alla prendre possession de la mer Glaciale. Des Vénitiens et des Hollandais construisirent pour le czar des barques longues armées de trente canons et capables de tenir en respect les Tartares en Crimée. Pierre se crut alors assez fort pour attaquer la Turquie, engagée dans une lutte malheureuse contre l'Empire. Ses petits vaisseaux battirent en effet la flotte turque; la ville d'Azof fut prise et fortifiée avec soin (1696). Les Russes rentrèrent en triomphe à Moscou : le czar, qui avait voulu servir comme simple volontaire, suivait modestement le cortége, laissant tout l'honneur à ses généraux.

Voyages de Pierre le Grand en Europe. — Ce premier succès ne suffisait pas au czar, qui sentit le besoin de perfectionner ses créations et d'aller demander à l'Europe les lumières que sa patrie ne possédait pas encore. Après avoir réglé les affaires du gouvernement pour le temps de son absence et cantonné les strélitz sur les frontières de la Crimée, il partit à la suite d'une ambassade dont Lefort était un des chefs, traversa rapidement la Pologne, le Brandebourg, et alla se faire inscrire dans les chantiers du village de Saardam, sous le nom de Pierre Mikhaïloff. Vêtu d'un habit grossier, partageant la nourriture et les travaux des ouvriers, qui appelaient leur compagnon *maître Pierre*, il apprit l'art de la construction dans tous ses détails, et fit partir pour Arkhangel un vaisseau de soixante canons sorti presque tout entier de ses mains. En 1698, il quitta la Hollande et passa en Angleterre, où il étudia les mathématiques, l'horlogerie et l'astronomie, enrôlant des ouvriers pour les envoyer dans ses États.

Révolte et punition des strélitz. — A son retour, Pierre, à peine arrivé à Vienne, apprit que les strélitz venaient de se révolter en Russie. Le czar arriva trop tard pour les vaincre : le général Gordon s'était chargé de ce soin. Mais restait la vengeance, qui fut terrible; les cruautés avec lesquelles Pierre punit les rebelles ne peuvent pas se justifier. Non-seulement il les fit mettre à mort, mais il voulut être leur bourreau : il abattit lui-même plus de cent têtes, et les seigneurs de la cour imitèrent son exemple.

Pierre, après avoir détruit la milice des strélitz, poursuivit l'exécution de ses grands projets. Il obligea tous les enfants boyards à embrasser la carrière militaire, exigeant que, comme lui, ils passassent par tous les grades. La réforme des finances et du clergé, la régularisation des impôts, l'institution d'une chambre des comptes et d'un *synode* ou conseil ecclésiastique chargé de l'administration des affaires religieuses, se suivirent de près. Le czar changea aussi le costume, prit l'habit court, se rasa, et, pour forcer le peuple à se soumettre à ces nouveaux usages, il fit payer à l'entrée des villes tous ceux qui conservaient la barbe et la robe longue. Pour flatter la noblesse, il institua l'ordre militaire de Saint-André; il s'en fit le grand maître, et n'accorda cette distinction qu'avec une extrême réserve.

Guerre entre la Russie et la Suède. Charles XII. — Ces travaux furent interrompus par la guerre de Suède. Une coalition redoutable venait de se former en Europe contre le jeune monarque qui occupait alors le trône de Suède, contre Charles XII. Pierre le Grand, Frédéric IV, roi de Danemark, accédèrent à cette ligue, et Charles XII reçut à l'improviste la nouvelle de l'entrée des Danois dans le Holstein et de l'invasion des Saxons dans la Livonie. Il assembla aussitôt son conseil, et prenant la parole : « Messieurs, dit-il, j'ai résolu de ne jamais entreprendre une guerre injuste, mais j'entends bien ne finir une guerre légitime que par la ruine complète de mon ennemi. »

Charles XII fit de rapides préparatifs, établit à Stockholm un conseil de sénateurs chargés de l'administration intérieure, et le 8 mai 1700, il quitta sa capitale, où il ne devait jamais revenir. La flotte suédoise, composée de quarante-trois vaisseaux, se dirigea sur Copenhague ; le débarquement des troupes se fit à une petite distance de la ville. Le roi se mit alors dans la première chaloupe; mais bientôt, emporté par son impatience et sa bouillante ardeur, il s'élança dans l'eau jusqu'à la ceinture, puis demanda à un officier la cause du sifflement qu'il entendait à ses oreilles : « C'est le bruit de la mousqueterie, répondit l'officier. — Bon ! dit le roi, ce sera là dorénavant ma musique. »

Les milices danoises s'enfuirent après une faible

résistance. Copenhague intimidée supplia le roi de ne point bombarder la ville. Charles XII exigea que le duc de Holstein, son allié, fût indemnisé de tous les frais de la guerre, et le roi de Danemark fut trop heureux d'accepter cette condition. Ainsi fut terminée en six semaines cette guerre entreprise par un jeune homme de dix-huit ans.

Victoire de Charles XII à Narva. Le roi de Pologne, Auguste II, détrôné. — La paix venait d'être conclue, lorsque Charles XII apprit que les Russes, au nombre de quatre-vingt mille et soutenus par cent cinquante pièces de canon, assiégeaient la ville de Narva, dans l'Ingrie. L'armée des Suédois ne comptait que neuf mille hommes et trente-sept pièces de canon : elle remporta néanmoins une victoire complète. Dix-huit mille Russes avaient péri dans la bataille ; les Suédois n'avaient perdu que six cents hommes. Pierre, qui était absent au moment de l'action, ne se laissa point décourager : « Les Suédois nous battront longtemps, disait-il, mais ils nous apprendront à les battre. » Charles, méprisant un ennemi si facile à vaincre, tourna ses armes contre Auguste II, roi de Pologne, qui, après avoir essuyé deux défaites, fut détrôné et remplacé par Stanislas Leczinski, protégé de Charles XII.

La guerre continue entre la Suède et la Russie. — Cependant Pierre redoublait d'activité, établissait des manufactures de draps, des fonderies de canons, construisait une flottille de cent galères sur le lac Péipous, et, après avoir pris le fort de Notebourg, sur le lac Ladoga, il s'avança de conquête en conquête jusqu'aux bords de la Baltique, et, au mois de mai 1703, il jeta les fondements de Saint-Pétersbourg à l'embouchure de la Néva. Vainqueur dans son empire, et sur mer et sur terre, le czar essaya de secourir son allié Auguste II et dirigea cent mille Moscovites sur la Pologne. Mais telle était la terreur inspirée par les Suédois, que les Russes et les Saxons s'enfuirent au premier choc, laissant sur le champ de bataille sept mille fusils encore chargés. Charles entra dans la Saxe malgré le décret qui le déclarait ennemi de l'Empire s'il dépassait l'Oder. Auguste II, poursuivi sans relâche, acheta la paix aux conditions les plus dures : il s'engageait à reconnaître Stanislas Leczinski comme roi de Pologne et renonçait à l'alliance moscovite.

Pierre, abandonné de son allié, se roidit contre la fortune. Battu de nouveau, il fit des propositions de paix, et reçut pour réponse que le roi de Suède traiterait avec le czar à Moscou : « Mon frère Charles, dit-il alors, veut faire l'Alexandre; mais il ne trouvera pas en moi un Darius. » Son adversaire avait passé la Bérésina, et ne se trouvait plus qu'à quarante-quatre myriamètres de la capitale de la Russie, quand il marcha tout à coup vers le sud et se dirigea sur l'Ukraine, où Mazeppa, hetman des Cosaques, lui promettait un secours de trente mille hommes. Les fatigues inouïes de cette campagne, le manque de parole de Mazeppa, deux mille hommes tombant morts de froid le même jour, les supplications du chancelier Piper, rien ne put changer la volonté de fer du roi de Suède, qui continua sa route. Le czar suivait son ennemi partout, l'affaiblissant par des escarmouches répétées. Les Russes avaient des vêtements et des vivres en abondance, et les Suédois manquaient de tout.

Triomphe de Pierre le Grand à Pultava. — Charles XII vint mettre le siége devant Pultava : c'était une petite ville pouvant servir de place d'armes. Pierre l'y attendait avec soixante-dix mille hommes. Charles XII n'avait que dix-huit mille Suédois; il ordonna au feld-maréchal Renschild de préparer l'attaque pour le lendemain, et dormit d'un profond sommeil jusqu'à la pointe du jour. Le 8 juillet 1709, s'engagea la bataille de Pultava. Charles, blessé au pied quelques jours auparavant, se fit mettre sur un brancard et porter par ses soldats. Les Suédois, qui avaient fait d'abord reculer les escadrons russes, furent mis en déroute et laissèrent neuf mille morts sur le champ de bataille. Charles, emporté sur un cheval, brisé par la douleur et la fièvre, s'enfuit vers les frontières de la Turquie et obtint d'Achmet III un asile à Bender, petite ville de Bessarabie.

La victoire de Pultava faisait passer à la Russie la prépondérance dont la Suède avait joui jusqu'alors dans le Nord. Pierre écrivit du champ de bataille à l'amiral Apraxin : « Grâce à Dieu, voici la pierre fondamentale de Pétersbourg solidement établie. » Les prisonniers suédois furent envoyés en Sibérie; Auguste II rentra en Pologne et détrôna Stanislas; presque toutes les conquêtes de Gustave-Adolphe furent perdues. Le czar fit une entrée triomphale à Moscou, précédé de l'artillerie, des drapeaux ennemis, du brancard de Charles XII fracassé par deux coups de canon, et courut à de nouvelles victoires. La Carélie, la Livonie, l'Esthonie, furent rapidement conquises. Onze mille Suédois qui gardaient la Poméranie prirent l'engagement de ne pas quitter cette province : Charles XII, irrité d'un traité qui liait les mains aux restes de son armée, écrivit du fond de sa retraite aux sénateurs de Stockholm qu'il leur enverrait une de ses bottes pour les gouverner.

Guerre de la Russie avec la Turquie. — Charles XII, réfugié à Bender, excitait la Porte à déclarer la guerre à la Russie. Depuis la paix de Carlowitz, Achmet III avait eu le temps de réparer ses forces : le moment semblait venu de reprendre la citadelle d'Azof et les côtes de la mer Noire. Le czar, menacé par les Tartares, commit la même faute que Charles XII dans l'Ukraine, et laissa envelopper ses trente-sept mille Russes par deux cent mille Turcs, que commandait le grand vizir Haltagi-Méhémet. C'en était fait de l'armée; Pierre lui-même était désespéré. La czarine, jeune orpheline livonienne que Pierre avait épousée secrètement, Catherine, conseilla à son mari la voie des négociations. Méhémet, qui ignorait l'état déplorable de l'armée ennemie, accorda la paix à des conditions assez avantageuses, et Pierre récompensa Catherine en se mariant solennellement avec elle.

Charles XII à Bender. Son retour; sa mort. — Cependant Charles XII, dont la présence inquiétait et fatiguait le sultan Achmet, fut forcé de quitter son asile. Après s'être battu en désespéré derrière les retranchements de sa maison, il céda au nombre et jeta son épée en l'air pour ne pas la rendre. Enfin il se décida à quitter la Turquie.

Suivi de deux officiers, vêtu d'un habit gris, d'un manteau bleu et d'un chapeau galonné d'or, il courut la poste à cheval sous le nom d'un simple officier allemand : il traversa la Hongrie, la Moravie, l'Autriche, la Bavière, le Wurtemberg, le Palatinat, la Westphalie et le Mecklembourg, et parvint en seize jours et seize nuits, sans s'arrêter, aux portes de Stralsund, à une heure du matin. De là il envoya ses ordres pour recommencer la guerre; mais la fortune l'avait abandonné. La ville de Stralsund fut bientôt assiégée par les Prussiens. Comme elle était réduite à l'extrémité, Charles se jeta dans une barque, passa sous le canon de la flotte ennemie, et aborda en Suède, après quinze ans d'absence. Le baron de Gœrtz, son premier ministre, réussit à détacher le czar de la coalition qui avait fait tant de mal à son maître. L'Europe étonnée vit alors Charles XII abandonner une seconde fois ses États pour entreprendre la conquête de la Norwége; puis elle apprit tout à coup que ce monarque avait trouvé la mort sous les murs du château de Friedrikshall. Une balle l'avait frappé à la tempe droite : lorsqu'on le releva, il avait, par un mouvement naturel, la main sur la garde de son épée. Charles XII était alors âgé de trente-six ans (1718).

Derniers événements du règne de Pierre le Grand. Ses institutions. — Pierre le Grand alors visitait l'Europe, cette fois ne cachant plus son nom, mais voyageant en prince et jouissant de sa gloire. Après avoir visité la Hollande, il se rendit en France, où il fut accueilli avec les plus grands égards. A la Sorbonne, devant le tombeau de

Richelieu, on dit qu'il prononça ces paroles :
« Grand homme, si tu pouvais revenir à la vie,
je te donnerais la moitié de mon royaume pour
apprendre de toi à gouverner l'autre. » Un traité
de commerce fut signé entre la France et la Russie,
et le czar ramena dans ses États une foule d'habiles artisans. Il était rappelé par la méfiance
que lui inspirait son fils Alexis : le czar craignait que le jeune prince ne détruisît un jour son
œuvre.

Alexis, d'un caractère farouche et de mœurs
grossières, avait toujours montré une grande aversion pour les réformes de son père et s'entourait
de mécontents. Plus d'une fois Pierre avait menacé son fils de sa colère; le jeune prince persista
dans sa conduite, et lorsqu'il apprit le retour de
son père, il s'enfuit en Allemagne, puis revint à
Moscou sur les instantes sollicitations du czar, qui
promit solennellement de lui pardonner. Pierre,
au mépris de son serment, punit par les supplices
les plus affreux les seigneurs attachés au jeune
prince, et fit prononcer une condamnation capitale contre Alexis, qui fut empoisonné ou décapité
dans sa prison. Cette mort est une tache ineffaçable pour la gloire de Pierre le Grand.

Les dernières années du règne de Pierre le
Grand furent marquées par des établissements et
des lois utiles. Une chambre de police fut instituée
pour veiller au maintien de l'ordre; les jeux de
hasard furent prohibés, les rues éclairées pendant
la nuit; des hôpitaux et des canaux furent achevés. Les manufactures, l'industrie, le commerce
intérieur et extérieur, reçurent une impulsion vi-

vifiante, et des réformes salutaires furent introduites dans la législation civile et religieuse.

Traité de paix avec la Suède. — La mort de Charles XII n'avait pas terminé la guerre avec la Suède. Pierre remporta de nouveaux succès, et la paix, signée à Nystad en 1721, mit fin aux hostilités et le comble à la gloire du czar, qui gagnait une grande étendue de territoire et se trouvait maître de la Baltique. Pierre le Grand célébra ses victoires par une entrée triomphale à Saint-Pétersbourg, où le sénat lui décerna les titres d'*empereur* et de *père de la patrie*. Après s'être reposé quelques instants, il attaqua la Perse, déchirée par la discorde civile, et s'empara des côtes occidentales de la mer Caspienne (1723). Il mourut deux ans après, le 17 janvier 1725 ; Catherine venait d'être sacrée impératrice, et elle monta sur le trône d'un époux qu'elle était digne de comprendre et d'imiter.

Questionnaire.

Dans quel but la princesse Sophie avait-elle négligé l'éducation de Pierre? — Quel homme devint le confident des pensées du jeune prince ? — Que fit ce dernier d'après les conseils de Lefort? — Comment déjoua-t-il la conspiration des strélitz?—Quels étaient les défauts de Pierre? — Quels furent ses premiers soins ? — Quelle fut sa première conquête?—Pourquoi Pierre quitta-t-il son empire? — Où alla-t-il ? — Quelles furent ses occupations? — Quel motif le rappela en Russie? — Comment punit-il les strélitz? — Quelles réformes opéra-t-il ensuite? — Dans quelle guerre s'engagea-t-il? — Quel prince occupait alors le trône de Suède? — Quelles furent les premières opérations de Charles XII?—Quel en fut le résultat?—Quelle victoire remporta-t-il sur les Russes? — Contre quel roi tourna-t-il ensuite ses armes?—Quel prince plaça-t-il sur le trône de Pologne? — Pierre se laissa-t-il décourager par sa défaite? — Que fit Charles XII?— Pourquoi se dirigea-t-il sur l'Ukraine? — Devant quelle ville mit-il le siége? — Racontez la bataille de Pultava.—Quelles en furent les suites? — Que faisait Charles XII à Bender? — Comment Pierre le Grand parvint-il à sortir de la position critique où il se trouvait? — Que fit Charles XII quand il fut forcé de quitter l'asile que lui avait donné le sultan Achmet?— En combien de jours traversa-t-il les terres de l'Empire? — Où mourut-il? — Quel âge avait-il? — Pourquoi Pierre le Grand quitta-t-il une seconde fois ses États? — Quel motif le rappela bientôt en Russie? — Quel fut le sort d'Alexis? — Comment furent remplies les dernières années du règne de Pierre le Grand? — En quelle année mourut-il? — Qui lui succéda?

CHAPITRE XXVI.

De l'Espagne et du Portugal, depuis la paix d'Utrecht (1714) jusqu'à la fin du dix-huitième siècle.

Espagne. — Philippe IV. — Révolte dans le royaume de Naples. — Charles II. — Philippe V. — Le ministre Albéroni. — Conquête du royaume de Naples et de la Sicile. — Ferdinand VI. — Sagesse de son gouvernement. — Charles III. — Guerre avec l'Angleterre. — Réformes et travaux de Charles III.

Portugal. — Alphonse VI. — Jean V. — Joseph Ier. — Ministère du marquis de Pombal. — La princesse Marie.

Les deux royaumes de la péninsule ibérique, l'Espagne et le Portugal, luttaient depuis longtemps contre leur malheureuse destinée : leur décadence ne fit que s'accroître pendant le dix-huitième siècle, malgré les améliorations intérieures qu'introduisirent les princes de la maison de Bourbon. Nous raconterons en peu de mots les événements qui précédèrent en Espagne la conclusion de la paix d'Utrecht.

Espagne. — Philippe IV (1621). Révolte dans le royaume de Naples. Charles II. — Philippe IV, dominé par un adroit ministre, don Louis de Haro, ne rougit pas de reconnaître le premier la tyrannie de Cromwell. Ce fut une condescendance inutile ; car les Anglais, à qui l'Amérique offrait une riche proie, déclarèrent la guerre à Philippe et ruinèrent le commerce des Espagnols. En même temps, le royaume de Naples, resté depuis longtemps paisible sous la domination de ses vice-rois, faillit se séparer de la métropole. Un impôt nouvellement établi sur les fruits et les légumes par le duc d'Arcos fut la cause d'un soulèvement général. Un panier de figues insolemment renversé par un percepteur avait mis le peuple en fureur : un homme de basse condition, nommé Masaniello, sortant tout à coup de la foule, et devenu par instinct chef de parti, eut bientôt à sa disposition les bras de 50,000 hommes. En quelques heures le massacre fut organisé dans la ville : il serait difficile de se faire une idée des vengeances sanguinaires auxquelles se livra cette populace effrénée. Nobles et bourgeois tremblaient également devant le redoutable Masaniello, quand le peuple, dans un moment d'humeur, brisa l'idole qu'il venait d'adorer. Masaniello fut tué : son cadavre, après avoir été traîné dans les rues, fut jeté dans un égout. La multitude, guérie de sa fièvre ardente, s'ennuya bientôt de la souveraineté et rentra dans le devoir.

Presque étranger à ces événements, l'insouciant Philippe IV s'amusait à composer des tragédies, et se montrait plus jaloux de la gloire d'auteur que de celle d'un grand roi. Son fils Charles II lui succéda en 1665 encore enfant. La reine mère, chargée de la régence, suivait aveuglément les conseils du jésuite Nitard, homme plus recommandable par ses vertus que par ses talents. Les grands du royaume, qui voyaient avec jalousie l'élévation du nouveau ministre, parvinrent à l'écarter et à le faire bannir du royaume. Charles II, devenu majeur, n'en régna pas davantage; comme ses prédécesseurs, il abandonna aux ministres les soins du gouvernement, et mourut sans héritier, en 1700, après avoir désigné dans un testament pour son successeur Philippe d'Anjou, petit-fils de Louis XIV, qui prit le sceptre sous le nom de Philippe V.

Philippe V (1701). Le ministre Albéroni. — L'Europe presque entière se coalisa aussitôt contre Louis XIV et contre l'Espagne. Mais Philippe V avait eu l'art de se faire aimer des Castillans, et Charles d'Autriche, qui lui disputait le trône, ne put jamais vaincre les répugnances du peuple ni se concilier son affection. Les brillantes victoires d'Almanza et de Villa-Viciosa affermirent la puissance du nouveau monarque, et la guerre se termina en 1712 par la prise de Barcelone.

L'année même de la conclusion de la paix d'Utrecht, Philippe V perdit Louise de Savoie, sa première femme. La princesse des Ursins, première dame du palais, résolut de donner au roi une épouse aussi facile à gouverner que la première, et jeta les yeux sur Isabelle Farnèse, héritière de Parme, de Plaisance et de Toscane. Elle se trompa dans ses prévisions; la nouvelle reine, instruite par Albéroni des intrigues de l'altière princesse, obtint de son mari l'ordre de la faire sortir du royaume. Albéroni, fils d'un jardinier, avait commencé à remplir les emplois les plus modestes dans les ordres sacrés. Venu en Espagne avec le duc de Vendôme et présenté à la princesse des Ursins, il fit une fortune rapide. Il fut nommé cardinal, grand d'Espagne et premier ministre.

Devenu tout-puissant, Albéroni se crut destiné à faire de grandes choses et entreprit de rendre à l'Espagne son ancienne splendeur. Il réorganisa la marine, attaqua l'Empereur, lui enleva la Sardaigne et envahit la Sicile. La destruction de la flotte espagnole par une flotte anglaise ne déconcerta pas les vastes projets du cardinal, qui s'allia avec Charles XII et avec les Turcs pour opposer l'un à l'Angleterre et les autres à l'Empire; il voulait aussi rétablir les Stuarts, priver le duc d'Orléans de la régence de France, reconquérir l'Italie. Le duc d'Orléans, instruit par hasard des projets de l'ambitieux Albéroni, les communiqua à Georges Ier, roi d'Angleterre, et s'unit avec lui contre l'Espagne. Philippe V, entouré d'ennemis, disgracia son ministre, qui reçut l'ordre de quitter l'Espagne sous trois semaines.

Les Espagnols, rappelés d'Italie, furent envoyés en Afrique, où ils sauvèrent Ceuta assiégée par les Maures. Puis Philippe V, à qui les intrigues de cour faisaient désirer les douceurs de la vie privée, abdiqua le trône en faveur de son fils aîné, don Louis (1724). Mais le jeune prince mourut au bout d'un an, et son père reprit avec peine le sceptre qu'il ne se sentait plus la force de porter. Il accorda sa confiance au baron de Ripperda, Hollandais établi en Espagne, où il avait abjuré le protestantisme pour se faire catholique. Ce seigneur, envoyé à Vienne pour conclure un traité avec l'Empereur, réussit dans sa mission, et fut élevé par son maître au rang de grand d'Espagne et de ministre des affaires étrangères. Ripperda se fit des ennemis par son despotisme et son incapacité. Disgracié et conduit à la tour de Ségovie, il s'échappa en 1728 et passa en Afrique.

Conquête du royaume de Naples et de la Sicile. — En 1731, l'infant don Carlos, fils de Philippe V et d'Isabelle, prit possession du duché de Parme, et envahit le royaume de Naples à la tête d'une armée de trente mille Espagnols. Cette conquête, bientôt suivie de celle de la Sicile, fut garantie à l'Espagne par le traité de Vienne; l'empereur Charles VI reçut à titre d'indemnité les duchés de Parme et de Plaisance, et le roi de Sardaigne obtint une faible partie du Milanais. A peine la paix était-elle signée avec l'Autriche, que la guerre éclata de nouveau dans les colonies espagnoles : les Anglais s'emparèrent par surprise de Puerto-Belo, mais leurs tentatives sur la Floride échouèrent complétement.

Ferdinand VI (1746). Sagesse de son gouvernement. — La mort de l'empereur Charles VI, arrivée en 1740, augmenta le désordre politique. Isabelle voulait un trône pour son second fils; elle engagea Philippe V à se déclarer contre Marie-Thérèse. La mort de ce prince, survenue en 1746, ne permit pas de continuer les hostilités. Son fils, Ferdinand VI, fut un des souverains les plus distingués de l'Europe et mérita le surnom de *Sage*. Secondé par un ministre habile et vertueux, il travailla au bonheur de ses sujets. Par le traité d'Aix-la-Chapelle, il obtint la souveraineté des duchés de Parme et de Plaisance pour son jeune frère, l'infant don Philippe. Il profita de ce calme passager pour corriger les abus introduits dans les finances, releva la marine, protégea le commerce, l'agriculture et les arts. Par ses soins, l'Espagne vit sortir de son sein des manufactures florissantes; des canaux portèrent l'abondance dans les campagnes. Lorsqu'il mourut, en 1759, la marine espagnole comptait cinquante vaisseaux de guerre, et le trésor public soixante millions, fruit d'une sage économie.

Charles III (1759). Guerre avec l'Angleterre. — Don Carlos, roi de Naples, succéda à son frère sous le nom de Charles III, et céda lui-même le royaume des Deux-Siciles à son troisième fils, Ferdinand IV. Comme son prédécesseur, il encouragea l'industrie nationale, et fit tout le bien que l'on pouvait attendre d'un prince dont le règne fut traversé par des guerres désastreuses. Après avoir forcé l'empereur de Maroc à une paix honorable, il s'unit à la France contre l'Angleterre et ne retira aucun avantage de cette alliance; les Anglais battirent à plusieurs reprises les flottes espagnoles, et s'emparèrent de la Havane, de Cuba, de Manille et des

Philippines. Charles, au contraire, fit d'inutiles et coûteux efforts pour reprendre Gibraltar. Le traité de Paris mit fin, en 1763, aux hostilités entre les puissances : l'Angleterre garda une partie de ses conquêtes, le Canada, la Grenade, Saint-Vincent, la Dominique et la côte du Sénégal ; l'Espagne céda aussi la Floride et reçut la Louisiane en dédommagement.

Réformes et travaux de Charles III. — Quelque temps après, Charles III, suivant l'exemple de Louis XV, exila les jésuites et confisqua leurs biens au profit de la couronne. Le comte d'Aranda, son premier ministre, lui conseilla de sages réformes : l'influence de l'inquisition diminuée, les moines soumis à une discipline plus sévère, une colonie de huit mille laboureurs établie à Sierra-Léone, la création de la banque industrielle de Saint-Charles, les nouvelles fabriques d'armes blanches de Tolède, l'école d'artillerie de Ségovie, la restauration de la marine militaire, tels furent les principaux travaux d'un prince qui mourut en 1788, emportant avec lui les regrets de tous les Espagnols. Il fut remplacé sur le trône par son fils Charles IV, qui devait perdre son royaume par sa faiblesse.

Portugal. — Alphonse VI (1658). — En Portugal, Jean IV, petit-fils de la duchesse de Bragance, proclamé roi à Lisbonne le 1er décembre 1640, avait réveillé la fierté de son peuple, et s'appliquait à recouvrer en Asie, en Afrique et en Amérique les nombreuses colonies qui avaient appartenu à la couronne de Portugal. Les Espagnols, affectant de traiter les Portugais en rebelles, essayèrent plus d'une fois de recouvrer leur ancienne conquête ; mais toutes leurs tentatives furent infructueuses, et, quelques années après, ils furent obligés de reconnaître l'indépendance du Portugal.

En 1658, le sceptre passa entre les mains d'Alphonse VI, prince sans caractère, mais dont la faiblesse, loin de ralentir les efforts de la nation, les stimula en quelque sorte plus vivement. L'importante colonie du Brésil se rallia de nouveau à la métropole. Alphonse, réduit par un frère ambitieux à l'état de misère et d'abandon où s'était trouvé Charles VI en France, ne jouit pas longtemps de la gloire de ses sujets. Les grands prononcèrent sa déchéance et le remplacèrent par son frère Pierre II, qui eut la barbarie de faire arrêter l'infortuné monarque. Alphonse, relégué à l'île de Terceire, puis enfermé au château de Cintra, expira après quinze années de captivité. Pierre, dont l'ambition était satisfaite, régna avec prudence et fermeté, conclut un traité de commerce avec la Grande-Bretagne, et eut pour successeur son fils Jean V, à peine âgé de dix-sept ans.

Jean V (1706). — Jean V resta fidèle à la politique anglaise, et il en recueillit les fruits à la paix d'Utrecht. L'Espagne et la France renoncèrent à quelques-unes de leurs possessions en Amérique. Depuis le traité d'Utrecht (1714) jusqu'à la mort de Jean V, en 1750, le Portugal ne prit aucune part aux guerres sanglantes de l'Europe. Le nouveau roi, d'un caractère violent et sévère, substitua la monarchie absolue à la représentation nationale : il ne convoqua plus les cortès, et se livra sans contrainte à toutes ses passions. Prodigue, adonné aux plaisirs, il croyait racheter ses vices par les largesses inouïes qu'il accordait aux églises et aux monastères.

Tandis que Jean V dissipait follement les ressources de son royaume, l'agriculture et l'industrie tombaient en décadence. Les Anglais, qui s'étaient emparés du commerce du Portugal, défendirent ce royaume contre les attaques étrangères, et, après de longues contestations, amenèrent la transaction qui fixa définitivement les possessions coloniales des Espagnols et des Portugais. Les premiers eurent les îles Philippines, le territoire au nord de la Plata; les seconds eurent le pays enclavé entre l'Ybiari et l'Uruguay. Ces vastes contrées, connues sous le nom de Paraguay, avaient été abandonnées depuis un siècle aux jésuites par la cour d'Espagne.

Joseph Ier (1750). Ministère du marquis de Pombal. La princesse Marie. — Jean V n'était plus; son fils aîné, Joseph Ier, monté sur le trône en 1750, était un prince ignorant et dont l'éducation avait été fort négligée. Cependant son règne fut un des règnes les plus brillants de la monarchie portugaise, grâce au premier ministre Joseph Carvalho, marquis de Pombal. L'administration de cet homme habile arrêta un moment la décadence du Portugal. Les finances, le commerce, la marine, l'industrie, l'agriculture, étaient réduites à l'état le plus déplorable : Pombal y porta son attention. Il ranima les manufactures par l'abolition de la loi somptuaire, qui mettait des bornes au luxe; il rassura le commerce maritime en punissant les pirateries des Barbaresques, fortifia les frontières du royaume, assura la solde de l'armée, régularisa la perception de l'impôt et supprima les auto-da-fé. Il diminua le pouvoir de la noblesse en faisant rentrer dans le domaine de la couronne les terres aliénées en faveur de familles puissantes. Cette mesure excita de vifs murmures et même quelques démonstrations coupables. Pombal fit cesser le désordre par une sévérité tyrannique, et se débarrassa des principaux mécontents par l'exil.

L'année 1755 fut marquée par une affreuse catastrophe : un tremblement de terre détruisit presque entièrement la ville de Lisbonne et coûta la vie à plus de trente mille personnes. Pombal, dans ces circonstances, redoubla d'énergie et d'activité, et punit avec toute la rigueur des lois les malfaiteurs qui voulurent profiter des désordres inséparables d'une telle calamité. Il releva Lisbonne de ses ruines et la fit plus belle, avec des rues plus larges, des maisons plus régulières, des bâtiments publics plus magnifiques.

Après ces mesures, le ministre assura son despotisme absolu en portant un édit qui déclarait traître à la patrie quiconque résisterait aux volontés du roi. La noblesse et les jésuites réclamèrent. Ils avaient pour eux le bon droit, mais ils eurent le tort d'être trop faibles : les familles les plus puissantes furent exilées, et les jésuites, poursuivis par la haine violente du premier ministre, furent bannis du royaume. Pombal continua alors le cours de ses utiles institutions, et fonda le *collège royal des nobles,* destiné, malgré sa dénomination, à répandre l'instruction parmi toutes les classes. Cette institution et une rédaction nouvelle du code portugais furent les derniers travaux de ce ministre, qui se retira des affaires à la mort de Joseph Ier, en 1777.

La princesse Marie, fille de Joseph II, avait épousé son oncle Pierre, qui fut proclamé roi sous le nom de Pierre III, bien que la puissance royale restât aux mains de sa femme, d'après les constitutions du royaume. La reine s'empressa de délivrer deux cents prisonniers retenus dans les cachots par l'ancien ministre et rappela une partie des exilés. Elle termina ensuite la guerre d'Espagne, qui avait éclaté de nouveau au sujet des colonies d'Amérique, et conclut les traités de Saint-Ildefonse et du Pardo (1778). L'union qui s'établit dès lors entre les cours de Lisbonne et de Madrid arracha pour un moment le Portugal à la domination de l'Angleterre.

Questionnaire.

Racontez les événements qui précédèrent en Espagne la conclusion de la paix d'Utrecht. — Quelle princesse Philippe V épousa-t-il après la mort de Louise de Savoie? — La nouvelle reine se laissa-t-elle gouverner par la princesse des Ursins? — Quelle fortune fit Albéroni? — Quelles entreprises essaya ce ministre? — Réussit-il? — En faveur de qui Philippe V abdiqua-t-il? — Ne fut-il pas obligé de reprendre la couronne? — A quel homme accorda-t-il sa confiance? — Ripperda conserva-t-il longtemps le pouvoir? — Quelle conquête fit l'infant don Carlos? — Par quel traité cette conquête fut-elle garantie à l'Espagne? — Qui succéda à Philippe V? — De quels soins s'occupa Ferdinand VI? — Quels bienfaits l'Espagne lui doit-elle? — Comment gouverna Charles III, son successeur? — Quels furent les résultats de la guerre contre les Anglais? — Quelles réformes Charles III exécuta-t-il dans son royaume? — Quel fut son successeur? — Quel prince gouvernait le Portugal en 1640? — Les tentatives des Espagnols contre ce royaume réussirent-elles?—Qui succéda à Jean IV?— Quel fut le sort d'Alphonse VI? — Qui s'empara de la couronne? — Quel âge avait Jean V lorsqu'il succéda à son père?— Quelle fut sa conduite?— Comment furent fixées les possessions coloniales des Espagnols et des Portugais? — Qui succéda à Jean V? — Quel ministre gouverna la monarchie sous Joseph Ier? — Comment gouverna-t-il?— Par quel désastre fut marquée l'année 1755? — Qui succéda à Joseph Ier?—Quels événements signalèrent le gouvernement de la princesse Marie?

CHAPITRE XXVII.

Du royaume de Prusse depuis son origine (1701) jusqu'à la fin du dix-huitième siècle.

Électeurs de Brandebourg. — Frédéric Ier, roi de Prusse. — Frédéric-Guillaume Ier. — Son caractère. — Frédéric II. — Ses qualités. — Ses premiers succès. — Conquête de la Silésie. — Guerre de Sept ans. — Batailles de Kollin et de Rosbach.— Suites des hostilités. — Paix d'Hubertsbourg. — Réformes et institutions de Frédéric II. — Partage de la Pologne. — Mort de Frédéric II. — Caractère de ce prince.

Électeurs de Brandebourg. — Les rois de Prusse, dont l'importance politique fut si grande au dix-huitième siècle, descendent de Frédéric, burgrave de Nuremberg, de la maison de Hohenzollern. Ce prince, après avoir rendu de grands services à l'empereur Sigismond, en avait obtenu le margraviat de Brandebourg, et quelque temps après le titre d'électeur. Ses successeurs prirent à tâche d'agrandir la puissance fondée par l'ancien burgrave de Nuremberg ; on remarque parmi eux Georges-Guillaume, célèbre par la part active qu'il prit à la guerre de Trente ans, et surtout Frédéric-Guillaume, surnommé le *grand électeur*. Frédéric II, arrière-petit-fils de ce prince, nous apprend dans ses Mémoires que son bisaïeul avait toutes les qualités qui font les grands hommes, qu'avec peu de moyens il fit de grandes choses, et rendit florissant un État qu'il avait trouvé pauvre et presque ruiné. Lorsque ce même Frédéric II fit transporter les corps de ses ancêtres dans la nouvelle cathédrale de Berlin, il voulut voir celui de Frédéric-Guillaume ; après l'avoir considéré longtemps en silence et les larmes aux yeux : « Messieurs, dit-il aux assistants, celui-ci a fait beaucoup. »

Frédéric Ier, roi de Prusse (1701). — L'électeur de Brandebourg, Frédéric, fut reconnu roi de Prusse en 1701 par la cour de Vienne sous le nom de Frédéric Ier. Il se couronna lui-même à Kœnigsberg. C'était un prince généreux, magnifique, ami du luxe, prodiguant l'argent sans mesure. Il augmenta son état militaire et entretint une garde brillante, orna la Prusse de beaucoup de monuments, et fonda l'université de Halle, l'académie de peinture de Berlin et la société royale des sciences et belles-lettres. Après avoir pris part à la grande lutte de l'Europe contre Louis XIV, qui avait refusé de le reconnaître comme roi, Frédéric mourut en 1713.

Frédéric-Guillaume Ier (1713), son caractère. — Frédéric-Guillaume Ier, son fils, lui succéda, et, trouvant le royaume en paix, s'occupa des affaires intérieures et rétablit l'ordre dans la justice et les finances. Il réforma une foule d'abus en supprimant les dignités inutiles, montra une grande simplicité dans ses vêtements, et n'eut qu'une seule ambition, celle d'accroître les forces militaires de la Prusse. Aussi fut-il surnommé le *roi sergent ;* le roi d'Angleterre, Georges II, ne l'appelait même que *mon frère le caporal.* Son amour-propre était d'avoir des soldats de haute taille, choisis dans toutes les provinces du royaume et soumis à la discipline la plus sévère : ses grenadiers de Potsdam, tous remarquables par leur stature colossale, sont devenus célèbres dans l'histoire.

Frédéric-Guillaume se trouvait à la tête d'une armée de quatre-vingt mille hommes. Ces forces imposantes le firent enfin reconnaître de la France et de l'Espagne, et lui permirent d'ajouter à ses États héréditaires de nouvelles acquisitions. La Prusse comprit alors, outre l'électorat de Brandebourg et la Prusse teutonique, les duchés de Clèves et de Magdebourg, plusieurs principautés, entre autres celle de Neuchâtel, enfin la ville et le duché de Gueldres. Les folles entreprises de Charles XII fournirent à Frédéric un prétexte pour se joindre à la ligue qui s'était formée contre le roi de Suède : la Prusse y gagna les îles d'Usedom, de Wollin, les villes de Stettin, de Golnow et une partie de la Poméranie. Frédéric-Guillaume, s'isolant ensuite autant qu'il le put des guerres de l'Europe, s'occupa d'abord de repeupler les provinces dévastées en y introduisant des colonies suisses et allemandes. Les étrangers qui établissaient des manufactures dans les villes, ceux qui y faisaient connaître des arts nouveaux, étaient récompensés par des priviléges honorables. La résidence de Potsdam, jusqu'alors simple maison de plaisance, devint une belle ville; le roi y fonda un hôpital destiné à l'entretien et à l'éducation des enfants de ses soldats.

Frédéric-Guillaume n'aimait ni les savants ni les philosophes : il avait surtout en aversion les modes et les habitudes françaises. Dédaignant toute espèce de luxe et toute étiquette, il imposait sévèrement cette simplicité aux personnes qui l'approchaient, même à la reine et à ses filles. Il avait un fils, né en 1714. Ce jeune prince, appelé Charles-Frédéric, ne pouvait cacher son aversion pour la vie de la cour; il cultivait les arts, et faisait des vers malgré son père. Maltraité par lui, il forma le projet de se soustraire par la fuite à ses brutalités et associa à ce projet un jeune officier son ami, nommé Katt. Le roi de Prusse les fit arrêter et condamner à mort. Katt fut exécuté sous les yeux de son ami, et le prince ne dut la vie qu'à l'intervention des puissances étrangères; il resta encore un an en prison à Custrin.

Lorsque Frédéric avait fait la revue de ses troupes, il allait se promener à pied dans la ville. Alors tout le monde s'enfuyait, les femmes surtout, qu'il renvoyait à coups de canne en disant : « Les honnêtes femmes restent toujours dans leur ménage. » Un jour il en surprit plusieurs qui se promenaient sur la grande place d'exercice; il appela aussitôt des soldats, fit apporter des balais et obligea les dames à balayer la place pendant une demi-heure. Ce prince, du reste toujours occupé du bien de ses États, fidèle à ses promesses, austère dans ses mœurs, mourut le 31 mai 1740. Il laissait à son fils Frédéric II une armée redoutable, des généraux pleins d'expérience et un trésor de huit millions d'écus.

Frédéric II (1740). Ses qualités. Ses premiers succès. Conquête de la Silésie. — Frédéric II, élevé à l'école du malheur, avait un génie vaste, un esprit plein de vivacité et aussi prompt à concevoir un projet qu'à l'exécuter, la science de la guerre portée à son plus haut point, une vie dure et sobre, un fonds inépuisable de ressources dans les circonstances critiques. L'année même de son avénement, il put mettre ces qualités à l'épreuve. L'empereur Charles VI venait de mourir, et de nombreux rivaux disputaient à Marie-Thérèse l'héritage paternel. Frédéric, dont les ancêtres s'étaient montrés si longtemps fidèles alliés de l'Autriche, s'unit aux ennemis de Marie-Thérèse, envahit tout à coup la Silésie, où il ne trouva qu'une faible résistance, et, par la victoire de Molwitz (1741), fut bientôt maître des places les plus considérables. Le traité de Breslau lui assura la possession du comté de Glatz en Bohême et de la basse Silésie. Mais en 1744, jaloux des succès de Marie-Thérèse, le roi de Prusse reprit les armes et s'empara de la ville de Prague; repoussé en Silésie par le prince Charles de Lorraine, il se maintint en possession de sa conquête par la victoire de Friedberg, remportée sur les Autrichiens et les Saxons.

Guerre de Sept ans. Batailles de Kollin et de Rosbach. — La paix de Dresde, signée en 1745, procura quelques instants de repos aux combattants : Marie-Thérèse confirmait la cession de la Silésie, et Frédéric II reconnaissait comme empereur François de Lorraine. Mais on se préparait en silence des deux côtés : l'Autriche, la France et la Russie s'unirent dans le but de resserrer la Prusse dans ses anciennes limites. Frédéric II prévint brusquement ses ennemis, et commença la guerre de Sept ans (1756). Il assiégeait la ville de Prague, après avoir battu les Saxons, lorsque le maréchal Daun, à la tête des Autrichiens, lui présenta la bataille à Kollin (1757). Frédéric y perdit ses meilleurs grenadiers ; voyant ces intrépides soldats hésiter à l'ordre d'une nouvelle attaque, après avoir été repoussés six fois de suite, il accourut en personne en s'écriant : « Voulez-vous donc vivre éternellement ? » Et cette singulière exhortation les décida à une septième attaque non moins inutile que les précédentes. Frédéric vaincu battit en retraite. La même année, les Russes étaient vainqueurs à Iagerndorf, et les Français défirent près d'Hastenbeck l'armée anglo-hanovrienne et lui imposèrent la honteuse capitulation de Closter-Seven. Frédéric, menacé à la fois par quatre armées et mis au ban de l'Empire, semblait perdu, lorsque, par une révolution subite de la fortune, il remporta deux victoires consécutives, à Rosbach et à Lissa, et recouvra toute la Silésie en huit jours.

Suite des hostilités. — La campagne suivante s'ouvrit par le siège d'Olmutz, que le roi commandait en personne. Daun, après avoir recruté une nouvelle armée, sauva cette place importante.

Quelque temps après, une bataille fut livrée à Zorndorf (1758); les Russes, commandés par Fermer, et les Prussiens, par Frédéric, s'attribuèrent également la victoire. Mais le combat de Hochkirchen fut plus décisif : le camp des Prussiens, leurs tentes, leurs munitions, tombèrent au pouvoir du comte de Daun, et Frédéric, rassemblant à la hâte les débris de son armée, trouva cependant le moyen de faire lever le siège de Neiss, qui était à la veille de se rendre. En 1760, Frédéric, vainqueur à Torgau, refoula les Russes en Pologne et reprit les deux tiers de la Saxe. Mais, l'année suivante, il fut assiégé dans son camp par les Russes et les Autrichiens; il paraissait perdu, lorsque la mort de la czarine Élisabeth, en 1762, vint à son secours et changea l'état des affaires. Le successeur d'Élisabeth, Pierre III, plein d'enthousiasme pour Frédéric II, fit alliance avec la Prusse.

Paix d'Hubertsbourg. Réformes et institutions de Frédéric II. — Après tant de sang inutilement répandu, la paix fut signée à Hubertsbourg, et les choses furent remises sur le pied où elles se trouvaient avant la guerre. Mais la Prusse et surtout la Silésie étaient ruinées, bouleversées; le désordre était partout, la désolation générale, et dix-sept batailles avaient moissonné la fleur de la population. Le roi, instruit par le malheur, s'efforça de réparer les désastres, de guérir les maux du royaume. Il releva les ruines de trois cents villages, fortifia des villes, diminua les impôts, appela en Silésie des colons français et créa une banque nationale. Il interdit la mendicité, fonda des hôpitaux, introduisit de l'ordre et de la régularité dans les procédures, dessécha les marais qui s'étendaient sur les rives de l'Oder, et construisit un port à l'embouchure de ce fleuve. Des manufactures s'élevèrent à Berlin, à Potsdam, à Francfort, à Magdebourg; un canal joignit l'Oder à la Vistule; des digues immenses prévinrent désormais l'inondation de cent mille hectares de terre, et tel fut l'accroissement de l'agriculture, que la Prusse, qui semblait condamnée à la stérilité, put fournir à la subsistance des peuples voisins. Frédéric, en maintenant le bon ordre dans ses États par une police sévère et une justice exacte, donnait lui-même l'exemple de la soumission aux lois; l'histoire a conservé le souvenir d'un trait de modération de ce prince envers le meunier de Sans-Souci dont il respecta la propriété.

Partage de la Pologne. Mort de Frédéric II. Caractère de ce prince. — Pendant que la Prusse s'élevait au rang des nations les plus puissantes, la Pologne, affaiblie de plus en plus par ses divisions intérieures, touchait à sa ruine. L'histoire doit reprocher à Frédéric d'avoir consenti au partage de ce malheureux royaume; dans ce partage, fait de concert avec l'Autriche et la Russie, il reçut la Poméranie, les palatinats de Culm et de Marienbourg, et quelques autres districts. Du moins Frédéric introduisit dans cette nouvelle partie de ses États les réformes qu'il avait opérées dans la Prusse royale : les villes furent rebâties et repeuplées, les lois revisées, les contributions établies d'une manière régulière.

Cinq ans après le partage de la Pologne, les prétentions que l'impératrice éleva sur la Bavière donnèrent lieu à une guerre de courte durée : Frédéric II eut la gloire d'être l'arbitre des prétendants. Il mourut à Sans-Souci, près de Potsdam, le 17 août 1786, dans sa soixante-quinzième année, après un règne de quarante-six ans.

Frédéric II cultivait les lettres et entretenait des correspondances avec les poëtes, les littérateurs et les savants les plus distingués de son siècle ; mais il se montra peut-être trop jaloux pour un souverain d'obtenir une réputation littéraire. Le temps a fait justice des poésies royales. Ce n'est plus le poëte que la postérité admire dans Frédéric, c'est le tacticien, le guerrier qui fit de si beaux exploits militaires, qui déconcerta ses ennemis par la hardiesse et la rapidité de ses marches, qui enfin mérita le surnom de *Grand* en déployant les ressources inépuisables de son génie.

Questionnaire.

De qui les rois de Prusse descendent-ils? — Parmi les électeurs, quels sont les plus remarquables? — En quelle année l'électeur Frédéric fut-il reconnu roi? — Quel était le caractère de ce prince? — Quel fut son successeur? — De quels soins s'occupa Frédéric-Guillaume I⁵ʳ? — Comment le surnommait-on? — Quelles forces put-il mettre sur pied? — Quelles provinces comprenait alors la Prusse? — A quels travaux le roi donna-t-il son attention? — Quels étaient ses goûts? — Son fils les partageait-il? — Quel projet forma-t-il? — Qui associa-t-il à ce projet? — Comment le roi punit-il ce prince et son complice? — En quelle année mourut Frédéric-Guillaume? — Qui lui succéda? — De quelles qualités était doué Frédéric II? — Quels furent ses succès dans la guerre contre Marie-Thérèse? — Pourquoi commença-t-il la guerre de Sept ans?

— Quel fut le résultat de la bataille livrée à Kollin? — Par quelles victoires Frédéric répara-t-il cette défaite? — Racontez la suite des hostilités. — Quel événement mit fin à la guerre? — Quels travaux entreprit Frédéric II? — Quel fut le sort de la Pologne? — En quelle année mourut Frédéric II? — Combien de temps avait-il régné? — Pourquoi a-t-il mérité le surnom de *Grand*?

CHAPITRE XXVIII.

De l'empire d'Allemagne depuis l'avénement de Léopold d'Autriche (1657) jusqu'à la fin du dix-huitième siècle.

Léopold d'Autriche, empereur. — Les Turcs en Hongrie. — Siége de Vienne par les Turcs. — Jean Sobieski délivre cette ville. — Guerre avec la France. — Le prince Eugène et Marlborough. — Succès des Impériaux. — Joseph Ier, empereur. — Revers des armées françaises. — Charles VI, empereur. — La pragmatique sanction. — Guerre de la succession d'Autriche. — Marie-Thérèse. — François Ier. — Dévouement des Hongrois. — Traité d'Aix-la-Chapelle. — Joseph II, empereur.

Léopold d'Autriche, empereur (1657). Les Turcs en Hongrie. — L'empereur Ferdinand III étant mort en 1657, les électeurs élevèrent sur le trône impérial Léopold d'Autriche; mais ils lui firent acheter ce titre par des sacrifices qui le dépouillaient de toutes ses prérogatives et ne lui laissaient plus qu'un vain nom : ce prince ne fut plus roi que dans ses États héréditaires. Jusqu'alors les empereurs avaient toujours protégé les villes libres pour s'en aider ensuite eux-mêmes contre les seigneurs; il leur fallut renoncer à ce droit, et les princes ne se firent aucun scrupule de violer les privilèges de ces villes, dès qu'ils en eurent les moyens, par l'établissement d'une milice permanente.

Pendant que les libertés des villes se perdaient peu à peu, les Turcs, pénétrant dans la Hongrie, avaient obtenu de grands avantages. Le prince de Bade et Montécuculli, envoyés par l'empereur, changèrent la face des affaires en repoussant les ennemis; soutenus par un corps de six mille Français, ils défirent les Ottomans à la journée de Saint-Gothard, en 1664, après un combat sanglant où la victoire resta longtemps douteuse. Les Turcs battus, mais non affaiblis, conclurent une paix déshonorante pour l'empire d'Allemagne: on leur permettait de conserver leurs conquêtes et d'exiger un tribut du prince de Transylvanie. Alors les Hongrois se soulevèrent et voulurent se donner un roi qui pût défendre leurs privilèges et recouvrer leurs libertés.

Siége de Vienne par les Turcs. Jean Sobieski délivre cette ville. — Le jeune comte Tékéli se mit à la tête des mécontents, promit aux Turcs un tribut considérable et les appela dans l'Empire. Deux cent mille infidèles, commandés par le grand vizir Kara-Mustapha, envahissent aussitôt l'Autriche et mettent le siége devant Vienne (1683). Le brave Stahremberg, enfermé dans la capitale, arme les étudiants, les bourgeois, et oppose une vigoureuse résistance. La chrétienté était en alarmes: Vienne était sur le point de succomber. Son empereur, qui n'avait pas l'énergie que sa position exigeait, restait immobile d'effroi. Enfin Jean Sobieski, roi de Pologne, vint au secours de la capitale de l'Autriche, et secondé par le duc Charles de Lorraine, il détruisit la nombreuse armée des Ottomans et leur porta un coup terrible dont ils ne purent jamais se relever. Ingrat par vanité, l'empereur exigea de Sobiesk des hommages dont il pouvait dispenser le sauveur de l'Allemagne, et ce grand homme, justement choqué de ces prétentions, retourna dans ses États. Le duc de Lorraine poursuivit seul les infidèles fuyant devant lui, s'empara de Bude, et acheva la soumission complète de la Hongrie, qui fut reconnue État héréditaire de la maison d'Autriche.

Guerre avec la France. Le prince Eugène et Marlborough. Succès des Impériaux. — L'empereur, enorgueilli de ce succès, ne craignit point de rompre la trêve qu'il avait conclue avec les Français. Il opposa aux armées de Louis XIV le prince Eugène, petit-fils de Charles-Emmanuel, duc de Savoie, et fils d'une nièce du cardinal Mazarin. Ce prince, si peu remarqué dans sa jeunesse et destiné à l'Église, était désigné sous le nom de chevalier de Carignan. Il avait demandé à Louis XIV le commandement d'un régiment; mais ayant essuyé un refus, il était allé offrir ses services à l'empereur contre les Turcs, en 1683. Les courtisans du roi de France avaient jugé que ce jeune homme ne serait jamais capable de rien. Il en fut autrement. Le prince Eugène, né avec les qualités d'un héros dans la guerre et d'un grand homme dans la paix, ébranla la puissance de Louis XIV, gouverna l'Empire, et fit preuve du désintéressement le plus pur.

Un adversaire non moins redoutable pour Louis XIV était Churchill, duc de Marlborough, déclaré généralissime des troupes anglaises et hollandaises. Il gouvernait alors la reine d'Angleterre, et par le besoin qu'on avait de lui, et par le crédit que sa femme avait sur l'esprit de la reine Anne. Maître du parlement par ses amis, de la guerre par ses talents, des finances par son gendre, qui était grand trésorier, Marlborough fit plus que les alliés n'osaient espérer. Il s'ouvrit par une victoire l'entrée de la Bavière et marcha sur Donawerth à la rencontre des Impériaux, qui opérèrent leur jonction dans les lieux mêmes où le maréchal de Villars avait remporté une victoire l'année précédente. La défaite de Hochstædt fut le commencement de cette série de revers qui marquèrent si tristement la fin du règne de Louis XIV. Léopold était au comble de ses vœux quand la mort vint terminer la carrière de ce prince (1705), qui ne possédait aucun talent par lui-même, mais qui avait eu le bonheur d'être servi par d'habiles généraux et d'excellents ministres.

Joseph Ier, empereur (1705). Revers des armées françaises. — Joseph Ier, son fils, maître absolu d'un empire qui voulait abaisser la France, poursuivit vigoureusement les mesures de son père. Les deux électeurs de Bavière et de Cologne furent mis au ban de l'Empire; la Bavière fut démembrée, et la dignité électorale rendue au comte palatin, qui ne la possédait plus depuis la guerre de Trente ans. L'Allemagne s'émut à la nouvelle de ces changements; le Danemark, la Suède, la Saxe, qui avaient perdu l'habitude de voir les empereurs agir en maîtres, firent des protestations solennelles, accusant Joseph Ier d'aspirer au pouvoir absolu, à la monarchie universelle.

Les opérations militaires continuèrent. Les deux victoires de Hildesheim (1705) et de Ramillies (1706), gagnées sur l'incapable Villeroi, firent perdre à la France la Flandre jusqu'aux portes de Lille. Le duc de Vendôme, rappelé d'Italie, arrêta les progrès de Marlborough dans les Pays-Bas, pendant que les Impériaux se dédommageaient en Espagne et en Italie. Ce fut au milieu de sa gloire, rehaussée encore par les journées d'Oudenarde et de Malplaquet, si funestes à la France, que le jeune empereur descendit au tombeau (1711).

Charles VI, empereur (1711). La pragmatique sanction. — Après un interrègne de six mois, son frère Charles VI, non moins ferme, non moins sage, continua la guerre. Mais le changement du ministère anglais et les succès de Philippe d'Anjou en Espagne rendirent les esprits plus conciliants. D'ailleurs les autres puissances ne voyaient pas sans effroi la maison d'Autriche près de recouvrer toute sa puissance, et la victoire de Denain, remportée par Villars, amena définitivement la conclusion de la paix, qui fut signée à Rastadt en 1714.

Ce traité ne délivra l'Allemagne que d'une moitié de ses ennemis : les Turcs restaient encore à repousser. Le prince Eugène, secondé par le courage des Hongrois, vainquit les Ottomans à la journée de Péterwaradin (1716), les vainquit une seconde fois devant Belgrade, et cette forte ville tombée en son pouvoir lui permit de dicter aux infidèles la paix avantageuse de Passarowitz (1728).

Depuis cette époque jusqu'à sa mort, Charles VI ne fut occupé que de faire adopter par la diète de l'Empire la fameuse loi nommée la *pragmatique sanction*, qui assurait sa succession à sa fille Marie-Thérèse d'Autriche. Quelques-unes des puissances de l'Europe avaient refusé de garantir le maintien de cette constitution. « Au lieu de tant de négociations et de tant d'efforts, disait le prince Eugène à l'empereur, préparez une bonne armée, ménagez-vous de grandes ressources financières, et alors l'Europe acceptera vos volontés. » Charles VI, loin de suivre ces sages conseils, eut l'imprudence de favoriser les prétentions du nouveau roi de Pologne, Frédéric-Auguste, au préjudice de Stanislas, qui fut une seconde fois précipité du trône. Louis XV, pour venger la cause de Stanislas son beau-père, déclara la guerre à l'empereur ; et tel fut le succès des armées françaises que Charles VI perdit en deux campagnes tout ce qu'il possédait sur les bords du Rhin. Il n'obtint la paix qu'en cédant à Stanislas Leczinski les duchés de Bar et de Lorraine, qui devaient être ensuite réunis à la France.

Guerre de la succession d'Autriche. Marie-Thérèse (1740). Dévouement des Hongrois. — Charles VI mourut en 1740. Cet empereur était le dernier descendant mâle de Rodolphe de Habsbourg. A peine eut-il fermé les yeux, qu'au mépris des droits de sa fille Marie-Thérèse, épouse du duc François de Lorraine, une foule de concurrents se présentèrent pour revendiquer un riche héritage qui se composait de la Hongrie, de la Bohême, de la

Souabe, de l'Autriche, de la Styrie, de la Carinthie, de la Silésie, de la Moravie, des Pays-Bas, du Tyrol, du Milanais, des duchés de Parme et de Plaisance. Alors commença la guerre de la succession d'Autriche. L'électeur de Bavière, Charles-Albert, se fit couronner roi de Bohême à Prague, et empereur à Francfort sous le nom de Charles VII. Frédéric II, roi de Prusse, commença par envahir la Silésie. Marie-Thérèse n'avait ni trésor ni armée; la capitale de l'Empire était à moitié révoltée, les Saxons avaient pénétré en Bohême, les Bavarois étaient aux portes de Vienne. Cependant cette princesse, pleine de courage et d'espoir, alla confier sa fortune aux Hongrois, les harangua en latin, leur présenta son fils Joseph II et leur arracha des larmes de sensibilité. Ces hommes, jusqu'alors intraitables, changés tout à coup par la noble confiance de leur souveraine, tirèrent aussitôt leurs sabres et s'écrièrent avec enthousiasme : « Mourons pour notre roi Marie-Thérèse ! » Fidèles à ce serment, les seigneurs fournirent de nombreuses troupes avec lesquelles l'impératrice défit celles de Charles VII, électeur de Bavière. Ce dernier, forcé de battre continuellement en retraite, eut à peine le temps de voir une dernière fois sa capitale. Il y mourut en 1745, et fut enseveli avec les cérémonies de l'Empire : on porta le globe du monde devant celui qui, pendant la courte durée de son règne, n'avait pas même possédé une petite province. Marie-Thérèse attaqua les Français avec une nouvelle vigueur, les contraignit de quitter l'Allemagne, et fit enfin couronner empereur dans Francfort François Ier, son époux. Le roi de Prusse consentit à reconnaître le nouveau souverain ; mais, usant des droits de la victoire, il exigea la cession de la Silésie et du comté de Glatz.

Traité d'Aix-la-Chapelle. Paix d'Hubertsbourg.
— Le théâtre de la guerre fut alors transporté en Italie, où les Impériaux triomphèrent partout des armées françaises. Mais bientôt le traité d'Aix-la-Chapelle (1748) changea tout à coup le système politique suivi par Henri IV, Richelieu et Louis XIV. La France, ennemie de la maison d'Autriche depuis François Ier, s'alliait avec elle contre le roi de Prusse, et le conseil aulique, prenant les intérêts de Marie-Thérèse, ordonnait à tous les princes de l'Empire de fournir le contingent pour l'armée. Frédéric II fit prompte justice à Rosbach de ces troupes mal organisées, et obtint presque toujours l'avantage dans cette célèbre guerre de Sept ans qui appartient à l'histoire particulière de la Prusse. La paix d'Hubertsbourg (1763) mit fin aux hostilités. Frédéric II, vainqueur des Russes, des Saxons, des Français et des Autrichiens, conserva tout ce qu'il possédait au commencement de la lutte.

Joseph II, empereur (1765). — Deux ans après, en 1765, Marie-Thérèse perdit son époux l'empereur François Ier, chef de la maison de Habsbourg-Lorraine. Les regrets de cette perte furent adoucis par les soins qu'elle donna au bonheur de ses sujets : elle fonda des maisons d'éducation, encouragea l'industrie et abolit la torture. Elle abandonna le soin de l'administration militaire à son fils, qui était déjà couronné roi des Romains, et qui prit le titre d'empereur sous le nom de Joseph II. L'Autriche, dans le partage de la Pologne (1772), obtint la Russie rouge, la Galicie et quelques autres districts.

L'ouverture de la succession de Bavière engagea Marie-Thérèse dans une guerre avec le roi de Prusse, qui soutenait la branche palatine héritière de cet électorat. L'ambition de Joseph II lui avait fait commencer les hostilités, contre le vœu de sa mère : aussi ne cessa-t-elle de négocier, et son intervention amena un traité en vertu duquel l'Autriche renonça à ses prétentions sur la Bavière. En 1780, Marie-Thérèse mourut. Joseph II, seul empereur, à l'âge de quarante ans, était un prince instruit ; de nombreux voyages semblaient l'avoir pourvu d'une grande expérience. Il fonda des universités, des bibliothèques, encouragea le commerce, l'industrie et les manufactures. Mais ses projets ambitieux lui suscitèrent de grands embarras. Joseph II, qui n'avait pas renoncé à ses desseins sur la Bavière, voulut obtenir par les négociations ce qu'il n'avait pu prendre par les armes, et proposa à l'électeur de Bavière de lui céder les Pays-Bas en échange de son électorat. Cette offre fut rejetée et n'eut d'autre résultat que de donner naissance à une confédération des princes germaniques, dans le but de prévenir les empiétements de l'autorité impériale et d'assurer le maintien de la constitution de l'Empire. Mais l'époque approchait où la révolution française allait dissoudre ces inutiles confédérations, en brisant la vieille constitution impériale. Joseph II mourut en 1790 sans avoir rien accompli de ce qu'il méditait, et eut pour successeur son fils Léopold II.

Questionnaire.

Qui fut élevé sur le trône impérial après Ferdinand III? — Par quels sacrifices Léopold acheta-t-il le titre d'empereur? — Quelle contrée les Turcs avaient-ils envahie? — Par qui furent-ils repoussés? — Quel traité fit-on avec eux? — Quel peuple se révolta? — Qui se mit à la tête des mécontents? — Quelle ville les Turcs assiégèrent-ils? — Par qui Vienne fut-elle défendue et délivrée? — Quel général l'empereur opposa-t-il aux armées de Louis XIV? — Qui commandait les troupes anglaises et hollandaises? — Quels succès remportèrent les Impériaux? — Qui succéda à Léopold? — Que fit Joseph Iᵉʳ? — Quels revers essuyèrent les armes françaises? — En quelle année mourut Joseph Iᵉʳ? — Qui lui succéda? — Où la paix fut-elle conclue? — Quels ennemis restaient encore à combattre? — Par qui les Turcs furent-ils vaincus? — Quelle loi l'empereur Charles VI voulut-il faire adopter? — Fut-il heureux dans ses guerres? — En quelle année mourut-il? — Quelles provinces comprenait sa succession? — Marie-Thérèse put-elle la recueillir sans contestation? — Que fit cette princesse? — Quel fut le sort de l'électeur de Bavière Charles VII? — L'époux de Marie-Thérèse ne fut-il pas reconnu empereur? — Quel changement amena le traité d'Aix-la-Chapelle? — Qui fut vainqueur dans la guerre de Sept ans? — Avec qui Marie-Thérèse partagea-t-elle les soins de l'administration? — En quelle année mourut-elle? — Que fit Joseph II? — Quel fut le résultat de ses prétentions au sujet de la Bavière? — Qui succéda à ce prince?

CHAPITRE XXIX.

Du Danemark, de la Suède et de la Russie depuis Charles XII et Pierre le Grand jusqu'à la fin du dix-huitième siècle.

Danemark et Norwége. — Frédéric IV. — Christian VI. — Frédéric V. — Christian VII. — Le ministre Struensée. — *Suède.* — Ulrique-Éléonore, reine. — Les chapeaux et les bonnets. — Adolphe-Frédéric. — Supplice des comtes de Brahé et de Horn. — Gustave III. — Révolution en Suède. — *Russie.* — Catherine Ire. — Pierre II. — Anne et Élisabeth. — Pierre III. — Règne de Catherine II. — Partage définitif de la Pologne.

Danemark et Norwége. — Frédéric IV (1699). Christian VI (1730). — Frédéric IV, fils de Christian V, était monté sur le trône de Danemark et Norwége en 1699, à la mort de son père. Il profita de la paix pour travailler au bien-être public. Ce fut vers les colonies et le commerce maritime que se tourna son attention; le Groenland et les Indes orientales furent l'objet de ses soins, mais ses tentatives n'eurent pas un plein succès. Vers la fin de son règne, un horrible incendie éclata à Copenhague, dura quatre jours, et dévora près de trois mille maisons, l'hôtel de ville, plusieurs bibliothèques. Le roi épuisa ses trésors pour venir au secours des malheureuses victimes de cette catastrophe, et accorda aux habitants l'exemption de l'impôt pendant plusieurs années. Frédéric IV mourut en 1730, et fut remplacé par son fils Christian VI, dont le règne ne fut guère marqué que par des règlements intérieurs et par des institutions de bienfaisance. En 1733, Christian acheta de la France l'île de Sainte-Croix, qui devint la plus florissante des Antilles danoises. Ce prince protégea les sciences, fonda des chaires nouvelles, le collège de médecine et la société de la langue danoise.

Frédéric V (1746). Christian VII (1766). Le ministre Struensée. — Frédéric V, qui monta sur le trône en 1746, à la mort de son père Christian, est un des princes les plus remarquables du dix-huitième siècle. Le jour même de son couronnement, il fonda la société générale du commerce, dans le but de rendre Copenhague l'entrepôt de toutes les marchandises de la Baltique. Il conclut plusieurs traités de commerce avec le roi des Deux-Siciles, avec les États barbaresques, avec la Suède, avec la république de Gênes et la Porte Ottomane. En 1757, il introduisit dans le royaume des mineurs allemands pour perfectionner l'exploitation des richesses minéralogiques de la Norwége. Parmi les institutions utiles que fonda Frédéric V, il faut citer l'hôtel des invalides, le jardin des plantes, l'institut d'éducation pour les arts et métiers, enfin l'académie de peinture, de sculpture et d'architecture. Son ministre, le célèbre comte de Bernstorf, justement surnommé le Colbert du Danemark, seconda puissamment le souverain par son zèle pour les progrès de l'industrie et des manufactures du royaume.

Christian VII succéda à son père en 1766 et fut couronné l'année suivante. Dans le but d'étendre son instruction, il partit de Copenhague après son mariage avec Caroline-Mathilde, sœur du roi d'Angleterre Georges III, parcourut successivement l'Allemagne, la Hollande, l'Angleterre, la France, et revint dans ses États en 1769. Le jeune roi était plus avide de plaisirs que d'affaires sérieuses. Le médecin Struensée devint son ministre, grâce aux instances de la reine Caroline-Mathilde, dont il avait sauvé le jeune enfant. Struensée jouit d'un pouvoir absolu; mais la légèreté de son caractère, ses mœurs dissolues, ses réformes précipitées, lui suscitèrent des ennemis puissants qui le firent arrêter et condamner à mort comme coupable de haute trahison. Christian, que ses passions désordonnées avaient vieilli avant l'âge, était devenu incapable de gouverner; son fils Frédéric fut admis au conseil comme co-régent, signala son administration par la réforme d'un grand nombre d'abus, et succéda à son père sous le nom de Frédéric VI en 1808.

Suède.—Ulrique-Éléonore, reine (1719). Les chapeaux et les bonnets. — Ulrique-Éléonore, sœur de Charles XII, avait gouverné la Suède, pendant l'absence de son frère, avec une sagesse digne d'éloges. Après la mort de ce prince, elle fut proclamée reine, en 1719, par les suffrages unanimes de la nation. Elle consentit à signer une constitution nouvelle (1720) qui diminuait le pouvoir royal, et associa au trône son époux Frédéric de Hesse-Cassel. Le traité de Stockholm finit les hostilités entre le Danemark et la Suède, et celui de Nystad avec la cour de Russie. Les vingt années qui suivirent furent employées par Frédéric à adoucir les maux du pays; mais il trouva de grands obstacles dans les dissensions intestines de la Suède.

Deux partis principaux se partageaient alors l'aristocratie suédoise, et semblaient n'avoir rien de commun que le désir de perdre la patrie : c'étaient le parti français, ou des *chapeaux*, et le parti russe, ou des *bonnets*. On ne s'occupait plus dans les grandes assemblées que de cabales et d'intrigues, au lieu de songer à l'administration de l'État. Le parti des chapeaux prévalut en 1742, et les Suédois entrèrent en campagne contre les Russes. Complétement battus, ils furent contraints à des conditions de paix que la médiation de l'Angleterre rendit moins désavantageuses. Dans le cours de l'année 1751 mourut le roi Frédéric, à l'âge de soixante et seize ans : il avait fondé l'académie de Stockholm, présidée par le célèbre naturaliste Linné, et publié le code civil qui régit encore aujourd'hui la Suède.

Adolphe-Frédéric (1751). Supplice des comtes de Brahé et de Horn.—Le dernier roi ne laissait point d'enfant; Adolphe-Frédéric, de la maison de Holstein, monta sur le trône en 1751, après avoir juré la constitution de 1720. Sous ce prince, la diète consomma la ruine du pouvoir royal. Le parti des bonnets s'unit à la cour contre celui des chapeaux; les principaux chefs du premier parti étaient les comtes de Brahé et de Horn, qui furent arrêtés, traduits devant une commission, condamnés à mort et exécutés sur la place publique de Stockholm malgré les supplications du roi et de la reine. Le parti des chapeaux, qui par ce supplice avait consolidé son influence, jeta la Suède dans les désordres de l'anarchie. Ce fut en vain que la France essaya de faire changer la constitution par l'intermédiaire des états eux-mêmes. Les sénateurs suédois, abusant de la bonté ou plutôt de la faiblesse d'Adolphe-Frédéric, empiétaient chaque jour sur l'autorité royale, et faisaient sentir leur despotisme au monarque lui-même, lorsque ce dernier mourut en 1771.

Gustave III (1771). Révolution en Suède. — Gustave III, son fils, lui succéda. Ce prince, doué des qualités les plus aimables, les plus propres à lui concilier l'estime et l'affection des Suédois, n'était pas moins habile à dissimuler ses projets que prompt à les exécuter. Les sénateurs, soutenus par la faction des bonnets, levaient hautement la tête, et n'allaient bientôt plus se contenter de diminuer chaque jour la prérogative royale. Gustave résolut de se débarrasser de ses adversaires, et commença par réunir à Stockholm un corps de cent cinquante officiers dévoués, sous le prétexte de les exercer à des manœuvres militaires. Il conduisit son plan avec une rare prudence, ne négligeant ni les séductions ni les caresses pour se faire un grand nombre de partisans et gagner les troupes. Les factieux méditaient, de leur côté, les projets les plus sinistres contre la personne du roi.

Gustave, décidé à agir promptement, monte à cheval, harangue les troupes et reçoit leur serment de fidélité. Les plus vives acclamations se font entendre. Les sénateurs, assemblés au conseil, quittent la séance pour connaître la cause du tumulte; trente grenadiers, la baïonnette au bout du fusil, les forcent de rétrograder et les enferment à clef. Puis on les installe dans les divers appartements du château, qu'ils ne quittent que trois jours après, le roi n'ayant pas jugé à propos de les laisser assister à la nouvelle assemblée des états. Tous les chefs du parti des bonnets furent arrêtés sans la moindre résistance. Pendant ce temps, Gustave, l'épée à la main et suivi de tous les officiers, visitait les différents corps de la garnison et leur faisait prêter serment. Cette révolution, qui s'accomplit en quelques heures et qui faisait passer dans les mains du roi l'autorité la plus absolue, ne coûta pas une goutte de sang. Gustave défendit les noms de chapeaux et de bonnets, proclama une amnistie, et donna une nouvelle constitution qui faisait une large part à la royauté, mais étendait aussi les libertés publiques.

Gustave travailla avec constance au bonheur de ses sujets, s'attachant à détruire la vénalité de la justice et cherchant à corriger tous les détails de l'administration intérieure. La marine, l'armée, l'instruction publique, furent l'objet de ses soins. En 1778, il convoqua les états de Stockholm, et ce fut avec un certain orgueil qu'il leur exposa les résultats des six premières années de son règne. On lui témoigna une solennelle reconnaissance; mais les nobles gardaient au fond du cœur un vif ressentiment. En 1788, la guerre ayant éclaté entre les Russes et les Suédois, Gustave envahit la Finlande, voulant marcher jusqu'à Saint-Pétersbourg; mais l'insubordination de ses officiers le força de renoncer à ce dessein. La paix de Wérébro (1790) mit fin aux hostilités.

La révolution française venait d'éclater : Gustave III songeait à s'armer en faveur de Louis XVI, quand, le 16 mars 1792, le colonel Ankarstroem le tua d'un coup de pistolet, dans un bal masqué, à Stockholm. Le duc de Sudermanie, frère de Gustave III, fut chargé de la régence du royaume pendant la minorité de Gustave IV.

Russie. — Catherine Ire (1725). Pierre II (1727). — Le règne de Catherine Ire, qui succéda à Pierre le Grand en 1725, ne dura que deux ans. Elle désigna pour son successeur le fils de cet Alexis qui avait péri si cruellement sous le dernier règne. Ce prince, qui porta le nom de Pierre II, n'avait encore que onze ans. Le prince Menzikoff s'empara de l'autorité suprême durant la minorité du jeune czar, et porta ses vues jusque sur le trône. Il allait marier une de ses filles avec Pierre II, lorsqu'il fut tout à coup dépouillé de ses dignités, de ses immenses richesses, revêtu d'un habit de paysan, et relégué avec toute sa famille dans les déserts de la Sibérie. Le prince Dolgorouki, auteur de cette intrigue et héritier de la puissance de son rival, eut bientôt après le même sort que lui et fut exilé dan les mêmes solitudes.

Anne (1730). Élisabeth (1742). Pierre III (1761) — Pierre II étant mort à l'âge de seize ans, les boyards reconnurent pour impératrice Anne Iwanowna, nièce de Pierre le Grand et duchesse douairière de Courlande. Biren, favori de l'impératrice, exerça l'autorité la plus absolue et se signala par d'atroces cruautés et d'affreuses proscriptions. Il peupla la Sibérie de nobles russes, et on compte trente mille victimes de sa tyrannie qui allèrent périr dans ces déserts. Au dehors les armes russes furent heureuses, et Anne récompensa son favori en lui donnant le titre de duc de Courlande, au moment même où cette riche province venait d'être réunie à la Russie.

Anne Iwanowna mourut en 1740, laissant le trône au jeune Iwan VI, sous la tutelle d'Anne de Mecklembourg, sa mère, et sous la régence du duc de Courlande. Mais une fille de Pierre le Grand vivait encore : c'était Élisabeth Pétrowna, qui, moitié par ruse, moitié par force, se trouva bientôt maîtresse du trône paternel. Le jeune Iwan, surpris pendant son sommeil, fut renfermé dans une citadelle; la grande-duchesse Anne, également arrêtée la nuit, fut conduite hors de l'empire avec son époux.

Durant dix-sept années de règne, Élisabeth, aussi douce et affable pour ses sujets que prudente dans les affaires extérieures, prit une part active aux guerres de l'Europe et vit ses armes heureuses en Suède et en Pologne. Elle se préparait à attaquer le nouveau royaume de Frédéric II, roi de Prusse, quand la mort l'enleva en 1762. Elle avait désigné pour lui succéder Pierre de Holstein, son neveu, qui était marié depuis quelques années à Catherine d'Anhalt-Zerbst, et qui fut proclamé sous le nom de Pierre III. Le czar, admirateur passionné du grand Frédéric, qu'il appelait *le roi mon maître*, lui rendit, aussitôt après son avénement, toutes les conquêtes que les armées russes avaient faites sous Élisabeth. Les réformes qu'il entreprit avaient soulevé contre lui une foule de mécontents, et il songeait à de nouveaux projets quand une catastrophe soudaine le priva du trône et de la vie. Dans la nuit du 8 juillet 1762, Catherine, qui avait gagné d'avance les officiers, fut proclamée impératrice et se rendit, suivie de dix mille hommes, à l'église de Kasan, où l'archevêque de Novogorod, en habits pontificaux, lui plaça sur le front la couronne des czars. A cette nouvelle, Pierre III, au lieu d'agir et de se sauver par son courage, écrivit à Catherine pour implorer son pardon. Livré à ses ennemis, il fut transporté dans une maison de campagne et étranglé par le comte Orloff, le chef des conjurés.

Règne de Catherine II (1762-1796). Partage définitif de la Pologne. — Après ce crime, Catherine ne songea qu'à étendre les limites de ses États, et commença par forcer les Polonais à mettre sur leur trône un de ses favoris, Stanislas Poniatowski. Puis, apprenant que des complots se tramaient contre elle à Saint-Pétersbourg, elle se vengea par les supplices, et le malheureux Iwan, le légitime héritier de Pierre III, paya de sa tête les complots faits en son nom, mais auxquels il était resté étranger. Quelque temps après elle déclara la guerre à la Porte, et les Turcs, battus plusieurs fois, perdirent la réputation de grandeur qu'ils avaient conservée en Europe.

Catherine, après s'être mise en possession de la Crimée, que lui céda le khan Guéraï, dernier rejeton de Gengis-khan, après avoir dispersé quelques tribus rebelles des Cosaques, se livra entièrement à l'étude des lettres et de la philosophie, pendant que ses généraux poussaient la guerre avec vigueur. Le prince Potemkin, à la prise d'Oczakow (1788), fit passer au fil de l'épée toute la garnison turque. L'année suivante, Suwarow s'empara de Bender et d'Ismaïloff, où trente mille Turcs tombèrent sous le glaive des vainqueurs; pour s'épargner la peine de faire des prisonniers, le barbare Suwarow prolongea le combat afin de détruire un plus grand nombre d'ennemis. La paix de Iassy, signée en 1792, termina la guerre et établit le Dniester pour limite commune entre les deux empires.

Catherine tourna alors ses vues sur la Pologne, et d'accord avec l'Autriche et la Prusse, elle contraignit Stanislas Poniatowski d'abdiquer le trône. Les troupes russes et prussiennes envahirent ce malheureux pays, qui comptait onze cents ans d'existence politique et qui perdit entièrement son indépendance. Ce fut alors que le brave Kosciusko, déjà célèbre par ses exploits, et qui avait combattu avec éclat en Amérique pour la cause de l'indépendance, se mit à la tête de ses compatriotes et se dévoua à la cause de la liberté commune; mais, après des prodiges d'héroïsme, il fallut succomber. Le roi de Prusse prit Cracovie par trahison; Kosciusko fut fait prisonnier, et Varsovie, assiégée par Suwarow, fut forcée de capituler. La Russie, la Prusse et l'Autriche, après de longues disputes, se partagèrent définitivement les débris de la Pologne (1795). L'année suivante, le 9 novembre 1796, Catherine mourut d'une apoplexie foudroyante et eut pour successeur son fils Paul Ier.

Questionnaire.

Qui succéda à Christian V? — De quels soins s'occupa Frédéric? — Quelle catastrophe affligea Copenhague? — Que fit Christian VI? — Quelles institutions sont dues à Frédéric V? — Qui eut-il pour successeur? — Quel était le caractère de Christian VII? — Qui devint premier ministre? — Struensée jouit-il longtemps de son pouvoir? — Qui succéda à Christian VII? — Qui avait succédé à Charles XII en Suède? — Que fit cette princesse? — Quels partis se partageaient alors la noblesse? — Quel parti prévalut en 1741? — Qu'en résulta-t-il? — Qui monta sur le trône en 1751? — Quel échec reçut le pouvoir royal? — Qui succéda à Adolphe-Frédéric? — Quelles étaient les qualités de Gustave III? — Racontez ce que fit ce prince pour abaisser les factions et ressaisir tout le pouvoir. — De quels soins s'occupa ensuite Gustave III? — Comment périt-il? — Combien dura le règne de Catherine Ire? — Qui désigna-t-elle pour son successeur? — Qui s'empara de l'autorité? — Par qui Menzikoff fut-il dépouillé de son pouvoir? — Son ennemi jouit-il longtemps de son triomphe? — Qui succéda à Pierre II? — Quel homme exerça toute l'autorité? — Comment Biren signala-t-il son pouvoir? — A qui Anne laissa-t-elle le trône? — Quelle princesse se fit proclamer impératrice? — Que devint le jeune Iwan? — Quels événements marquèrent le règne d'Élisabeth? — Que fit son successeur? — Comment Pierre III perdit-il le trône et la vie? — Quelles conquêtes fit Catherine II? — Quelle mesure provoqua-t-elle contre la Pologne? — Par qui fut défendue l'indépendance de ce royaume? — Que devint-il?

CHAPITRE XXX.

De l'Angleterre depuis l'avénement de Georges Ier (1714), et de la France depuis la mort de Louis XIV (1715) jusqu'à la révolution française (1789).

Angleterre. — Georges Ier. — Le prétendant. — Guerre avec l'Espagne. — Georges II. — Le ministre Walpole. — Charles-Édouard en Écosse. — Guerre avec la France. — Le ministre William Pitt. — Georges III. — Insurrection des colonies d'Amérique. — Traité de Versailles.

France. — Minorité de Louis XV. — Régence du duc d'Orléans. — Ministère de Fleury. — Guerres de la France sous Louis XV. — Désordres intérieurs. — Louis XVI. — Ses premiers actes. — Administration de Necker. — Guerre d'Amérique. — Ministère de Calonne. — Assemblée des notables. — Ministère de Brienne. — Convocation et ouverture des états généraux.

Angleterre. — Georges Ier (1714). Le Prétendant. — La reine Anne avait survécu peu de mois à la conclusion de la paix d'Utrecht. A sa mort (1714), l'électeur de Hanovre, Georges Ier, fut proclamé roi d'Angleterre en vertu de la loi de succession adoptée par le parlement, qui excluait les Stuarts du trône. L'âge mûr du nouveau roi et son expérience semblaient devoir lui assurer un règne paisible; cependant de nombreuses agitations se manifestèrent à l'intérieur et enhardirent les Stuarts à revendiquer leurs droits.

La maison des Stuarts comptait encore un grand nombre de partisans, en Écosse surtout, où le comte de Marr leva le premier l'étendard de la révolte et fit proclamer roi le fils de Jacques sous le nom de Jacques III. Le prétendant, appelé aussi chevalier de Saint-Georges, se trouvait à la tête d'une nombreuse armée et menaçait déjà la capitale, lorsque la double défaite qu'il essuya à Preston et à Dumblaine anéantit ses espérances; il fut obligé de repasser sur le continent, qu'il n'atteignit qu'après avoir échappé à mille dangers. Georges Ier usa de la victoire avec barbarie; la plupart des seigneurs qui avaient embrassé la cause de Jacques III périrent sur l'échafaud. Une somme de cent mille livres sterling fut promise à celui qui livrerait le prétendant; lord Bolingbroke et le comte d'Oxford furent rayés de la liste des pairs, et, comme les troubles continuaient, le roi fut autorisé à suspendre la loi de l'*habeas corpus :* c'était lui donner le pouvoir d'arrêter et de punir les suspects. La plupart de ces mesures avaient précédé les batailles de Preston et de Dumblaine; elles subsistèrent après la victoire.

Guerre avec l'Espagne. — Pendant que ces rigueurs affermissaient la puissance de la nouvelle dynastie, Georges apprit que ses possessions d'Allemagne étaient menacées par Charles XII, et que le baron de Gœrtz, ministre du roi de Suède, avait contracté une alliance avec les Russes pour assurer le triomphe des projets de son maître. Le monarque anglais s'allia à son tour avec la France et fit arrêter immédiatement l'ambassadeur suédois. Pareille mesure fut exécutée en Hollande sur la personne du baron de Gœrtz, dont les papiers contenaient une correspondance avec le fameux Albéroni au sujet du rétablissement des Stuarts. Le parlement anglais indigné accorda à son roi un subside extraordinaire, et Georges Ier se disposait à défendre valeureusement ses possessions héréditaires, quand la mort imprévue de Charles XII le délivra de toute inquiétude. Georges déclara ensuite la guerre à l'Espagne. L'amiral Byng détruisit la flotte espagnole sur les côtes de la Sicile, et l'année suivante (1719) une nouvelle escadre, envoyée par Albéroni au secours du prétendant, fut engloutie par la tempête à la hauteur du cap Finisterre. Philippe V, effrayé de ces désastres, consentit à la paix.

Le parlement, qui s'assembla en 1722, eut à juger un prétendu complot contre la personne du roi. Un jeune homme du peuple fut condamné à être pendu à Tyburn sous prétexte qu'il s'était engagé au service du prétendant, et le vertueux évêque de Rochester, accusé d'avoir fait partie du complot, fut dépouillé de son évêché et banni du royaume. Georges Ier obtint ensuite les subsides nécessaires à la défense de la couronne contre les entreprises de l'Espagne et de l'Autriche, unies par le traité de Vienne. Pendant qu'on faisait une levée de cent quarante mille hommes, trois escadres prirent la mer, l'une pour bloquer les ports de la Russie, l'autre pour surveiller les côtes d'Espagne, et la troisième pour saisir les galions espagnols aux Indes occidentales. Au milieu de ces préparatifs, le duc de Bourbon, premier ministre en France, fut remplacé par le cardinal de Fleury, dont les efforts rétablirent la paix. Georges Ier mourut à Osnabruck en 1727, avant la conclusion du traité.

Georges II (1727). Le ministre Walpole. — Georges II succéda à son père dans ses États d'Angleterre. Robert Walpole, qui avait eu la confiance du défunt roi, resta premier ministre sous le nouveau monarque, et afficha publiquement un système de corruption et de vénalité qui mit le parlement à sa solde. Il se vantait même de connaître le prix de chaque Anglais, parce qu'il n'y en avait aucun, disait-il, qu'il n'eût acheté ou marchandé. Une fois pourtant, il éprouva un échec devant le parlement : il s'agissait d'un bill qui avait pour but de remédier à la fraude dans la vente du tabac. Les membres des communes, ne voyant dans la nouvelle mesure qu'un moyen détourné de créer de nouvelles charges, et par conséquent d'avoir de nouvelles créatures, refusèrent leur approbation. Le peuple manifesta sa joie par des pamphlets contre Walpole; il alla même jusqu'à le brûler en effigie. Le ministre eut l'adresse de se maintenir au pouvoir malgré la haine de ses adversaires.

Son triomphe fut toutefois de courte durée. Un article du traité de Séville, conclu avec l'Espagne, permettait à l'Angleterre d'envoyer tous les ans un vaisseau chargé de marchandises aux colonies espagnoles; le ministre en avait profité pour organiser une vaste contrebande qui lui donnait des produits considérables. La cour d'Espagne se plaignit, et, voyant ses représentations inutiles, déclara la guerre en 1739. L'amiral anglais Vernon s'empara de Puerto-Belo, qu'il livra au pillage, mais il échoua contre Carthagène, et les suites de cette dernière expédition soulevèrent un tel mécontentement que Walpole résigna ses fonctions. Sa chute causa une allégresse générale, mais ne porta pas grand remède aux abus.

Charles-Édouard en Écosse. — La guerre d'Espagne continuait toujours, et Georges, qui craignait pour ses possessions de Hanovre, venait de s'allier à Marie-Thérèse et de remporter sur les Français la victoire éclatante de Dettingen (1743). Les Anglais furent vaincus à leur tour à Fontenoy, et Georges II dut retourner promptement en Angleterre pour s'opposer aux tentatives du prince Charles-Édouard, fils de Jacques III, qui venait de débarquer en Écosse, où la population se soulevait encore au nom des Stuarts. Charles-Édouard s'intitula régent pour son père, et s'empara sans difficulté de la ville d'Édimbourg : chaque jour, de nombreux corps de montagnards venaient grossir sa petite armée. Les troupes anglaises furent battues à Prestonpans; le vainqueur, après avoir soigné les blessés et défendu d'attenter aux jours de Georges II, s'avança rapidement vers le sud. Georges arrivait alors à la tête de douze mille hommes de troupes de Flandre et de Hollande. La position du jeune prince, qui ne comptait que six mille défenseurs, devenait critique; il résolut d'en sortir par son courage, prit la ville de Carlisle, et, marchant vers Londres, il pénétra jusque dans le centre du royaume. La bataille de Falkirk, qu'il gagna, releva un instant ses espérances; mais celle de Culloden, qu'il perdit en 1746, les ruina complétement. Vaincu, fugitif, errant de forêt en forêt et d'île en île, obligé quelquefois de se cacher dans le creux des rochers, toujours près de tomber entre les mains des ennemis, il se vit exposé aux plus cruels revers de la fortune, et les supporta avec une égalité d'âme qui intéressa l'Europe à son malheureux sort. Il parvint enfin à s'échapper de l'Angleterre et aborda en France; mais il y fut en butte à une lâche persécution, et vit avec douleur que ce royaume n'était plus l'*asile des rois malheureux*.

Guerre avec la France. Le ministre William Pitt — Par le traité d'Aix-la-Chapelle, signé en 1748, les conquêtes étaient restituées de part et d'autre, de sorte que les Anglais, loin de tirer avantage d'un si longue guerre, virent leur dette nationale s'élever à la somme de quatre-vingts millions sterling. Les diverses mesures employées pour réparer ce désastre ne répondirent pas au vœu de la nation : les encouragements accordés à la pêche maritime, le licenciement d'une partie des troupes, le défrichement de l'Acadie, cédée par la France à l'Angleterre, ne firent que retarder les difficultés. D'ailleurs la paix ne pouvait durer : l'Angleterre se montrait jalouse de l'accroissement de la marine française; puis l'incertitude des limites frontières des deux États dans leurs possessions d'Amérique devenait une cause permanente de disputes. Les Anglais commencèrent la rupture; ils violèrent le droit des gens, et, par une odieuse piraterie, s'emparèrent de trois cents vaisseaux marchands et de huit mille matelots. Par de justes représailles, le maréchal de Richelieu attaqua l'île de Minorque et s'empara de Mahon. Le malheureux amiral Byng, accusé d'avoir manqué à son devoir en ne secourant pas cette île, fut abandonné par le ministre à la colère du peuple et condamné à mort; il subit avec fermeté cette inique sentence.

Les hostilités ne se bornèrent pas à une guerre maritime : le choc des deux puissances amena en Europe une conflagration générale qui dura sept ans. Le ministère anglais, toujours odieux à la nation, s'était adjoint, pur apaiser l'opinion publique, un homme aimé du peuple, l'habile et éloquent William Pitt, qui poussa avec vigueur la guerre du côté de l'Amérique. Les Anglais prirent les îles du Cap-Breton et de Saint-Jean et plusieurs forts importants, entre autres le fort de Niagara, dans le Canada. Enfin le général Wolf conduisit les Anglais jusque sous les murs de Québec. Le général français, le marquis de Montcalm, l'y attendait : les deux généraux périrent dans la bataille, mais la ville se rendit le lendemain aux Anglais. La prise de Montréal entraîna la perte de tout le Canada.

Georges III (1760). Insurrection des colonies d'Amérique. Traité de Versailles. — Georges II mourut au milieu de ces brillants succès, dus à l'habileté de William Pitt, et laissa la couronne à son fils Georges III en 1760. Malgré les besoins du gouvernement et l'accroissement de la dette, le nouveau roi continua les hostilités. En 1761, les Anglais s'emparèrent de Belle-Ile, sur les côtes de France, et détruisirent plusieurs villes françaises aux Indes orientales. Les pertes successives de la Martinique, de Saint-Vincent, de la Grenade, décidèrent la France à signer le traité de Paris; quelque temps après, celui d'Hubertsbourg acheva la pacification de l'Europe (1763).

Mais les excessives dépenses de la Grande-Bretagne étaient toujours au-dessus des avantages que lui procuraient ces traités. A peine sorti de cette guerre, Georges III fut obligé d'en entreprendre une autre, dont les résultats devaient être funestes pour l'Angleterre. L'*édit du timbre*, envoyé aux colonies septentrionales de l'Amérique, avait indisposé les esprits; plusieurs ministres se retirèrent successivement. Pitt, qui rentra aux affaires avec le titre de comte de Chatham, ne pu empêcher ses collègues d'imposer des droits sur le thé, le verre, le papier et les couleurs importés en Amérique, et se retira de nouveau. Lord North, qui lui succéda, maintint l'impôt du thé, et les Américains, plutôt que de céder, renoncèrent à l'usage de cette boisson, et jetèrent à la mer plusieurs cargaisons de cette denrée que les Anglais avaient expédiées au port de Boston. Georges III ne voulut pas entrer en composition avec des sujets rebelles; en persistant à demander une réparation éclatante, il ne fit que hâter l'insurrection des colonies, qui proclamèrent leur indépendance dans le congrès général réuni à Philadelphie. Cette guerre fut terminée en 1783 par le traité de Versailles, et l'Angleterre fut forcée de reconnaître l'indépendance des États-Unis de l'Amérique septentrionale. Georges III régnait encore, et devait occuper le trône pendant quarante ans.

France. — Minorité de Louis XV (1715). Régence du duc d'Orléans. — Le duc d'Orléans, après la mort de Louis XIV, avait été investi de la régence, et il gouverna le royaume pendant la minorité de Louis XV. L'administration du régent éprouva de graves embarras, surtout à cause de la pénurie des finances;

Ce fut alors qu'un Écossais nommé Law fit adopter au duc d'Orléans la création d'une banque où le papier-monnaie remplaçait les espèces d'or et d'argent, et qui devait en outre, sous le nom de compagnie générale des Indes, exploiter le commerce de la Louisiane, du Mississipi et du Canada. On se faisait une idée chimérique des richesses que renfermaient ces pays et des revenus qu'ils devaient produire. Aussi chacun voulut avoir des actions de la compagnie, depuis les plus grands seigneurs jusqu'aux plus humbles artisans. Le délire fut poussé à ce point qu'il y eut des actions qui furent revendues jusqu'à trente fois leur valeur. Mais les illusions furent de courte durée, et le système de Law aboutit à une effroyable banqueroute qui bouleversa toutes les fortunes.

Philippe V, roi d'Espagne, écoutant les conseils du cardinal Albéroni, son premier ministre, devint hostile à la France. Son ambassadeur à Paris, le prince de Cellamare, osa conspirer contre le régent. Le complot fut découvert, et le duc d'Orléans, qui avait déjà conclu le traité de la triple alliance avec l'Angleterre et la Hollande, déclara la guerre au petit-fils de Louis XIV. Le maréchal de Berwick s'avança vers les Pyrénées, et il avait fait déjà de rapides conquêtes, lorsque Philippe V se soumit et disgracia son ministre.

Ministère de Fleury. Guerres de la France sous Louis XV. — Le duc d'Orléans mourut en 1723 : Louis XV avait atteint sa majorité. Le duc de Bourbon, premier ministre, fut bientôt remplacé par le cardinal de Fleury, qui s'attacha à faire régner la paix. La tranquillité dont le royaume put jouir sous l'administration paternelle du cardinal fut troublée un moment par la guerre relative à la succession de Pologne. Commencée en 1733, cette guerre fut terminée en 1735 par le traité de Vienne, qui assurait la Lorraine à Stanislas, beau-père de Louis XV.

La paix de l'Europe fut de nouveau troublée en 1741 par la guerre dite de la succession d'Autriche. La France prit parti contre Marie-Thérèse. Les victoires de Fontenoy, de Raucoux et de Laufelt, remportées par le maréchal de Saxe, furent glorieuses pour nos armes (1745) ; mais l'Angleterre fit éprouver à notre marine des pertes incalculables. La paix fut signée à Aix-la-Chapelle (1748), et n'eut aucun résultat avantageux pour la France.

En 1755, l'Angleterre, jalouse de voir la marine française se relever de ses désastres, captura trois cents vaisseaux marchands qui naviguaient en toute sécurité. Richelieu attaqua alors les possessions anglaises de la Méditerranée et s'empara de Minorque et de Port-Mahon. En même temps la guerre éclata en Allemagne. La France s'unit avec l'Autriche contre le roi de Prusse. Cette lutte, connue dans l'histoire sous le nom de guerre de Sept ans, fut fatale à la France par la perte de presque toutes ses colonies, que l'Angleterre lui enleva. En vain le maréchal de Broglie se signala par de brillants succès ; en vain le duc de Choiseul, devenu premier ministre en 1758, essaya de relever les affaires, en unissant les Bourbons de France, d'Espagne et d'Italie par un traité appelé le *pacte de famille* (1761) : il fallut songer à faire la paix. Les traités d'Hubertsbourg et de Paris en réglèrent les conditions au profit des puissances étrangères (1763).

Désordres intérieurs. — Pendant qu'au dehors la France était humiliée, au dedans on voyait reparaître les désordres de la régence. Les plus graves abus se glissaient dans toutes les parties de l'administration, et, chaque année, les dettes de l'État et les impôts s'augmentaient dans une proportion effrayante. Le parlement essaya d'adresser quelques remontrances sur les abus de l'administration; il fut supprimé. Ces mesures violentes avaient profondément irrité les esprits, lorsque Louis XV mourut en 1774, après avoir vu consommer une odieuse iniquité, le premier partage de la Pologne par la Russie, la Prusse et l'Autriche. Sous ce règne, la Lorraine et la Corse furent réunies à la France.

Louis XVI (1774). Ses premiers actes. — Le petit-fils de Louis XV lui succéda sous le nom de Louis XVI : il n'avait que vingt ans, et il était déjà marié à l'archiduchesse Marie-Antoinette, fille de l'impératrice Marie-Thérèse. D'un caractère doux, mais timide, ce prince, personnellement recommandable par ses vertus, n'avait pas les qualités nécessaires à un roi dans les circonstances difficiles où il monta sur le trône; il sembla destiné à expier les fautes de ses prédécesseurs.

Les commencements de son règne furent heureux. Il rappela les parlements, diminua les impôts, supprima les corvées et abolit la torture et les derniers restes de la servitude dans ses domaines. Il appela au ministère les hommes les plus honnêtes, Turgot et Malesherbes; mais ces deux ministres, qui auraient eu besoin d'être secondés, avaient des ennemis puissants à la cour, et ils furent obligés de se retirer sans avoir pu opérer les réformes qu'ils méditaient.

Administration de Necker. Guerre d'Amérique. — Necker, banquier genevois, fut chargé de l'administration des finances. Ses talents inspiraient une si grande confiance, qu'il contracta facilement des emprunts au nom de l'État. Ces ressources, onéreuses pour l'avenir, permirent du moins à la France de soutenir la guerre de l'indépendance américaine, qui devait relever l'honneur du pavillon français, mais qui obéra gravement le trésor. En 1778, la cour de Versailles traita ouvertement avec les États-Unis. L'Angleterre irritée déclara la guerre à la France; notre marine lutta glorieusement contre les vaisseaux anglais, et les troupes françaises, débarquées en Amérique, sous la conduite du comte d'Estaing, rendirent les plus grands services à la cause américaine. En 1783, l'Angleterre se décida à reconnaître l'indépendance des États-Unis, et la paix fut signée à Versailles.

Ministère de Calonne. Assemblée des notables. Ministère de Brienne. Convocation et ouverture des états généraux. — En 1781, Necker avait publié le *Compte rendu* de la situation financière du royaume, où il démontrait l'insuffisance des revenus pour couvrir les dépenses. Cette franchise le fit renvoyer. Calonne, son successeur, imagina de convoquer en 1784 une assemblée des notables; il proposa de faire contribuer aux charges publiques la noblesse et le clergé; ce moyen ne fut pas agréé, et Calonne céda la place à l'archevêque de Toulouse, Loménie de Brienne. Ce ministre eut recours à de nouveaux impôts; le parlement refusa de les enregistrer et demanda la convocation des états généraux : c'était le vœu de la France. Les états généraux se réunirent à Versailles le 5 mai 1789. Ici commence la révolution française, dont les grands événements se confondent avec l'histoire contemporaine [1].

Questionnaire.

Quel prince succéda à la reine Anne sur le trône d'Angleterre? — Dans quelle contrée la maison des Stuarts avait-elle surtout des partisans? — Sous quel nom était connu le prétendant? — Où fut-il vaincu? — Comment Georges Ier usa-t-il de la victoire? — Quelles guerres eut-il ensuite à soutenir? — Quel en fut le résultat? — Quel complot le parlement eut-il à juger? — Quels préparatifs faisait Georges Ier lorsqu'il mourut? — Qui lui succéda? — Quel homme fut premier ministre? — Quels étaient les principes de Walpole? — A quelle occasion se retira-t-il du pouvoir? — Contre qui Georges II eut-il à combattre? — Quels succès remporta d'abord Charles-Édouard? — Où fut-il vaincu? — Que devint-il? — A quelle somme s'élevait alors la dette de l'Angleterre? — Pourquoi la guerre fut-elle continuée? — Que firent les Anglais? — Comment se vengea le maréchal de Richelieu? — Quel fut le sort de l'amiral Byng? — Quel homme habile fit alors partie du ministère anglais? — Quels événements se passèrent en Amérique? — Qui succéda à Georges II? — La guerre fut-elle continuée? — Quelles pertes fit la France? — Quels traités furent signés? — Quelles causes amenèrent l'insurrection des colonies de l'Amérique? — Quels sont les principaux événements qui se passèrent pendant

---

1. L'histoire de la révolution française est racontée avec détails dans l'*Histoire de France*.

324   HISTOIRE

la régence du duc d'Orléans en France? — Que se passa-t-il sous le ministère de Fleury? — A quelles guerres la France prit-elle part? — Quels en furent les résultats?— Quelle était la situation intérieure du royaume? — Quel âge avait Louis XVI lorsqu'il succéda à Louis XV? — Quels furent les premiers actes de ce prince? — Quelle guerre la France soutint-elle pendant l'administration de Necker? — Quels hommes furent appelés successivement au ministère? — Quels moyens prirent-ils pour remédier aux abus? — Quand eut lieu l'ouverture des états généraux?

CHAPITRE XXXI.

Des principaux établissements européens en Asie et en Amérique pendant les dix-septième et dix-huitième siècles.

Asie. Établissements hollandais. — Établissements anglais. — Établissements français. — Guerres dans l'Inde.

Amérique. Établissements espagnols dans l'Amérique du Sud. — La flotte et les galions. — Contrebande. — Libre commerce. — Établissements anglais dans l'Amérique du Nord. — Révolte des colonies anglaises. — Washington. — Secours envoyés par Louis XVI. — L'indépendance des États-Unis reconnue.

Asie. — Établissements hollandais aux Indes. — Les Espagnols étaient devenus maîtres des colonies portugaises dans les Indes orientales, lorsque les Hollandais, se voyant fermer le port de Lisbonne par Philippe II, roi d'Espagne, résolurent d'attaquer leurs ennemis jusque dans les *pays lointains* : c'est ainsi qu'on désignait les contrées vers lesquelles le Hollandais Cornélius Houtmann dirigea trois vaisseaux armés par les négociants d'Anvers. Le succès de cette première expédition décida les états généraux des Pays-Bas à fonder, en 1602, une compagnie des Indes orientales, qui reçut le privilége exclusif du commerce et l'autorité presque absolue sur les conquêtes futures. Dès le principe, la compagnie désigna Batavia pour le centre de ses opérations, s'empara peu à peu de tous les comptoirs portugais, et établit divers gouvernements à Amboine, à Ternate, à Ceylan, et enfin au cap de Bonne-Espérance.

Établissements anglais aux Indes. — Les Anglais avaient aussi leur compagnie des Indes, dont les priviléges, renouvelés en 1661 par Charles II, se fondirent avec ceux d'une nouvelle compagnie autorisée à s'établir en 1698. L'acquisition de Bombay, le comptoir de Bencoulen, fondé pour l'exploitation du poivre et des épices, les établissements d'Hougly et de Calcutta, les factoreries des côtes de Malabar et de Coromandel, donnèrent une extension rapide à la puissance anglaise. En 1689, la compagnie s'était trouvée engagée dans une guerre contre Aureng-Zeb, empereur mogol. Ce puissant monarque avait cédé aux Anglais le territoire de Calcutta, à l'occident du Gange, en récompense des secours qu'ils lui avaient prêtés contre les Mahrattes, peuple montagnard qui défendait son indépendance.

Établissements français aux Indes. — Les premières tentatives d'établissements français aux Indes orientales datent du règne de François Ier; mais, jusqu'au règne de Louis XIV, ces essais réussirent peu. En 1675, les Français ne comptaient que le comptoir de Surate, sur la côte du Malabar; quelques années après, Pondichéry fut fondé, et semblait destiné à assurer un long succès aux colonies françaises de l'Inde. Dacca, Calicut, Mahé, les établissements formés aux îles de France et de Bourbon par les soins de La Bourdonnais, multiplièrent les relations de l'Inde et de la France.

Guerre dans l'Inde. — Les Anglais voyaient d'un œil jaloux les progrès de la puissance française, et lorsque la guerre de 1744 eut éclaté, ils refusèrent la proposition des ministres de Louis XV, de ne pas étendre les hostilités aux colonies. Les rivalités des deux gouverneurs français, Dupleix et La Bourdonnais, fatales à leur pays, funestes pour eux-mêmes, amenèrent la déposition du premier et l'injuste captivité de l'autre. L'Irlandais Lally, envoyé par le cabinet de Versailles pour remplacer le malheureux Dupleix, signala son arrivée par la prise de Gondalour, du fort Saint-David, et résolut de chasser entièrement les Anglais de l'Inde ; les moyens lui manquèrent pour cette vaste entreprise, et Lally, faute d'argent et de secours, perdit l'élite de son armée sous les murs de Madras. De retour à Pondichéry, le général voulut réformer les abus de l'administration, irrita contre lui tous les agents de la compagnie, et se vit abandonné par les trois quarts de l'armée. Assiégé par vingt mille Anglais, à peine put-il réunir sept cents défenseurs. Pondichéry se rendit après dix mois de résistance. Lally fut emmené prisonnier en Angleterre ; mais apprenant qu'on l'accusait en France comme traître, il obtint la permission d'aller se défendre. Il subit une longue et cruelle captivité, eut ensuite à soutenir un procès odieux, et fut condamné au dernier supplice.

Lorsque la paix eut été signée en 1763, la France recouvra Pondichéry et quelques comptoirs du Bengale, Karikal, Chandernagor, mais à la condition expresse qu'aucune de ces villes ne serait fortifiée. Depuis la fin des hostilités, les Anglais régnaient au Bengale, lorsque le régent ou prince de Mysore, Hyder-Ali, qui avait longtemps été l'allié des Français, menaça sérieusement la puissance anglaise. Il réunit contre l'ennemi commun le misam ou prince du Dekhan et les Mahrattes ; le bailli de Suffren, envoyé par la France, amena une flotte au secours de cette coalition. La compagnie anglaise, menacée des plus grands périls, se sauva par son audace et son activité. Les comptoirs français furent surpris de nouveau (1778); les Mahrattes et le souverain de Mysore furent adroitement détachés de la coalition. Hyder-Ali, réduit à ses propres forces, fut vaincu et perdit ses forteresses les plus importantes.

La paix de 1783 et la mort d'Hyder-Ali amenèrent quelques instants de repos. Pondichéry, Karikal, Chandernagor et leurs dépendances furent restituées à la France. Tippo-Saëb, fils et successeur d'Hyder-Ali, voulut en vain reprendre les armes, après avoir signé le traité de Mangalore ; il fut défait et tué sur les remparts de sa capitale ; ses États tombèrent au pouvoir des Anglais, dont la domination se trouva plus que jamais affermie dans les Indes orientales.

Amérique. — Établissements espagnols dans l'Amérique du Sud. — Les colonies de l'Amérique espagnole, dont l'origine remonte à la découverte même du nouveau monde, se composaient, au sud, de la Guyane, du Pérou, du Chili, du Paraguay, et au nord, du Mexique, du Nouveau-Mexique et de la Californie. Outre ces vastes provinces disséminées sur le continent, les Espagnols possédaient encore l'île de Cuba, une partie de Saint-Domingue, la Trinité et la Marguerite. Mais ces pays, si fertiles dans l'origine, étaient, au commencement du dix-huitième siècle, réduits à une extrême misère. Le monopole du commerce accordé aux négociants de Cadix avait amené cette décadence rapide.

Tous les ans, deux escadres, la *flotte* et les *galions*, accompagnées d'un certain nombre de vaisseaux marchands, auxquels elles servaient d'escorte, quittaient le port de Séville pour approvisionner le Mexique et le Pérou. Avant l'arrivée des galions, les commerçants du Chili et du Pérou transportaient à Puerto-Belo les produits de leurs mines pour les échanger contre les marchandises d'Espagne. Tout était prévu, réglé d'avance, et telle était la bonne foi de part et d'autre qu'on ne vérifiait ni les ballots espagnols, ni les caissons de piastres des indigènes. La flotte, de son côté, abordait à la Véra-Cruz, où les choses se passaient de la même manière, et les deux escadres, se rejoignant à la Havane, revenaient de conserve en Europe : elles y rapportaient l'or, l'indigo, la cochenille, le sucre, la vanille, le quinquina du Pérou, le tabac de Cuba et de la Havane, et d'autres marchandises précieuses. Pour rendre ce commerce plus lucratif, les rois d'Espagne avaient soumis leurs colonies à des règlements arbitraires qui les tenaient dans une dépendance complète de la métropole. Les habitants ne pouvaient exercer les métiers de tisserand, de cordonnier, de chapelier; ils étaient contraints de se vêtir d'étoffes étrangères. Une autre loi non moins arbitraire leur interdisait la culture de la vigne et de l'olivier. On eût dû prévoir que des hommes à qui on défendait l'industrie, le commerce et l'agriculture auraient recours tôt ou tard à la contrebande et songeraient ensuite à se rendre indépendants.

Il arriva bientôt, en effet, que tout le commerce de Cadix ne se fit plus que par des fraudes. Les négociants de France, d'Angleterre et de Hollande, de connivence avec les Espagnols, embarquèrent leurs propres marchandises sur les galions expédiés aux colonies. Plus tard, enhardis par le succès de leurs opérations, ils résolurent de faire ce trafic sans intermédiaire et de vendre directement leurs marchandises aux Américains : ils furent favorisés dans ce commerce de contrebande par les indigènes eux-mêmes.

Sous Philippe V, le mal s'accrut encore. Les attaques de la Hollande et de l'Angleterre faillirent ruiner les exportations de l'Espagne, en interceptant les vaisseaux dirigés d'Europe vers les colonies des Indes occidentales. Mais, à la paix de Vienne, l'Espagne accorda à l'Angleterre le droit d'envoyer tous les ans à Puerto-Belo un navire de cinq cents tonneaux chargé de marchandises d'Europe : on l'appela le *vaisseau annuel*. Ce vaisseau devint l'agent d'une contrebande active : non-seulement l'Angleterre n'observa pas le port convenu, mais elle fit accompagner son vaisseau de deux ou trois autres petits bâtiments qui abordaient à quelque distance de Puerto-Belo et renouvelaient clandestinement la cargaison du vaisseau annuel, en sorte qu'ils importaient le double et même le triple de ce qui leur avait été permis. L'Espagne réclama; il en résulta la guerre maritime de 1740, à la suite de laquelle l'Espagne redevint libre de régler le commerce de ses colonies sans avoir rien à démêler avec les étrangers.

Ce fut alors que le gouvernement espagnol établit les vaisseaux de registre, expédiés par des marchands de Séville ou de Cadix dans l'intervalle des saisons fixées pour le départ des galions qui se rendaient aux Indes occidentales à des époques périodiques. On renonça bientôt aux galions, et tout le commerce du Chili et du Pérou fut livré à l'exportation particulière. En 1765, Charles III supprima tout monopole, et accorda la liberté de commerce à tous les Espagnols dans une partie des colonies américaines. Ces réformes heureuses ne suffirent point pour remédier aux abus de l'administration, et vers la fin du dix-huitième siècle, les colonies du Mexique et du Pérou ne versaient pas plus de quarante millions par an dans le trésor du roi d'Espagne. Ces pays devaient bientôt secouer le joug de la métropole et proclamer leur indépendance.

Établissements anglais dans l'Amérique du Nord. — Les premiers établissements anglais fondés dans cette partie de l'Amérique qui fut depuis appelée États-Unis datent du règne d'Élisabeth. En 1584, Walter Raleigh reconnut cette partie de l'Amérique septentrionale, qu'il appela Virginie en l'honneur de sa souveraine, et ce fut sous le règne de Jacques Ier, en 1606, que deux compagnies obtinrent le privilége de coloniser ces pays lointains: elles réussirent au delà de toute espérance.

Aussi, pendant que des puritains anglais fondaient l'établissement de Massachusetts en 1621, quelques dissidents fanatiques posaient les commencements de Providence, de Rhode-Island et du Connecticut (1635-1637). Les Hollandais, récemment établis sur les bords de la Delaware, furent vaincus et repoussés par les colonies naissantes, qui formèrent sur ce nouveau territoire les États de New-York et de New-Jersey (1667). Les catholiques, de leur côté, créaient vers 1632 la province de Maryland, sous le commandement de lord Baltimore; et Guillaume Penn, fils d'un vice-amiral anglais, fondait la ville de Philadelphie sur le territoire qui a conservé le nom de Pensylvanie. Telle fut l'origine des colonies anglaises de l'Amérique septentrionale.

Révolte des colonies anglaises. Washington. — Après la mort de Charles Ier (1649), le parlement avait défendu aux colonies d'entretenir des relations commerciales avec les autres nations; sous le règne suivant, il posa en principe que les colonies étaient toujours dans la dépendance de la métropole, et qu'elles se trouvaient dans l'obligation d'obéir à toutes les lois de l'État : c'était déclarer qu'elles devaient être imposées et supporter leur part du fardeau de la dette publique. En 1765, le parlement, pour confirmer cette doctrine, décréta le fameux *impôt du timbre*, qui défendait d'admettre dans les tribunaux aucun acte écrit sur un papier qui ne portait pas ces mots : *vendu au profit du fisc*. Cet impôt souleva une indignation générale en Amérique, et dut être révoqué l'année suivante. Mais peu après, de nouvelles taxes furent mises sur le verre, le papier et le thé. Les députés de quatre-vingt-seize villes protestèrent énergiquement contre ces mesures, et le parlement anglais envoya des troupes pour assurer l'exécution de ses ordres.

Les Américains refusèrent alors de recevoir les marchandises de la métropole, les dames renoncèrent aux parures, et les habitants de la ville de Boston jetèrent à la mer une cargaison de thé appartenant à la compagnie des Indes. Le port de cette ville fut aussitôt frappé d'interdiction, et les habitants furent condamnés à réparer le dommage. Mais les autres colons, unissant les intérêts à la cause des Bostoniens, s'engagèrent, dans le congrès général de Philadelphie (1774), à rompre toute relation avec l'Angleterre jusqu'à ce que l'interdiction eût été révoquée. Ils amassèrent en même temps des armes et des munitions que le général Gage voulut leur enlever. Les colons résistèrent et engagèrent le combat de Lexington le 19 avril 1775.

Cette rencontre, où les Américains eurent l'avantage, fut le signal de l'insurrection générale. On courut aux armes de toutes parts; des milices furent rapidement organisées, et le général Gage, assiégé dans Boston par trente mille insurgés, publia un édit du roi Georges III qui déclarait traîtres et rebelles tous ceux qui refuseraient de mettre bas les armes. Mais il n'était plus temps : la guerre avait commencé sur tous les points, et pendant que les Anglais, par une inutile cruauté, brûlaient les métairies de Charleston, le congrès de Philadelphie choisissait pour général en chef Georges Washington, riche propriétaire de la Virginie, et qui s'était distingué dans la guerre de Sept ans. La même année, le congrès proclama solennellement les États-Unis d'Amérique indépendants de l'Angleterre, et cette déclaration fut accueillie par les colons avec des transports d'allégresse.

L'indépendance des États-Unis reconnue. Traité de Versailles. — Cependant les débuts de la guerre n'avaient pas été heureux pour les Américains; déjà l'enthousiasme s'affaiblissait et les dissidences d'opinions venaient s'ajouter aux embarras pécuniaires. Washington ne se dissimulait pas que, sans le secours des puissances européennes, la cause nationale courait risque d'être perdue. Le congrès avait envoyé en France l'illustre Franklin pour solliciter la cour de Versailles. Louis XVI promit ses secours; mais, en attendant qu'il se déclarât ouvertement, l'envoyé du congrès intéressa des compagnies particulières ou de hardis entrepreneurs à expédier des munitions en Amérique. Il réussit à se faire livrer quinze mille fusils des arsenaux du roi, et détermina un grand nombre de jeunes nobles à partager les dangers et la gloire de Washington. Le plus illustre de ces volontaires fut le jeune marquis de Lafayette; il équipa une frégate à ses frais, la chargea de munitions et partit pour le nouveau monde.

Quand ils arrivèrent, en 1777, le général anglais Howe, successeur de Gage, avait repris l'offensive. Après avoir cherché pendant plusieurs mois à attirer Washington au combat, il le rencontra à Brandywine; Washington fut vaincu et Lafayette blessé. Mais peu après le général Burgoyne fut forcé de mettre bas les armes devant les milices américaines; ce succès détermina la cour de France à reconnaître, en 1778, l'indépendance des États-Unis, et à conclure avec eux un traité d'alliance et de commerce. L'année suivante, l'Espagne, en se joignant à la France, ajouta aux embarras de l'Angleterre; le comte d'Estaing s'empara de la Dominique et de la Grenade, pendant que les Espagnols mettaient le siége devant Gibraltar.

Les Anglais, accablés d'ennemis, redoublèrent d'efforts, et se rendirent maîtres de Pondichéry dans les Indes orientales. En 1779, l'amiral Rodney détruisit une escadre espagnole de onze vaisseaux de ligne; l'année suivante, le général Clinton soumit toute la Caroline méridionale et reprit la ville de Charleston. Cornwallis, son lieutenant, remporta deux victoires consécutives sur les insurgés. Il était temps que Louis XVI envoyât en Amérique une flotte de sept vaisseaux et un corps de cinq mille hommes sous les ordres de Rochambeau. Ces secours et la prudence de Washington relevèrent bientôt la cause américaine. Cornwallis et ses soldats mirent bas les armes au moment où l'opinion publique se déclarait en Angleterre contre une guerre désastreuse qui avait coûté plus de cent millions de livres sterling. La chute du ministère anglais avança les affaires de l'Union, et le nouveau cabinet reconnut la nécessité de faire la paix.

La France, qui avait atteint son but en séparant les colonies de leur métropole, souhaitait également la paix. Les préliminaires en furent signés à Versailles le 20 janvier 1783. Par ce traité, l'Angleterre reconnut l'indépendance des États-Unis, restitua à la France Pondichéry, Karikal et Chandernagor; à l'Espagne, l'île de Minorque et les deux Florides. Elle obtint en retour de la cour de Madrid les îles Bahama, et de la cour de France les îles Grenade, Dominique, Saint-Christophe et Saint-Laurent.

Quelques mois après la reconnaissance de l'indépendance des États-Unis, Washington se rendit dans la salle du congrès, déclara que sa mission était accomplie, et résigna ses pouvoirs pour redevenir simple citoyen dans un pays dont il avait contribué à fonder la liberté et la puissance. Mais le pays n'oublia pas les services que cet homme illustre avait rendus. Quand un gouvernement régulier eut été établi (1789), Washington fut élu président de l'union Américaine, et montra autant de sagesse dans la conduite des affaires publiques qu'il avait déployé d'habileté dans la guerre. Réélu pour quatre nouvelles années en 1793, il quitta volontairement le pouvoir en 1797, et mourut deux ans après, regretté et vénéré de tous ses concitoyens.

Questionnaire.

Comment les Hollandais s'établirent-ils dans l'Inde? — Quels établissements les Anglais y formèrent-ils? — De quelle époque datent les établissements français dans la même contrée? — Quels hommes signalèrent leur gouvernement? — Quel fut le sort de Lally? — Contre quels princes les Anglais firent-ils la guerre? — Quel en fut le résultat? — De quoi se composaient les colonies de l'Amérique espagnole? — Comment l'Espagne faisait-elle le commerce de ces diverses contrées? — A quels règlements les colons étaient-ils soumis? — Quels abus s'introduisirent dans le commerce? — De quelle époque datent les premiers établissements anglais dans l'Amérique septentrionale? — Comment se formèrent successivement ces établissements? — Quel impôt le parlement voulut-il faire peser sur les colonies? — Que firent les colons? — Quel homme fut nommé général en chef des troupes américaines? — Dans quel but Franklin fut-il envoyé en France? — Quel fut le résultat de sa mission? — Que fit Louis XVI en faveur des États-Unis? — Quelle autre puissance se déclara contre l'Angleterre? — Quels événements signalèrent les dernières années de la guerre? — Que fit enfin l'Angleterre? — Quelles furent les principales conditions du traité de Versailles? — Quelle fut la conduite de Washington? — Comment ses services furent-ils récompensés?

CHAPITRE XXXII.

Des Sciences, des Lettres et des Arts dans les temps modernes.

Seizième siècle. — Dix-septième siècle. — Dix-huitième siècle.

Seizième siècle. — Une admirable invention ferme le moyen âge et ouvre les temps modernes : c'est l'imprimerie. Désormais les œuvres de l'esprit humain ne périront pas. C'est en 1469 que fut établie à Paris la première imprimerie, et en 1476 que fut imprimé le premier livre français.

Après le long sommeil du moyen âge, les lettres, les sciences et les arts se réveillent et prennent leur essor. L'Italie, la France, l'Espagne, le Portugal, rivalisent d'efforts et de gloire. Le seizième siècle est par-dessus tout le siècle du travail, du travail sérieux et désintéressé. On est frappé d'admiration à la vue des immenses travaux que les hommes de cette époque ont accomplis avec un zèle infatigable.

Les républiques et les princes d'Italie luttaient alors de magnificence dans les édifices, de zèle dans la protection accordée aux écrivains, aux savants, aux artistes. Cette magnificence et ce zèle ne furent pas dépensés en vain, et le pontificat de Léon X a été et sera toujours considéré comme une des époques les plus mémorables dans l'his-

Hist. moderne.

toire des lettres et des arts. Tandis que la poésie épique s'enorgueillit des noms immortels de l'Arioste (1516) et du Tasse (1581), la peinture transmet à la postérité les noms de Léonard de Vinci, du Titien, du Pérugin et de son illustre disciple Raphaël, mort à trente-sept ans (1520), après avoir produit des chefs-d'œuvre qui font l'admiration de tous les siècles; il faut encore citer le Tintoret, Paul Véronèse, le Primatice, le Corrége, Jules Romain. La sculpture, sous le ciseau de Donatello et de San-Sovino, prend une noblesse de formes inconnue jusqu'alors. L'architecture grecque remplace l'architecture gothique dans les magnifiques constructions de Brunelleschi, de Bramante et de Palladio. Un homme sorti de l'académie de Florence, le célèbre Michel-Ange Buonarotti (1574), fut à la fois peintre, sculpteur et architecte, et, dans ces trois arts, il a laissé trois merveilles : le tableau du Jugement dernier, la statue de Moïse tenant les tables de la loi, la coupole de Saint-Pierre de Rome. Vers 1460, le Florentin Finiguerra avait trouvé la gravure sur cuivre; Raimondi la porta à sa perfection. La musique chrétienne eut un admirable interprète dans Palestrina. Benvenuto Cellini, éminent dans tous les arts, était surtout célèbre comme sculpteur et comme orfèvre.

En même temps les esprits se tournaient vers l'imitation des anciens, imitation quelquefois servile, mais qui s'affranchira et deviendra originale dans le siècle suivant. Le Trissin, dans sa tragédie de Sophonisbe, offre le premier quelques souvenirs de l'art d'Eschyle et de Sophocle. Les historiens Machiavel et Guichardin méritent l'honneur d'être comparés à Tacite et à Tite-Live. Les sciences ne restent pas non plus muettes : elles nous transmettent les noms de Paul Toscanelli, qui approuva les projets de Christophe Colomb ; du mathématicien Tartaglia ; de Mathiole, qui cultiva avec succès les sciences naturelles ; de Failope et de Galilée, professeurs à l'université de Padoue.

Cette vive lumière dont l'Italie était le foyer rayonnait sur la France. Sous le règne de Louis XII, l'université de Paris commença à enseigner le grec. Guillaume Budée, surnommé le *prodige de la France* à cause de son savoir, persuade à François Ier d'établir le collége royal : l'hébreu, le grec, le latin, la médecine, la philosophie, les mathématiques, y étaient enseignés. Après la mort du pape Léon X, les arts ne trouvèrent pas un protecteur plus zélé que François Ier. Chambord, Saint-Germain, Fontainebleau, le Louvre, le château de Madrid au bois de Boulogne, furent commencés, restaurés ou embellis. Le peintre Léonard de Vinci, l'architecte le Rosso, Benvenuto Cellini, le Primatice, furent appelés en France et y formèrent des disciples qui depuis illustrèrent l'école française : tels sont Cousin, à la fois graveur en médailles, peintre sur verre et sur toile ; les sculpteurs Jean Goujon et Germain Pilon, formés à l'école de Michel-Ange ; les architectes Philibert Delorme, Pierre Lescot ; les graveurs Jean Duret, Bernard Salomon.

Tandis que la poésie italienne comptait déjà des chefs-d'œuvre, la poésie française cherchait encore le mécanisme de sa versification. On peut bien citer Marot, Saint-Gelais, Ronsard, Mathurin Régnier, mais il faut attendre que Malherbe vienne pour trouver la véritable poésie. L'histoire produit quelques chroniqueurs, des faiseurs de mémoires, les travaux de Jean du Tillet, et l'*Histoire universelle* écrite en latin par l'illustre de Thou. Les philosophes et les moralistes sont Montaigne, La Boétie, Charron. Cette époque est surtout fertile en jurisconsultes : Charles Dumoulin, Cujas, Pierre Pithou, Pasquier, Pierre Séguier, Michel de L'Hospital, sont des noms dont la France s'honorera toujours. Enfin on ne peut pas oublier des érudits tels que Turnèbe, Casaubon, Scaliger, Robert et Henri Estienne, et Amyot, le naïf traducteur de Plutarque.

L'Espagne, au seizième siècle, eut son Pétrarque dans le poëte guerrier Garcilasso de la Véga, qui contribua puissamment à réformer la poésie nationale. Don Diego Hurtado de Mendoza est aussi un poëte classique de l'Espagne et le premier de ses grands prosateurs : il a écrit l'histoire de la révolte des Maures dans un style qui rappelle quelquefois celui de Salluste. Les églogues, les épîtres et les comédies de Saa de Miranda, les odes et les sonnets d'Antonio Ferreira, jettent un certain éclat sur la poésie portugaise. Mais ici toutes les gloires s'éclipsent devant la gloire du chantre de Gama, de l'illustre Camoens, qui par son génie et ses malheurs peut être comparé à Homère.

Les autres pays sont moins riches en grands hommes. Toutefois l'Allemagne a un peintre, Albert Durer ; les Pays-Bas et l'Écosse, leurs érudits et leurs historiens, Juste-Lipse et Buchanan; la Suisse, un chimiste, Paracelse.

Dix-septième siècle. — Imiter et chercher, voilà ce qu'a fait le seizième siècle. L'imitation devient originale et indépendante au dix-septième siècle; on met en œuvre ce qu'ont trouvé les penseurs et les écrivains de l'époque précédente, et l'on s'élève à la perfection de l'art et de la littérature. Mais le sceptre passe de l'Italie à la France : tout à l'heure, c'était le siècle de Léon X, maintenant c'est le siècle de Louis XIV.

Le théâtre, habitué jusqu'alors aux pâles copies des timides imitateurs de l'antiquité, s'étonne de retentir des accents si pathétiques, si vrais, de Corneille, de Racine et de Molière. Boileau donne les préceptes du goût le plus pur dans son *Art poétique*. La Fontaine écrit ces fables qui charment tous les âges. L'éloquence judiciaire est encore dans l'enfance; cependant il faut citer d'illustres et savants magistrats : Omer Talon, Jérôme Bignon, Lamoignon, d'Aguesseau et le jurisconsulte Domat. La chaire chrétienne s'enorgueillit de Bossuet, le dernier des Pères de l'Église, de Fénelon, de Fléchier, de Bourdaloue. Bossuet ouvre à l'histoire une voie nouvelle dans son *Discours sur l'histoire universelle*. Descartes et Pascal ne sont pas moins illustres comme philosophes que comme mathématiciens et physiciens. Nicole, La Rochefoucauld, La Bruyère, écrivent purement des ouvrages de morale. Madame de Sévigné adresse ses charmantes lettres à sa fille, et ne se doute pas qu'elle travaille pour la postérité.

En même temps les arts et les sciences poursuivaient leur brillante carrière. Lesueur, Poussin, Philippe de Champagne, Claude Lorrain, Lebrun, Mignard s'immortalisent dans la peinture; Puget, Girardon, Coysevox, dans la sculpture; Mansard, Le Nôtre, Claude Perrault, dans l'architecture; Callot, Nanteuil, dans la gravure; Lulli, dans la musique. Gassendi est un savant physicien; Tournefort porte la méthode dans la botanique. L'astronomie doit d'importantes découvertes à Cassini. Vauban perfectionne l'art des fortifications. Les voyages scientifiques étendent les progrès et les connaissances de la géographie.

L'Italie, avec Sanctorius et Toricelli, devance la France dans les sciences. Mais l'éclat de sa littérature a pâli : le bel esprit et l'affectation gâtent les poésies de Marini et de Tassoni. Davila et Bentivoglio sont des historiens estimables. La peinture cite les noms glorieux du Guide, du Dominiquin, de Salvator Rosa.

Trois grands noms honorent la littérature espagnole au dix-septième siècle : Cervantès, dont le *Don Quichotte* est un prodige de philosophie et de gaieté, et les deux poëtes dramatiques Lope de Véga et Caldéron. Des historiens éminents appartiennent à la même époque, Mariana, Herrera et Solis. Des peintres célèbres excitent l'admiration : ce sont Velasquez, Murillo, Zurbaran.

L'Angleterre et la Hollande se distinguent, comme l'Italie, dans l'étude des sciences. En Angleterre, il suffit de nommer Bacon, métaphysicien, mathématicien, physicien, politique; Harvey, qui découvre la circulation du sang; Locke et Clarke, qui ouvrent à la philosophie des routes nouvelles. En Hollande, les érudits sont nombreux : on peut citer Schrevelius, Heinsius, les Vossius, Huyghens, physicien et mathématicien. Leibnitz, Puffendorf, Wolf et l'astronome Kepler sont l'honneur des sciences en Allemagne. Enfin l'école flamande peut opposer à l'école italienne les peintres Rubens, Vandyck, Rembrandt et les deux Téniers.

La littérature anglaise compte à sa naissance de grands noms : dans la poésie, Milton, l'immortel auteur du *Paradis perdu;* Shakespeare, le premier des poëtes dramatiques de l'Angleterre; Dryden, Pope. Les meilleurs prosateurs sont Clarendon, Burnett, Addison, Swift.

Dix-huitième siècle. — Le caractère général de la littérature du dix-huitième siècle, c'est la décadence qui, dans les choses humaines, suit toujours immédiatement la perfection; toutefois cette décadence n'est pas sans gloire. A la tête des écrivains de cette époque marche Voltaire, historien, philosophe et poëte dans tous les genres, mais qui trop souvent employa son génie à propager les doctrines les plus pernicieuses. A côté de lui, il faut placer Jean-Jacques Rousseau, éloquent prosateur, mais qui, comme Voltaire et la plupart des philosophes du dix-huitième siècle, n'a pas su respecter dans ses écrits les vérités de la religion et de la morale; Montesquieu, l'auteur de l'*Esprit des lois;* Buffon, grand naturaliste et non moins admirable écrivain. Massillon, dans la chaire chrétienne, continue les traditions du grand siècle. L'éloquence académique s'honore des noms de Fontenelle et de Thomas. La poésie française a pour interprètes J. B. Rousseau, Crébillon, Destouches, Gresset, Gilbert, Louis Racine, Delille. Il ne faut pas oublier le *Cours de littérature* de La Harpe, ouvrage de saine critique. Dans les sciences, on peut nommer avec éloges La Condamine, de Jussieu, Bezout, Réaumur, Vaucanson. Coustou et Bouchardon s'illustrent dans la sculpture; Joseph Vernet, dans la peinture; Rameau, Grétry, Méhul, dans la musique.

Si nous parcourons les autres contrées, nous trouvons en Italie Métastase, Alfieri, Goldoni, qui sont de grands poëtes; en Angleterre, Newton, le nom le plus illustre de la science; les poëtes Young, Gray, Thompson; les philosophes écossais Reid et Dugald-Stewart. En Allemagne, la philologie, l'histoire, le droit, la médecine, font de rapides progrès. La musique cite les noms immortels de Gluck, Haydn, Haendel. La littérature naît dans la péninsule scandinave; le théâtre comique créé par Holberg ne le cède qu'au théâtre français. L'histoire et la poésie lyrique possèdent en suédois des ouvrages du premier ordre. Linné est surnommé le prince des naturalistes. La littérature de la Russie est encore dans l'enfance.

Enfin, c'est au dix-huitième siècle que la physique et la médecine font deux conquêtes importantes : l'Américain Franklin invente le paratonnerre; l'Écossais Jenner découvre la vaccine.

Questionnaire.

Quelle invention ouvre les temps modernes? — Sous quel rapport s'est particulièrement distingué le seizième siècle? — Dans quelle contrée surtout florissaient les lettres et les arts? — Quels sont les grands poëtes de cette époque? — Quels sont les grands peintres? — Quels sont les artistes les plus distingués dans la sculpture et l'architecture? — Quels noms peuvent être cités dans les lettres et dans les sciences? — Quel était l'état des lettres en France? — Par qui fut établi le collége royal? — Quels sont les hommes illustres que François Ier attira à sa cour? — Quels disciples formèrent-ils? — Citez dans les lettres les noms les plus distingués. — Quels sont les écrivains qui doivent être nommés en Espagne et en Portugal? — Qu'est-ce qui distingue le dix-septième siècle? — Quels sont les principaux écrivains français? — Quels sont les noms qui doivent être cités dans les arts et dans les sciences? — Quels sont les hommes illustres de l'Italie, de l'Angleterre, de la Hollande? — Quel est le caractère général du dix-huitième siècle? — Citez les hommes qui, dans les diverses contrées, se sont distingués dans les lettres, les sciences et les arts.

TABLE DES MATIÈRES.

Chapitre I". — De l'empire ottoman depuis la prise de Constantinople jusqu'à l'avénement de Soliman (1453-1520).   1

Chap. II. — De l'Italie depuis la chute de Constantinople jusqu'à l'entrée des Français en Italie. — De l'Italie et de la France depuis le commencement des guerres d'Italie jusqu'au traité de Noyon (1453-1516).   11

Chap. III. — De l'Allemagne, de la Hongrie et de la Suisse depuis le milieu du quinzième siècle jusqu'à la mort de Maximilien (1453-1519).   22

Chap. IV. — De l'Angleterre depuis la guerre des deux Roses jusqu'à la mort d'Édouard IV (1451-1483).   32

Chap. V. — De l'Angleterre depuis la mort d'Édouard IV jusqu'à celle de Henri VII (1483-1509). — De l'Écosse depuis le règne de Jacques Ier jusqu'à la mort de Jacques IV (1424-1513).   44

Chap. VI. — De l'Espagne depuis le milieu du quinzième siècle jusqu'à la mort de Ferdinand le Catholique (1453-1516).   56

Chap. VII. — Des découvertes et des établissements des Portugais dans les deux Indes, depuis le commencement du quinzième siècle jusqu'à la fin du seizième.   68

Chap. VIII. — Des découvertes et des établissements des Espagnols en Amérique au quinzième et au seizième siècle.   78

Chap. IX. — De la France et de l'Autriche depuis le traité de Noyon jusqu'au traité de Madrid (1516-1526).   89

TABLE DES MATIÈRES.

Chap. X. — De la France et de l'Autriche depuis le traité de Madrid jusqu'à la paix du Câteau-Cambrésis (1526-1559). 99

Chap. XI. — De la réforme en Allemagne, en Suisse et en France. 110

Chap. XII. — Des trois royaumes du Nord depuis la rupture de l'union de Calmar jusqu'à Christian III et Gustave Wasa (1448-1560). 123

Chap. XIII. — De l'Angleterre depuis l'avénement de Henri VIII jusqu'à Édouard VI (1509-1553). — De la réforme en Angleterre. 135

Chap. XIV. — De l'Angleterre pendant les règnes de Marie et d'Élisabeth (1553-1603). — De la France sous Henri IV (1598-1610). 144

Chap. XV. — De l'Angleterre pendant le règne de Jacques Ier et les premières années du règne de Charles Ier (1603-1640). 156

Chap. XVI. — De l'Angleterre pendant les dernières années fin du règne de Charles Ier (1640-1649). 166

Chap. XVII. — De l'Espagne, du Portugal et des Pays-Bas depuis la paix du Câteau-Cambrésis jusqu'au milieu du dix-septième siècle. 175

Chap. XVIII. — De l'empire d'Allemagne depuis l'abdication de Charles-Quint et le traité du Câteau-Cambrésis jusqu'au commencement de la guerre de Trente ans. 186

Chap. XIX. — De l'empire d'Allemagne depuis le commencement de la guerre de Trente ans jusqu'à la fin de cette guerre ou jusqu'au traité de Westphalie (1619-1648). 194

Chap. XX. — De l'Angleterre depuis la mort de Charles Ier et l'établissement de la république jusqu'à l'avénement de Georges Ier de Brunswick (1649-1714). 206

TABLE DES MATIÈRES.

Chap. XXI. — De la France depuis la paix de Westphalie jusqu'à la fin du règne de Louis XIV (1648-1715). 216

Chap. XXII. — De la Suède, du Danemark et de la Norwége depuis le milieu du seizième siècle jusqu'à la fin du dix-septième siècle. 225

Chap. XXIII. — De la Pologne et de la Russie depuis le milieu du quinzième siècle jusqu'à la fin du dix-septième siècle. 234

Chap. XXIV. — De l'empire ottoman depuis l'avénement de Soliman II (1520) jusqu'à la fin du dix-huitième siècle. 246

Chap. XXV. — De la Russie et de la Suède sous Pierre le Grand et Charles XII (1689-1725). 258

Chap. XXVI. — De l'Espagne et du Portugal depuis la paix d'Utrecht (1714) jusqu'à la fin du dix-huitième siècle. 270

Chap. XXVII. — Du royaume de Prusse depuis son origine (1701) jusqu'à la fin du dix-huitième siècle. 281

Chap. XXVIII. — De l'empire d'Allemagne depuis l'avénement de Léopold d'Autriche (1657) jusqu'à la fin du dix-huitième siècle. 290

Chap. XXIX. — Du Danemark, de la Suède et de la Russie depuis Charles XII et Pierre le Grand jusqu'à la fin du dix-huitième siècle. 300

Chap. XXX. — De l'Angleterre depuis l'avénement de Georges I" (1714), et de la France depuis la mort de Louis XIV (1715) jusqu'à la révolution française (1789). 311

Chap. XXXI. — Des principaux établissements européens en Asie et en Amérique pendant les dix-septième et dix-huitième siècles. 321

Chap. XXXII. — Des sciences, des lettres et des arts dans les temps modernes. 333

FIN.

COURS D'ENSEIGNEMENT [illegible]

Par G. Belèze, ancien chef d'[illegible]

L'Histoire Sainte a été approuvée par [illegible] et évêques. La plupart des volumes [illegible] de l'instruction publique ou [illegible]

Chaque volume in-18, de [illegible]

Livre de Lecture courante, contenant des conseils sur les devoirs des enfants, avec exemples historiques ; in-18.

Exercices de Mémoire et de Style, recueil de morceaux choisis en vers et en prose ; in-18.

Grammaire Française, suivant les principes de l'Académie ; in-18.

Exercices Français, [illegible] de la Grammaire ; in-18.

Dictées [illegible] ou [illegible] mentaires sur l'[illegible] culture, les arts, etc. ; [illegible]

Petit Dictionnaire de la langue française ; in-18.

Le même, suivi d'un [illegible] géographique [illegible] in-18.

Éléments de Litt[illegible] portée des en[illegible]

La Géographie mise à la portée des enfants ; in-18 [illegible]

[illegible] élémentaire [illegible] moderne (dix cartes) ; [illegible]

L'Histoire [illegible]

L'Histoire [illegible] des enfants [illegible]

L'Histoire [illegible] des enfants ; in-18.

La Mythologie [illegible] enfants ; in-18.

L'Arithmétique [illegible]

Un abrégé de ce cours a été publié pour les [illegible]

Chaque volume in-18, de [illegible] pages [illegible]

Syllabaire et Premières lectures ; in-18.

Le Syllabaire, seul, 20 c.

Tableaux de Lecture ; in-folio.

Méthode d'Écriture ; in-[illegible]

Premiers exercices de Récitation ; in-18.

Petite Grammaire française, avec exercices ; in-18.

[illegible] Arithmétique ; in-18 [illegible]

[illegible] ; in-18.

[illegible] seule.

Petite [illegible]

Petite [illegible]

Petite [illegible]

www.ingramcontent.com/pod-product-compliance
Lightning Source LLC
Chambersburg PA
CBHW070842170426
43202CB00012B/1914